纯电动汽车的构造与维护

曹 渊 叶显飞 谭龙奎 主编

吉林科学技术出版社

图书在版编目（CIP）数据

纯电动汽车的构造与维护 / 曹渊，叶显飞，谭龙奎主编． -- 长春：吉林科学技术出版社，2020.11
ISBN 978-7-5578-7897-9

Ⅰ．①纯… Ⅱ．①曹…②叶…③谭… Ⅲ．①电动汽车－构造②电动汽车－车辆检修 Ⅳ．①U469.72

中国版本图书馆CIP数据核字（2020）第221381号

纯电动汽车的构造与维护

主　　编	曹　渊　叶显飞　谭龙奎
出 版 人	宛　霞
责任编辑	汪雪君
封面设计	薛一婷
制　　版	长春美印图文设计有限公司
开　　本	16
字　　数	400千字
印　　张	13.5
印　　数	1-500册
版　　次	2021年6月第1版
印　　次	2021年6月第1次印刷
出　　版	吉林科学技术出版社
发　　行	吉林科学技术出版社
地　　址	长春净月高新区福祉大路5788号出版大厦A座
邮　　编	130118
发行部电话/传真	0431—81629529　81629530　81629531 　　　　　81629532　81629533　81629534
储运部电话	0431—86059116
编辑部电话	0431—81629520
印　　刷	北京宝莲鸿图科技有限公司
书　　号	ISBN 978-7-5578-7897-9
定　　价	70.00元

版权所有　翻印必究　举报电话：0431—81629508

前言

当今关于节能和环保的问题备受关注。生产和使用节能环保型汽车成为解决这些问题的重要途径之一。目前,节能环保型汽车可分为两大类:一类是电动汽车;另一类为新燃料汽车。新燃料汽车主要指使用非石油燃料的汽车。新燃料汽车除可在一定程度上改善污染物排放质量外,主要特点是能缓解石油危机的压力,而电动汽车在节约能源和改善环保方面均有突出的表现,所以专家预测:电动汽车在未来50年内将有可能取代燃油汽车。

虽然电动汽车在国外发展较早,但国内纯电动汽车(蓄电池电动汽车)、混合动力电动汽车和燃料电池汽车技术已经取得了长足发展,就技术方面而言,中国与国外发达国家相差很少,几乎处于相同的水平。各大汽车厂商纷纷推出自己的新能源汽车产品,国家有关新能源汽车的消费政策、配套措施也陆续出台,消费者对电动汽车的认知程度正逐渐提高,使得电动汽车的社会保有量保持持续增长。

本书共设十四个教学项目,以图文结合的方式,详细介绍了纯电动汽车构造与维护的相关知识。本书可作为高等院校汽车相关专业教材,同时也可作为汽车新技术培训参考教材、汽车维修企业技术人员自学参考用书。

电动汽车科学技术的飞速发展,导致各车厂电动汽车技术设计差异很大,技术含量不尽相同,加之作者的水平有限,难免会有错漏及不够先进之处,希望读者不吝指正。

目 录

绪论　纯电动汽车的结构 ··· 1
  任务一　电动汽车类型认识 ··· 1
  任务二　纯电动汽车整体结构认识 ··· 9
项目一　高压系统及防护检修 ·· 17
  任务一　高压安全防护 ··· 17
  任务二　常用检修工具 ··· 23
项目二　纯电动汽车的清洁 ·· 32
  任务一　清洗车身 ·· 32
  任务二　清洁车辆内部 ··· 36
  任务三　清洁机舱 ·· 39
项目三　纯电动汽车的日常维护 ··· 41
  任务一　纯电动汽车维护的重要性 ·· 41
  任务二　纯电动汽车的维护 ·· 42
项目四　纯电动汽车顶起位置一维护 ·· 43
  任务一　防护用具和绝缘工具的检查 ··· 43
  任务二　顶起位置一维护项目 ··· 44
  任务三　顶起位置一维护作业 ··· 45
项目五　纯电动汽车顶起位置二维护 ·· 55
  任务一　顶起位置二维护项目 ··· 55
  任务二　顶起位置二维护作业 ··· 56
项目六　纯电动汽车顶起位置三维护 ·· 65
  任务一　顶起位置三维护项目 ··· 65
  任务二　顶起位置三维护作业 ··· 66
项目七　纯电动汽车顶起位置四维护 ·· 74
  任务一　顶起位置四维护项目 ··· 74

  任务二 顶起位置四维护作业 …………………………………………… 75

项目八 纯电动汽车顶起位置五维护 ……………………………………… 77
  任务一 顶起位置五维护项目 …………………………………………… 77
  任务二 顶起位置五维护作业 …………………………………………… 78

项目九 纯电动汽车顶起位置六维护 ……………………………………… 80
  任务一 顶起位置六维护项目 …………………………………………… 80
  任务二 顶起位置六维护作业 …………………………………………… 81

项目十 检修整车控制系统 …………………………………………………… 87
  任务一 整车控制系统概述 ……………………………………………… 87
  任务二 整车控制系统故障 ……………………………………………… 88

项目十一 检修动力电池系统 ………………………………………………… 97
  任务一 动力电池系统概述 ……………………………………………… 97
  任务二 动力电池系统故障分级 ………………………………………… 98
  任务三 动力电池系统常见故障分析 …………………………………… 99

项目十二 检修充电系统 ……………………………………………………… 104
  任务一 充电系统的结构 ………………………………………………… 104
  任务二 蓄电池使用与维护 ……………………………………………… 108
  任务三 蓄电池的维修 …………………………………………………… 144

项目十三 检修驱动电机系统 ………………………………………………… 192
  任务一 驱动电机系统的结构 …………………………………………… 192
  任务二 驱动电机系统的工作模式 ……………………………………… 195
  任务三 驱动电机系统故障分级 ………………………………………… 196
  任务四 驱动电机系统常见故障分析 …………………………………… 196

项目十四 检修其他辅助系统 ………………………………………………… 199
  任务一 制动系统常见故障分析 ………………………………………… 199
  任务二 转向系统常见故障分析 ………………………………………… 203
  任务三 空调系统常见故障分析 ………………………………………… 205

参考文献 ……………………………………………………………………………… 209

绪论 纯电动汽车的结构

电动汽车以蓄电池的电能作为动力源,具有环保性能好、行驶平稳、乘坐舒适、操纵稳定性好及驾驶轻便等优点,使得电动汽车受到越来越多人的喜爱,其市场保有量快速增加,从而使得对电动汽车的维修成为汽车维修行业急需学习和掌握的重要技能。

维修技师应该做到通过阅读电动汽车维修手册,并借助对实车的观察分析,掌握所维修电动汽车的类型及结构特点,以便正确制订和实施之后的维修计划。

任务一 电动汽车类型认识

▶ 一、新能源汽车的种类

我国 2009 年 7 月 1 日正式实施了《新能源汽车生产企业及产品准入管理规则》,明确指出:新能源汽车是指采用非常规的车用燃料作为动力来源(或使用常规的车用燃料、采用新型车载动力装置),综合车辆的动力控制和驱动方面的先进技术,形成技术原理先进,具有新技术、新结构的汽车。新能源汽车包括:电动汽车、气体燃料汽车、生物燃料汽车、氢燃料汽车等。

电动汽车包括纯电动汽车、混合动力(电动)汽车和燃料电池电动汽车。

汽车的气体代用燃料种类很多,常见的有天然气和液化石油气。专用气体燃料汽车是以液化石油气、天然气或煤气等气体为发动机燃料的汽车,包括两用燃料汽车和双燃料汽车。

两用燃料汽车是指具有两套相对独立的燃料统系:其中一套供给天然气或液化石油气;另一套供给天然气或液化石油气之外的燃料,两套燃料供给系统可分别但不可共同向气缸供给燃料,如汽油/压缩天然气两用燃料汽车等。

双燃料汽车是指具有两套燃料供给系统:其中一套供给天然气或液化石油气;另一套供给天然气或液化石油气之外的燃料,两套燃料供给系统按预定的配比向气缸供给燃料,在气缸内混合燃烧,如柴油/液化石油气双燃料汽车等。

生物燃料汽车是指燃用生物燃料或燃用掺有生物燃料的燃油的汽车。与传统汽车相比，结构上无重大改动，排放量总体上较低，包括乙醇燃料汽车和生物柴油汽车等。

氢燃料汽车是以氢为主要能量驱动的汽车。一般的内燃机，通常注入柴油或汽油，氢汽车则改为使用气体氢。氢内燃机在汽车上的应用方式有三种：纯氢内燃机、氢/汽油双燃料内燃机、氢—汽油混合燃料内燃机。

另外，还有利用太阳能、原子能等其他能量形式驱动的汽车。

石油能源节能电驱动类型包括汽油 HEV（混合动力汽车）、柴油 HEV；天然气新能源驱动类型包括点燃式 CNGV（压缩天然气汽车）、压燃式 CNGV，点燃式 LNGV（液化天然气汽车）和压燃式 LNGV；煤新能源驱动类型包括点燃式 M85 甲醇汽油发动机、M15 甲醇汽油发动机（部分新能源）、压燃式 DME（二甲醚）发动机、煤制汽油发动机、煤制柴油发动机；生物能源驱动类型包括 E10 乙醇汽油发动机（部分新能源）、生物柴油发动机（部分新能源）来自于煤、铀、水力、风力、太阳能的电池电动机系统。

经过多年讨论和探索，国内外对于汽车工业未来发展比较一致的看法是：21 世纪面临能源和环境的巨大挑战，传统燃油汽车将向高效低排放的电动汽车方向发展。我国虽然在传统汽车领域落后于发达国家近二三十年，但在电动汽车领域，与国外的技术水平和产业化程度差距相对较小，基本处在同一起跑线上。

▶ 二、电动汽车的特点

1.电动汽车的定义

电动汽车是一种电力驱动的道路交通工具。这个概念包含广泛，包括电池电动车、混合动力电动车和燃料电池电动车等。电动汽车的英文缩写为 EV，即 Electric Vehicle。电动汽车以蓄电池的电能作为动力源，其优点是：环保性能好（无尾气污染、噪声低）、行驶平稳、乘坐舒适、操纵稳定性好及驾驶轻便等，这些得天独厚的优点，使得电动汽车受到越来越多人的喜爱。

电动汽车不仅是交通工具，而且是一个新的社会高科技系统体现的集合体。它集现代汽车、新能源、新材料、电力电子、电动机及环保等高新技术于一体，有着广阔的市场前景。中国汽车工程学会 2014—2015 中国汽车产业发展报告中的数据显示：2014 年底，我国新能源汽车销量中，电动汽车为 45048 辆，位居第一位，其中以电动乘用车为主（约占 80%）。

2. 电动汽车的特点

1）整车效率高

目前，虽然经历了长时间的发展，内燃机技术已经趋于成熟，但是内燃机汽车对燃油的能量转化效率低，约为38%，如果考虑到车辆在城市内行驶过程中频繁的起停、低速行驶和等待等多种行驶工况，其最终效率仅为12%左右。相对而言，电动汽车采用电动机驱动系统，没有空转损失，电动汽车电池能量的80%可以转化为汽车的驱动力，即使考虑由原油发电，再给蓄电池系统充电运行，加上发电效率、送配电效率、充放电效率等，车辆最终也可得到29%左右的能量转化效率。再有，电动汽车在制动时有回收能量的能力，这样就更加提高了电动汽车的能量利用率。

2）对环境污染小

电动汽车在行驶过程中没有废气的排放，不同于燃油汽车，电动汽车即使以全部能量都归结为火力发电的状况计算，其废气排出量也会有很大程度的减少。电动汽车和燃油汽车相比，几乎不对环境造成污染。

3）可应用多种能源

电动汽车利用二次电力能源驱动，只要有电能的供给，就有动力源泉，不受天然石油资源的限制，而电能的获得可以利用核能发电、水力发电、风力发电、太阳能等多种形式的原始资源。特别对于我国，水力和风力等能源的潜在发电量是相当高的，如果能有效地利用这些能源，不仅有利于环保，节约宝贵的石油资源，解决全球面临的石油资源枯竭危机，而且更符合我国经济的可持续发展战略。

4）噪声相对较低

和内燃机汽车相比，电动汽车明显减小了发动机（电动机）引起的振动和噪声，而发动机的振动和噪声恰恰是整车振动和噪声的主要来源，这使得电动汽车的运行噪声比传统的燃油汽车减小了很多。据专家估计，电动汽车的噪声将比燃油汽车低约15dB。

5）机械结构多样化

由于电动机的驱动方式多变，而且可以采用不同车轮分别驱动等方案，使电动汽车的结构更加多样化。一方面可以更合理地对系统机械结构进行配置；另一方面也可以采用多样化的造型，以满足不同消费者的需求。在电动汽车研发的初始阶段，可以进行简单的动力部件替代，将燃油发动机汽车动力性的仿真用电动机替代得到与传统汽车相仿的特性。进而，双轮独立驱动乃至四轮独立驱动被认为是电动汽车一个有前景的发展方向，由此可实施更复杂和更灵活的系统控制以达到更高级的运行性能。

6)优异的控制性能

电动汽车以电动机取代了传统的内燃机,其带来的直接好处就是动力系统可以方便地通过电气参量进行控制,从而使得电动汽车的可控性增强。由于电气驱动可以采取双(四)轮独立驱动的形式,这将使得可控变量的自由度(自由可控变量数)增加,从而为进一步提高车辆的动力性能和操纵性能创造良好的硬件条件。

7)更有利于智能化

由于电动汽车已达到电气化,因此电动汽车系统更有利于采用先进的电子信息技术,提高汽车的智能化程度。电动汽车的电动机控制系统,可与各个电子控制系统包括无级变速系统、制动防抱死系统、制动能量回收系统、安全气囊系统、自动空调系统等相协调,在电动汽车上实现计算机智能控制。

三、电动汽车的类型

电动汽车按不同的分类方法,有多种类型:

1. 按电动机转速分类

目前,我国电动汽车产品可分为高速和低速两类:高速电动汽车的典型代表为比亚迪 F3DM 混合动力车;低速电动汽车的代表为康迪小电跑。

2. 按车辆的用途分类

电动汽车按车辆的用途可分为:电动轿车、电动观光车、电动老年代步车、电动公交车、电动巡逻车、电动货运平板车、电动送餐车、电动物流升降车等。

3. 按供电和驱动方式分类

电动汽车按供电和驱动方式分类,主要有三种类型:纯电动汽车(BEV)、混合动力汽车(HEV)、燃料电池汽车(FCEV)。

1)纯电动汽车

纯电动汽车(BEV)即由电动机驱动的汽车,电动机的驱动电能来源于车载可充电蓄电池或其他能量储存装置。大部分车辆直接采用电动机驱动,有一部分车辆把电动机装在发动机舱内,也有一部分直接以车轮作为四台电动机的转子,其难点在于电力储存技术。纯电动汽车本身不排放污染大气的有害气体,即使按所耗电量换算为发电厂的排放,除硫和微粒外,其他污染物也显著减少由于电厂大多远离人口密集的城市,对人类伤害较少,而且电厂是固定不动的,集中排放,清除各种有害排放物较容易,也已有了这方面相关的技术。由于电力可以从多种一次能源获得,如煤、核能、水力、风力、光、热等,解除了人们对石油资源日渐枯竭的担心电动汽车还可以充分利用晚间用电低谷时富余的电力充电,使发电设备日夜都能被充分利用,大大提高其经济效益。有关研究表明:同样的原油,经过粗炼送至电厂发电,经充入电池,再由电池驱动汽车,其能量利用效率比经过精炼变为汽油,再经汽油机驱动汽车高,因此有利于节约能源和减少二氧化碳的排放量。正是这些优点,使电动汽车的研究和应用成为汽车工业的一个"热点"。有专家认为,对于电动汽车而言,目前最大的障碍就是基础设施建设以及价格影响了产业化的进程。与混合动力汽车相比,纯电动汽车更需要基础设施的配套,而这不是一家企业能解决的,只有各企业联合起来与当地政府部门一起建设,纯电动汽车才会有大规模推广的机会。

纯电动汽车的优点:技术相对简单成熟,只要有电力供应的地方都能够充电。

纯电动汽车的缺点:目前蓄电池单位重量储存的能量太少,电动汽车的电池较贵,又没形成经济规模,故购买价格较贵。至于使用成本,有些使用价格比燃料汽车贵,有些价格仅为燃料汽车的1/3,这主要取决于电池的寿命及当地的油、电价格。

2012年5月11日,《纯电动乘用车技术条件》GB/T28382—2012正式发布实施,该标准适用于使用动力蓄电池驱动、五座以下的纯电动车,对车速、安全、质量分配、加速性能、爬坡性能、低温性能、可靠性等方面的技术指标做了详细的规定。

2)混合动力汽车

混合动力汽车指能够至少从上述两类车载储存的能量中获得动力的汽车:一是可消耗的燃料;二是可再充电能/能量储存装置。

混合动力汽车按不同的分类标准有多种类型。

(1)根据动力系统结构形式分类。

根据这种分类方法,混合动力汽车可分为串联式、并联式、混联式和复合式四类。

①串联式混合动力汽车(SHEV)。图1-2所示为串联式混合动力汽车动力系统结构图,车辆的驱动力只来源于电动机,主要由发动机(内燃机)、发电机、电池组(带变频器)、电动机、减速机构和驱动轮等组成。其结构特点是发动机带动发电机发电,电能通过电动机控制器输送给电动机,由电动机驱动汽车行驶;另外,动力电池也可以单独向电动机提供电能驱动汽车行驶,这种混合动力系统通常在城市公交车上使用。

②并联式混合动力汽车(PHEV),图1-3所示为并联式混合动力汽车动力系统结构图,车辆的驱动力由电动机及发动机同时或单独供给,主要由发动机、电池组(带变频器)、电动机、减速机构、变速箱和驱动轮等组成。其结构特点是并联式驱动系统

可以单独使用发动机或电动机作为动力源，也可以同时使用电动机和发动机作为动力源驱动汽车行驶。

并联式混合动力系统结构简单、成本低，适用于多种行驶工况，尤其适用于复杂的路况，所以在轿车中应用较多，如本田AccorI和思域轿车上即采用了这种系统。

③混联式混合动力汽车（CHEVh混联式混合动力汽车同时具有串联式、并联式驱动方式）。其结构特点是可以在串联混合模式下工作，也可以在并联混合模式下工作，同时兼顾了串联式和并联式的特点。由于这种类型混合动力系统可以设计成用发动机驱动前轮，用电动机驱动后轮，因此适合应用于四轮驱动的车辆，目前在丰田普锐斯车上应用较多。

④复合式混合动力汽车。复合式混合动力汽车结构更复杂，难以把它归于上述三种中的哪一种，其结构似乎与混联式混合动力汽车相似，因为它们都有起发电机和电动机作用的电动机，二者的主要区别在于复合式混合动力汽车中的电动机允许功率流双向流动，而混联式混合动力汽车中的发电机只允许功率流单向流动。双向流动的功率流可以有更多的运行模式，这对于采用三个驱动动力装置的混联式混合动力汽车而言是不可能达到的。复合式混合动力汽车同样具有结构复杂、成本高的缺点，不过，现在有些新型的混合动力汽车也采用这种双轴驱动的复合式系统。

为了实现混联式以及复合式的混合驾驶模式，发动机与发电/电动机之间以及电动机与变速器之间必须进行机械连接，其中机械连接装置可以选择行星齿轮机构。

（2）按照混合度分类。

目前，按照混合度的分类说法也比较流行。按照我国汽车行业标准中对混合动力汽车的分类和定义，依据电动机峰值功率（电动机的瞬间最大功率）占发动机功率的百分比分为微混、轻混、中混和重混四种。

①微混。一般情况下，电动机的峰值功率和发动机的额定功率比≤5%的为微混合动力，微混合动力车型的电动机基本不具备驱动车辆的功能，一般是用作迅速起动发动机，实现起动/停止功能，其代表车型有PSA的混合动力C3、丰田混合动力（Vitz）、奇瑞A5。微混合，也称"起停（Start-Stop）式"，在交通拥堵的城市，可实现节油率5%~10%，这种混合动力系统是在传统发动机的起动电动机上加装了皮带，以驱动起动电动机，所以也被称为BSG系统。该电动机为发电/起动一体式电动机，用来控制发动机的起动和停止，从而取消了发动机的怠速，降低了油耗和相敲。微混合动力系统电动机的电压通常有12V和24V两种，其中24V主要用于柴油混合动

力系统。从严格意义上讲,微混合动力汽车不属于真正的混合动力汽车,电动机仅作为发电机/起动机使用,并没有为汽车行驶提供持续的动力。

②轻混。电动机的峰值功率和发动机的额定功率比在5%~15%的为轻混合动力,也称为"辅助驱动混合",其代表车型为GM的混合动力皮卡车。这种类型系统中,在发动机和变速器之间装有集成起动电动机(ISG),发动机依然是主要动力,电动机不能单独驱动汽车,只是在爬坡或加速时辅助驱动,同时具有制动能量回收和"起停"功能。发动机排量可减少10%~20%,节油率可达到10%~15%。

③中混。电动机的峰值功率和发动机的额定功率比在15%~40%的为中混合动力,其代表车型有本田Insight、Accord和思域,别克君越Eco-Hybrid。中混合动力系统同样采用了ISG系统,但与轻混合动力系统不同,中混合动力系统采用的是高压电动机;另外,中混合动力系统还增加了一个功能,即当汽车处于加速或者大负荷工况时,电动机能够辅助驱动车轮,从而补充发动机本身动力输出不足。

④重混。电动机的峰值功率和发动机的额定功率比在40%以上的为重混合动力,也称为全混合或强混合动力系统,其代表车型是丰田普锐斯和Estima这种动力系统采用了272~650V的高压起动电动机,混合程度更高。

中混和重混这两类车型可由电动机或发动机单独驱动。重混合电动车的电动机和发动机可以独立或联合驱动车辆,低速起步、倒车和低速行驶时可以纯电动驱动,同时具有制动能量回收和"起停"功能。电动机的功率约为发动机的50%时,节油率可达到30%~50%。重混合动力系统技术难度较大,成本增加多。

(3)按能否外接电源进行充电分类。

按此分类方法,混合动力汽车分为插电式混合动力汽车和非插电式混合动力汽车。

插电式混合动力系统根据欧美驾车习惯而来,其更有利于节能减排,这种模式的出现基于对欧美人群用车情况的分析。国外研究机构根据资料统计得出结论:法国城镇居民80%以上日均驾车里程少于50km,美国汽车驾驶者也有60%以上日均行驶里程少于50km,80%以上日均行驶里程少于90km。因此,在车辆上安装一套巨大的电池组,使其电量足以撑过这一历程,就可以在大部分日常行驶中达到零排放。

插电式混合动力汽车的特征是由电能单独驱动,并配备一个大容量的可外部充电的蓄电池组,显著的特性是可通过外部工业380V或家庭220V电源进行充电。插电式混合动力汽车电动机的功率接近发动机,可实现较长距离的纯电动行驶,电池容量根据纯电动行驶里程来选定,电池成本增加很多,节油率在不计电能时最大可达到100%。

比亚迪F3DM和雪佛兰VOLT以及长春一汽新能源汽车公司下线并投入市场的奔腾B50插电式混合动力轿车都属于这种类型。

非插电式混合动力汽车的电池不能由车外部的电源进行充电,即只能由本车的发电机或发动机来充电。

(4)按运行模式分类。

按运行模式分类,混合动力汽车可分为单一模式混合动力汽车和双模式混合动力汽车。

①单一模式混合动力汽车,这种类型的混合动力汽车可以按照三种方式操控,即仅使用电力驱动、仅使用发动机驱动和发动机与电力驱动的任意组合。如果在交通拥堵、时停时走的状态下,仅使用电力驱动,延长发动机的关闭时间,则可以实现完全意义上的节油。这种模式适用于低速度和负荷较小的情况。

②双模式混合动力汽车,这种类型混合动力汽车的核心实质是一个电控可调变速箱。它利用现有的传动系统,配有两个电动机,可以在两种混合动力运行模式之间实现自如切换。在双模式混合动力系统下,精准的控制机构将决定汽车在特定的行驶状态下采用何种驱动方式控制机构输入功率将取决于行驶时所需的扭矩,并向发动机和电动机发出相应的指令。发动机和电动机将扭矩传送给变速箱中的一系列齿轮,利用与传统自动变速箱类似的原理将扭矩扩大,从而驱动汽车行驶,但与传统的持续型可变变速箱不同的是,双模式混合动力电子控制系统并不使招皮带或传送带。两种模式之间是同步切换,即切换模式时无须改变发动机速度,从而实现平稳加速。这种模式主要适用于高速公路驾驶。

除电力驱动辅助外,发动机可以在必要时起动全部气缸,如超车、拖载或爬坡时。它整合了尖端电子控制技术、随选排量技术、凸轮调整以及进气门延迟启闭系统,使发动机的动力输出更加灵活、有效。

目前国内市场上,混合动力车辆的主流都是汽油混合动力,而国际市场上柴油混合动力车型发展也较快。

总体而言,混合动力汽车具有以下优点:

①采用混合动力可按平均需用的功率来确定内燃机的最大功率,此时在油耗低、污染少的最优工况下工作。大负荷内燃机功率不足时,由电池来补充;负荷少时,富余的功率可发电给电池充电。由于内燃机可持续工作,电池又可以不断得到充电,故其行程和普通汽车一样;

②因为有了电池,可以方便回收制动、下坡、怠速时的能量;

③在繁华市区,可关停内燃机,由电池单独驱动,实现"零排放";

④有了内燃机可以十分方便地解决耗能大的空调、取暖、除霜等纯电动汽车遇到的难题;

⑤可以利用现有的加油站加油,不必再投资;

⑥可让电池保持在良好的工作状态,不发生过充、过放,延长其使用寿命,降低成本。

混合动力汽车的缺点:长距离高速行驶基本不能省油。

3)燃料电池汽车

燃料电池汽车是以燃料电池作为动力电源的汽车。燃料电池的化学反应过程不会产生有害物,因此,燃料电池汽车是无污染汽车。燃料电池的能量转换效率比内燃机要高 2~3 倍,从能源的利用和环境保护方面,燃料电池汽车是一种理想的车辆。单个的燃料电池必须结合成燃料电池组,以便获得必需的动力,满足车辆使用的要求。

近几年来,燃料电池技术已经取得了重大的进展。2013 年 1 月 28 日,戴姆勒宣布,将与福特汽车、日产汽车共同合作开发燃料电池汽车。预计 2017 年上市,且价格完全具有市场竞争力。目前,燃料电池汽车的样车正在进行试验,以燃料电池为动力的运输大客车在北美的几个城市中正在进行示范项目。在开发燃料电池汽车中仍然存在着技术性挑战,如燃料电池组的一体化,在提高商业化电动汽车燃料处理器和辅助部件技术方面,汽车制造厂都在朝着集成部件和减少部件成本的方向努力,并已取得了显著的进步。与传统汽车相比,燃料电池汽车具有以下优点:

(1)零排放或近似零排放。

(2)减少了机油泄漏带来的污染。

(3)降低了温室气体的排放。

(4)提高了燃油经济性。

(5)提高了发动机燃烧效率。

(6)运行平稳、无噪声。

任务二 纯电动汽车整体结构认识

纯电动车基本工作原理:蓄电池提供电流给电力调节器,电动机工作后,动力传动系统传递动力以驱动汽车行驶。

纯电动汽车相比燃油汽车而言,主要差别体现在四大部件上,即驱动电动机、调速控制器、动力蓄电池及车载充电机。也就是说,纯电动车的品质差异取决于这四大部件,其价值高低也取决于这四大部件的品质,纯电动车的用途也与四大部件的选用配置直接相关,本任务主要学习纯电动汽车的整体结构。

▶ 一、纯电动汽车的基本组成与工作原理

1.纯电动汽车的基本组成

纯电动汽车由车载电源、电池组管理系统、电源辅助设施、电动机、控制器、底盘、车身七部分组成,沿用传统的汽车构造结构划分方式,也可将纯电动汽车分成电动机、底盘、车身和电器四部分。

1) 电动机

电动机是电动车的动力装置,它是根据电磁感应原理实现电能转换的一种电磁装置,在电路中用字母 M 表示。它的主要作用是产生旋转运动,作为用电设备或各种机械的动力源。

2) 发电机

发电机的主要作用是将机械能转化为电能,它在电路中用字母 G 表示。

3) 冷却系统

冷却系统一般由散热器、水泵、风扇、节温器、冷却液温度表和放水开关等组成。电动车发动机采用两种冷却方式,即空气冷却和水冷却,一般电动车发动机多采用水冷却。

4) 传动系统

由于电动机具有良好的牵引特性,因此蓄电池汽车的传动系统不需要离合器和变速器。车速控制由控制器通过调速系统改变电动机的转速即可实现。

汽车的传动系统不需要离合器和变速器。车速控制由控制器通过调速系统改变电动机的转速即可实现。

5) 行驶系统

行驶系统与燃料汽车相似,主要包括车架、车桥、车轮和悬架等。

电动汽车行驶系统的作用是接收电动机经传动系统传来的转矩,并通过驱动轮与路面间的附着作用,产生路面对电动汽车的牵引力,以保证整车正常行驶。此外,它应尽可能缓和不平路面对车身造成的冲击和振动,保证电动汽车正常行驶。

6) 转向系统

电动汽车转向系统的作用是保持或者改变电动汽车的行驶方向，其包括转向操纵机构、转向器、转向传动机构等部件。

转向系统由转向盘、转向器、转向节、转向节臂、横拉杆、直拉杆等组成。电动汽车在蚧向行驶时，要保证各转向轮之间有协调的转角关系。驾驶员通过操纵转向系统，使电动汽车保持在直线或转弯运动状态，或者在上述两种运动状态间互相转换；还要保证在行驶状态下，转向轮不会产生自振，转向盘没有摆动，转向灵敏，最小转弯直径小，操纵轻便。

7）制动系统

制动系统是电动汽车装备的全部制动和减速系统的总称，它的作用是使行驶中的电动汽车降低速度或停止行驶，或使已停驶的电动汽车保持不动。

制动系统包括制动器、制动传动装置。现代电动汽车制动系统中还装设了制动防抱死装置等。

与燃料汽车相似，纯电动汽车的制动系统也由行车制动和驻车制动两套装置构成。

8）电气设备

电动汽车电气设备主要由蓄电池、发电机、照明灯具、仪表、音响装置、刮水器等组成。

（1）蓄电池。蓄电池的作用是供给起动机和电动机用电。为了满足电动车对高电压的需要，纯电动汽车一般是以多个12V或24V的电池串、并联形成的动力电池组作为动力源，动力电池组的电压为155~400V，用周期性的充电来补充电能。动力电池组是纯电动汽车的关键装备，它储存的电能及其自身的质量和体积对纯电动汽车的性能起决定性影响。

动力电池组在纯电动汽车上占据很大一部分有效的装载空间，在布置上有相当大的难度，通常有集中布置和分散布置两种形式。通用公司的EV-1采用了Delco电池组，采用集中式布置形式，动力电池组的支架为T形架。T形架装在车辆的地板下面和行李舱下面的车架上，动力电池组固定在T形架上，有较强的稳定性，它从车辆的尾部安装。在T形架上装有动力电池组的通风系统、电线保护套等，用自动和手动断路器在车辆停车和车辆出现故障时切断电源，保证高压电路的安全。

日本丰田汽车公司的RAV4EV是将动力电池组用支架固定在纯电动汽车的车架上，动力电池组由24节12V的镍-氢电池组成，总电压为288V。动力电池组分成若干个"小组"，呈分散式布置在车架上，然后串联起来，这样可以充分利用车辆底盘上的有效空间，其中典型的动力电池组分散布置形式如图1-38所示。动力电池组布置在纯电动汽车地板下面是最常见的布置方法，这样方便安装和拆卸。

（2）灯具、仪表。灯具、仪表是提供照明并显示电动车状态的部件组合。仪表一般提供蓄电池电压显示、整车速度显示、行驶状态显示、灯具状态显示等，智能型仪表还能显示整车各电气部件的故障情况。

9）能量回收系统

能量回收系统的作用是在电动车滑行（或制动）时，能够将滑行时的惯性机械能转化为电能，并将其存储在电容器或为动力蓄电池充电，在使用时可迅速将能量释放。

10）散热系统

由于蓄电池在车辆运行的过程中会产生大量的热量，因此，拥有一个良好的散热系统，无论是对电动车的安全还是对其蓄电池的寿命长短都至关重要。

11）车身

车身分为车头和车厢两个部分。

车头是乘坐驾驶员的位置，一般可乘坐驾驶员和副驾驶员两人。

车厢是根据客户需求改装而来，包括车厢配置、用料、空间设计等。

为了使乘客获得最大的舒适感，电动车一般采用单人座并排的方式，至于座椅的数量则根据具体车型而有所不同。

12）工业装置

工业装置是工业用纯电动汽车州来完成作业要求而专门设置的，如电动叉车的起升装置、门架、货叉等。货叉的起升和门架的倾斜通常由电动机驱动的液压系统完成。

2.纯电动汽车的工作原理

纯电动汽车是由蓄电池的能量使电动机驱动车轮前进。能量流动路线：蓄电池—电力调节器—电动机—动力传动系统—驱动轮，其中，蓄电池提供电流，经过电力调节器后输出到电动机，然后由电动机提供扭矩，经传动装置后驱动车轮实现车辆的行驶。

二、纯电动汽车的分类

1.按驱动系统组成和布置形式分类

按照电动驱动系统的组成和布置形式,纯电动汽车分为机械传动型、无变速器型、无差速器型和电动轮型四种,如图1-40所示。

1)机械传动型纯电动汽车

机械传动型纯电动汽车的结构如图1-40(a)所示,它是以燃油汽车发动机前置、后轮驱动的结构为基础发展而来的,同时保留了内燃机汽车的传动系统,不同之处是把内燃机换成了电动机。这种结构可以确保纯电动汽车的起动转矩及低速时的后备功率,对驱动电动机要求低,因此,可选择功率较小的电动机。

2)无变速器型纯电动汽车

无变速器型纯电动汽车的结构最大特点是取消了离合器和变速器,采用固定速比减速器,通过控制电动机来实现变速功能,这种结构的优点是机械传动装置的质量轻、体积小,但对电动机的要求比较高,不仅要求具有较高的起动转矩,而且要求具有较大的后备功率,以保证纯电动汽车的起步、爬坡、加速等动力性能。

无变速器型纯电动汽车的结构与传统燃油汽车的发动机横向前置、前轮驱动的布置方式类似,它把电动机、固定速比减速器以及差速器集成为一个整体,两根半轴连接驱动车轮,这种结构在小型电动汽车上应用十分普遍。

3)无差速器型纯电动汽车

无差速器型纯电动汽车的结构如图1-40(d)所示,这种结构采用了两台电动机,通过固定速比减速器来分别驱动两个车轮,可以实现对每个电动机转速的独立调节,因此,当汽车转向时,可以通过电动机的电子控制系统控制两个车轮的差速,从而实现转向的目的,但是,这种结构的电动机控制系统相对来说比较复杂。

4)电动轮型纯电动汽车

电动轮型纯电动汽车的结构是将电动机直接装在驱动轮内(也称轮毂电动机),可以进一步地缩短电动机到驱动车轮之间的动力传递路径,减少能量在传动路径上的损失,但要实现纯电动汽车的正常工作,还需要添加一个减速比较大的行星齿轮减速器,将电动机的转速降低到理想的车轮转速。

电动轮型纯电动汽车的另一种结构将低速外转子电动机的外转子直接安装在车轮的轮缘上,去掉了减速齿轮,因此电动机和车辆的驱动车轮之间没有任何机械传动装置,没有机械传动损失,能量的传递效率高,空间的利用率最大,但是这种结构对电动机的性能要求较高,要求其具有很高的起动转矩和较大的后备功率,以确保车辆的可靠工作。

2.按车载电源数不同分类

按车载电源数不同,纯电动汽车可以分为单电源纯电动汽车和多电源纯电动汽车两种。

1)单电源纯电动汽车

在单电源纯电动汽车上,其主要电源一般是蓄电池,如铅酸电池、镍—氢电池、锂离子电池等。单电源纯电动汽车的结构较为简单,控制也比较简单,其主要缺点是主电源的瞬时输出功率容易受蓄电池性能的影响,车辆制动能量的回馈效率也会受制于蓄电池的最大可接受电流及蓄电池的荷电状态。

2)多电源纯电动汽车

多电源纯电动汽车一般由蓄电池加蓄能装置构成。采用蓄电池加超级电容器或蓄电池加飞轮电池的电源组合,可以降低对蓄电池的容量、比能量、比功率等的要求。当汽车起步、加速、爬坡时,辅助蓄能装置(超级电容器、飞轮电池)可短时间内输出大功率,协助蓄电池供电,使电动汽车的动力性提高;当汽车制动时,则利用辅助蓄能装置接受大电流充电,提高制动能量回馈的效率。

3.按用途不同分类

按照用途不同,纯电动汽车可以分为纯电动轿车、纯电动货车和纯电动客车三种。

1)纯电动轿车

纯电动轿车是目前最常见的纯电动汽车。除了一些概念车,纯电动轿车已经有了小批量生产,并已经进入市场。

2)纯电动货车

纯电动货车就是主要用来运送货物的纯电动汽车,用作公路运输的纯电动货车目前还比较少见,而在矿山、工地及一些特殊场地,则早已出现了一些大吨位的纯电动载货汽车。

3)纯电动客车

纯电动客车是一种以载客为目的的纯电动汽车,目前,纯电动小型客车也比较少见;纯电动大客车多用作公共汽车。

三、纯电动汽车的驱动系统布置形式

纯电动汽车的驱动系统由驱动电动机和驱动操纵系统共同组成，其结构形式不同，采用的驱动系统也不同。纯电动汽车的驱动系统有集中驱动系统和轮毂驱动系统两种。任何一种电动机都可以与不同的传动系统组合成集中驱动系统或轮毂驱动系统，并组成不同形式的系列化的纯电动汽车。

经过几十年的发展，新开发和研制出来的纯电动汽车的动力性能已经能够与内燃机汽车相媲美。纯电动汽车的驱动系统比内燃机汽车的驱动系统更加先进，结构更加紧凑。现代纯电动汽车大多数装备了专用电动机，有利于实现机电一体化和自动控制。

1. 集中驱动系统

集中驱动系统大部分是由电动机、变速器和差速器等组成的，它采用单电动机驱动代替内燃机，而传统内燃机汽车零部件及结构不改变，故设计制造成本低，但传动效率低，一般用于小型电动汽车。按有无变速器它又可分为传统驱动模式和电动机—驱动桥组合模式。

1）传统驱动模式

传统驱动模式的驱动系统主要由电动机、变速器、差速器、半轴组成。它用电动机替代发动机，但仍然采用内燃机汽车的传动系统，包括离合器、变速器、传动轴和驱动桥等总成，结构复杂，效率低，不能充分发挥电动机的性能。传统驱动模式有电动机前置、驱动桥前置，电动机前置、驱动桥后置等多种形式。

2）电动机—驱动桥组合模式

电动机—驱动桥组合式驱动系统根据电动机与驱动桥的组合方式又分为平行式、同轴式和双联式三种模式。

（1）平行式电动机—驱动桥组合式驱动系统，它是在电动机输出端的外壳下部，装置机械式传动装置的减速齿轮和差速器齿轮，动力经过左右两个半轴来驱动车轮。这种电动机—驱动桥组合式驱动系统结构紧凑，安装、使用和维护都十分方便，它有电动机前置、驱动桥前置，电动机后置、驱动桥后置等驱动模式。

（2）同轴式电动机—驱动桥组合式驱动系统。同轴式电动机—驱动桥组合式驱动系统的电动机是一种特殊的空心轴电动机，在电动机一端的外壳中安装传动装置的减速齿轮和差速齿轮。差速器带动左右两个半轴，其中右半轴是通过电动机的空心轴与车轮相连，左半轴通过左端外壳与车轮相连接。电动机与传动装置组合成一个整体驱动桥，形成"机电一体化"驱动桥的传动系统，使纯电动汽车的传动系统更加紧凑，簧载质量显著减少，从而有利于提高车辆的平顺性。

（3）双联式电动机共同驱动的整体驱动桥模式。双联式电动机共同组成整体驱动桥的传动系统，取消了齿轮传动机构，完全实现了"机电一体化"传动方式，它由左右两个永磁电动机直接通过半轴带动车轮转动。左右两个电动机由中央控制器的电控差速模块控制，形成机电一体化的差速器，使驱动系统的结构大大简化，重量明显降低，它要比一般机械式差速器可靠和轻便。图1-44所示为由两个永磁电动机组成的双电动机驱动系统的结构。双电动机驱动桥传动系统与相同功率的单电动机驱动桥传动系统相比较，电动机的直径要小得多，因此可以将双联式电动机驱动桥布置在纯电动汽车的地板下面，这样更加有利于车辆的整体布置，但双联式电动机的轴向长度要长一些。

2. 轮毂驱动系统

轮毂驱动系统可以布置在纯电动汽车的两个前轮、两个后轮或四个车轮的轮毂中，成为前轮驱动、后轮驱动或四轮驱动的纯电动汽车。

轮毂驱动系统有两种结构：一种是内定子外转子结构，其外转子直接安装在车轮的轮缘上，由于这种结构没有机械减速机构提供减速，因此通常要求电动机为低速转矩电动机；另一种就是一般的内转子外定子结构，其转子作为输出轴与固定减速比的行星齿轮变速器的太阳轮相连，而车轮轮毂与其齿圈连接，这样能提供较大的减速比来放大其输出转矩。

当采用轮毂电动机驱动时，纯电动汽车上驱动电动机输出的扭矩传递到驱动车轮的传递路径大大缩短，这样可腾出足够的空间，便于对总体进一步优化，而且当采用内定子外转子结构时，还能够提高对车轮动态响应的控制性能。采用轮毂电动机时，由于可以对每台电动机的转速进行单独调节控制，因此可以实现电子差速，这样既可省去机械差速器，同时还有利于提高汽车在转弯时的操纵性。按照纯电动汽车上轮毂电动机的布置形式，纯电动汽车可以分为双前轮驱动、双后轮驱动和前后四轮驱动。

 高压系统及防护检修

📚 项目引入

小明是某职业院校新能源汽车专业的学生,在刚进入工作岗位实习时,遇到了一起触电事故,该事故是一位同事因为违章操作而导致的,小明很是震惊,赶紧向他师傅请教了很多注意事项。

📚 思考

作为新能源汽车专业的学生,为了避免类似的事故再次发生,需要注意哪些问题呢?

任务一 高压安全防护

一、高压电

电动汽车的电压可高达 600 V 以上,如何保证驾驶员、乘车人员以及维护与检修人员的安全,一直都是大家关注的问题。在电动汽车中,电路的工作电压 U 分为 A 级和 B 级,如表 1-1 所示。通常说的电动汽车的高压就是指 B 级电压。对 B 级电压电路中的部件进行维护或检修时,需要进行触电防护,A 级则不需要。

表 1-1 电动汽车电路的工作电压等级划分

工作电压 U	直流(V)	交流(V)
A 级	$0 < U \leqslant 60$	$0 < U \leqslant 25$
B 级	$60 < U \leqslant 1000$	$25 < U \leqslant 660$

二、高压安全措施

1. 高压线束

电动汽车上的所有高压线束都使用橙色线束,用于与低压系统的黑色线束区分,

如图 1-1 所示。

图 1-1 高压线束

2. 高压警告标识

电动汽车在高压电气设备外壳体的醒目位置，一般都设置有高压警告标识，用于使用户接触时注意，防止高压触电，如图 1-2 所示。

(a) 动力锂电池包　　　　(b) 高压配电盒

(c) 充电机　　　　(d) DC/DC 变换器

图 1-2 高压警告标识

3. 高压熔断器

高压熔断器是用来保护电气设备免受过载或短路电流损害的，如图 1-3 所示。

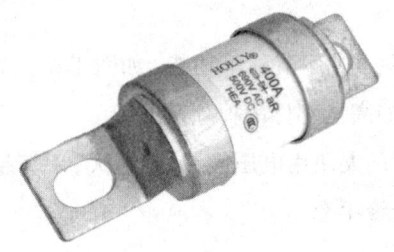

图 1-3 高压熔断器

4. 维修开关

电动汽车的动力电池上安装有维修开关，如图 1-4 所示。维护与检修车辆时，需先将维修开关拔下，断开高压电路，以防止人员接触车辆时造成电击伤害。

图 1-4 维修开关

5. 高压连接器

高压互锁是指通过检测高压系统连接位置的连接状态，识别异常情况，然后断开动力电池的高压电源，防止人员受到电击伤害的措施。在电动汽车高压回路中，高压连接器是实现高压互锁功能的主要元件，如图 1-5 所示。

图 1-5 高压连接器

三、高压防护用具

1. 绝缘手套

绝缘手套具有防油、防电、耐酸碱等功能,如图 1-6 所示。绝缘手套主要在维护与检修高压设备时使用,如高压部件的拆除及安装。

绝缘手套上一般标有最大使用电压值,该值越大,手套越厚。使用时应根据被测设备的最大电压值选择绝缘手套。

图 1-6 绝缘手套

2. 绝缘帽

电动汽车在举升状态时,对其维护与检修的操作人员要佩戴绝缘帽。佩戴前要检查绝缘帽有无裂缝,有无变形,下颚带是否完好、牢固;佩戴时必须按照头围的大小调整并系好下颚带。绝缘帽的正确佩戴方式如图 1-7 所示。

图 1-7 绝缘帽

3. 绝缘鞋

绝缘鞋(见图 1-8)的作用是在高压操作时使人与地面绝缘,防止电流通过人体与大地之间构成通路,对人体造成电击伤害。绝缘鞋的内帮或鞋底上应有标准号、电绝缘字样(或英文缩写 EH)、闪电标记、耐电压数值等。

图 1-8 绝缘鞋

4. 绝缘服

操作人员带电作业时需要穿绝缘服进行防护,如图 1-9 所示。绝缘服具备阻燃、绝缘性能,可防 7 kV 以下高压电。

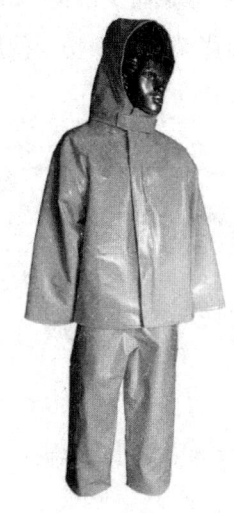

图 1-9 绝缘服

5. 绝缘垫

绝缘垫又称绝缘毯、绝缘橡胶板等,是具有较大电阻率和电击穿强度的胶垫,如图 1-10 所示。在维护与检修电动汽车时,将绝缘垫铺设于地面,可以起到绝缘的作用。

图 1-10 绝缘垫

6. 防护眼镜

在维护与检修电动汽车时,要佩戴防护眼镜,如图 1-11 所示。防护眼镜主要用于防御电器拉弧产生的电火花对眼睛造成损伤。使用前需要对防护眼镜进行检查,看镜片有无裂痕、损坏。

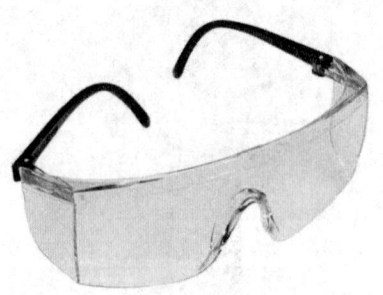

图 1-11 防护眼镜

四、高压安全操作规范

(1)严禁未经培训的人员进行高压部件的维护和检修,禁止带有任何侥幸心理的危险操作,以免发生安全事故。

(2)维护与检修作业前要采用安全隔离措施(使用警戒栏隔离),并设置高压警示牌,以警示相关人员,避免发生安全事故。

(3)操作人员必须佩戴防护用具:绝缘手套、绝缘鞋、绝缘垫、绝缘服和防护眼镜等,其耐压等级必须大于 1 000 V。

(4)操作人员作业时不得佩戴金属饰物,如戒指、手表等,工作服内不得有金属物件,如钥匙、硬币等。

(5)检修车辆时,必须配置一名专职监护人员,检修的全过程要在监护人员的监督下进行。

(6)检修高压系统时,点火开关必须处于OFF挡(若为智能钥匙系统,车辆须不在智能钥匙感应范围内,并且车辆处于非充电状态),并拔下维修开关,然后交由专职监护人员保管。

(7)断开维修开关,5 min后使用万用表测量整车高压回路,确保无电才可以进行高压系统的检修。

任务二　常用检修工具

一、绝缘表

1. 绝缘电阻表

1)绝缘电阻表的结构

绝缘电阻表又称为兆欧表,是电工常用的一种测量仪表,可以用来测量绝缘电阻,主要由手摇发电机、表头和三个接线柱(L、E、G)组成,如图1-12所示。其中,手摇发电机用来产生高压电;表头标度尺单位为兆欧;L端为接线端,E端为接地端,G端为屏蔽端(也叫保护环)。

图1-12　绝缘电阻表

2)绝缘电阻表的选用

绝缘电阻表的额定电压有 250 V、500 V、1 000 V、2 500 V 等几种,量程有 500 MΩ、1 000 MΩ、2 000 MΩ、2 500 MΩ 等几种。测量时,可依据被测设备的额定电压等级或绝缘电阻表的量程来选择。

(1)绝缘电阻表可依据被测设备的额定电压等级选择,如表 1-2 所示。

表 1-2 依据被测设备的额定电压等级选择绝缘电阻表

被测设备的额定电压(V)	选用绝缘电阻表的额定电压(V)
<500	500
≥500	1 000 或 2 500

(2)绝缘电阻表可依据绝缘电阻表的量程选择。如图 1-13 所示,在绝缘电阻表的规定量程(0~2 500 MΩ)内,表头刻度线上标有两个小黑点,它们之间的区域为准确测量区域。在选择绝缘电阻表时,应依据绝缘电阻表的量程,使被测设备的标称绝缘电阻值在准确测量区域内。

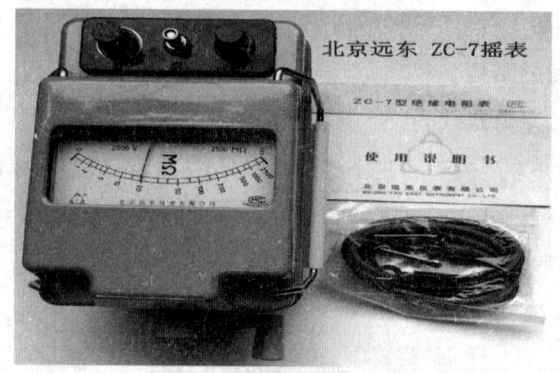

图 1-13 绝缘电阻表的量程

3)绝缘电阻表的使用方法

(1)准备工作。

① 绝缘电阻表在使用之前,要先检查其是否处于正常工作的状态。先将绝缘电阻表放在平稳、牢固的地方,然后再进行开路试验和短路试验。

开路实验:在绝缘电阻表未接通被测设备之前,摇动手柄使发电机达到 120 r/min 的额定转速,观察指针是否指在"∞"的位置,如果是,则为正常,如图 1-14 所示。

短路实验:将 L 端和 E 端短接,缓慢摇动手柄,观察指针是否指在"0"的位置,如果是,则为正常,如图 1-15 所示。

② 测量前，应切断被测设备及回路的电源，并对相关元件进行临时接地放电，决不允许设备带电进行测量，以保证人身和设备的安全。

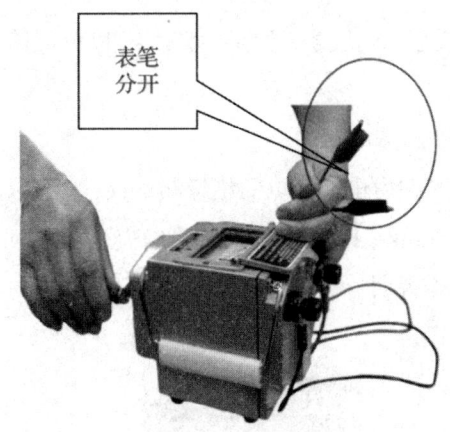

图 1-14 开路实验

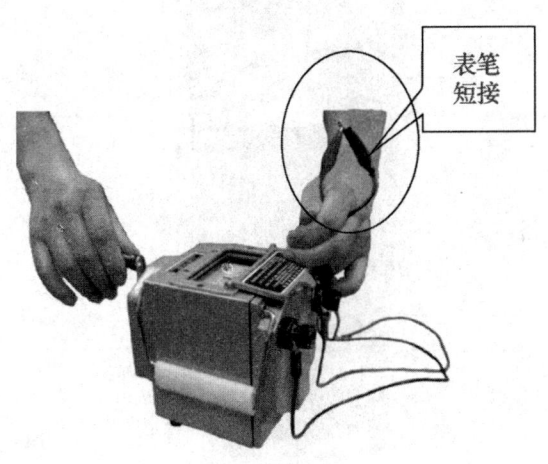

图 1-15 短路实验

（2）测量工作。

① 接线。测量回路对地电阻时，L 端与回路的裸露导体连接，E 端连接接地线或金属外壳；测量回路的绝缘电阻时，回路的首端与尾端分别与 L 端、E 端连接；测量电缆的绝缘电阻时，为防止电缆表面泄漏电流对测量精度产生影响，应将电缆的屏蔽层接至 G 端。

② 均匀摇动绝缘电阻表，手摇的转速应在 120 r/min 左右，摇动到指示值稳定后读数。

4）绝缘电阻表的使用注意事项

（1）被测设备表面要清洁，减少接触电阻，确保测量结果的正确性。

（2）摇动绝缘电阻表时，不能用手接触绝缘电阻表的接线柱和被测回路，以防触电。

（3）摇动绝缘电阻表后，各接线柱之间不能短接，以免损坏绝缘电阻表。

2．数字测试绝缘表

1）数字测试绝缘表的结构

数字测试绝缘表是一种由电池供电的绝缘测试仪，它可以测量交流/直流电压、绝缘电阻等。本项目以 Fluke 1508 数字测试绝缘表（见图 1-16）为例，来介绍数字测试绝缘表的功能和操作说明。

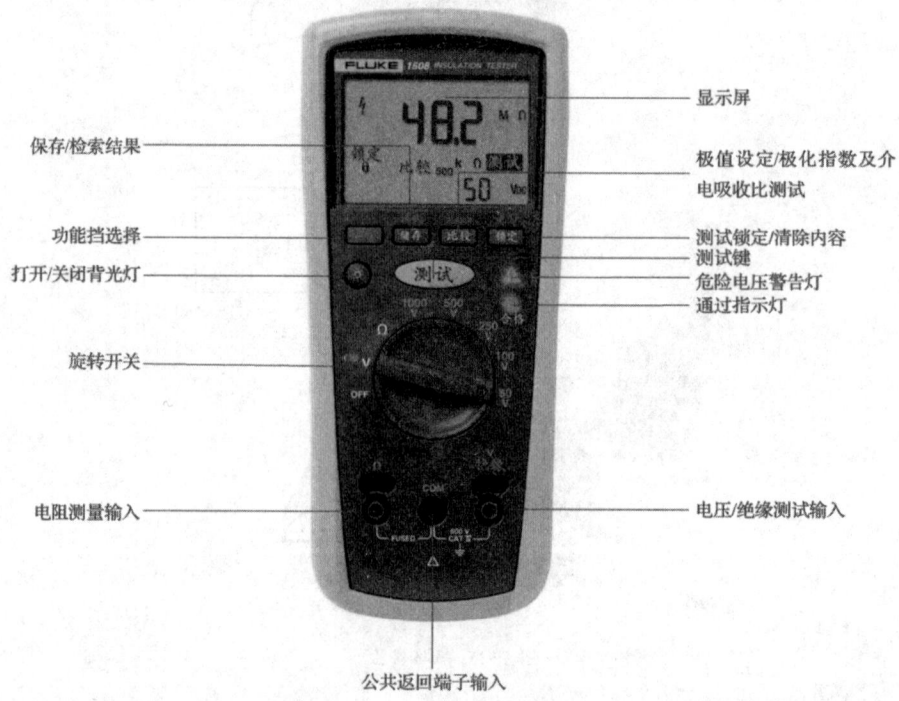

图 1-16 Fluke 1508 数字测试绝缘表

2）数字测试绝缘表的功能说明

（1）旋转开关。如图 1-17 所示，根据需要调整旋转开关即可进行选择，其功能说明如表 1-3 所示。

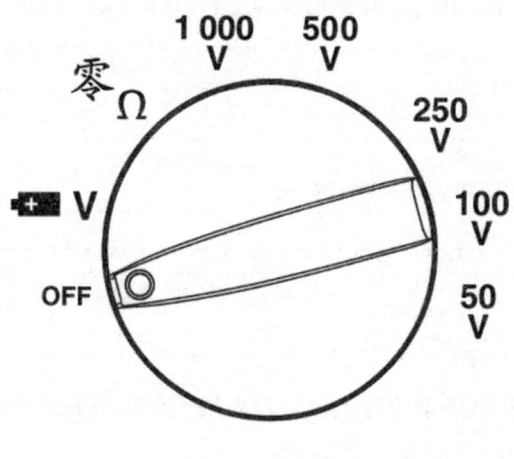

图 1-17 旋转开关

表 1-3 Fluke 1508 数字测试绝缘表旋转开关的选择及功能

开关位置	测量功能
▄■V	交流（AC）电压或直流（DC）电压，从 0.1 V 至 600.0 V
零Ω	电阻，欧姆（Ohms），从 0.01 Ω 至 20.00 kΩ
1 000 V 500 V 250 V 100 V 50 V	电阻，欧姆（Ohms），从 0.01 MΩ 至 10.0 GΩ。利用 50 V、100 V、250 V、500 V、1 000 V 执行绝缘测试
OFF	关闭数字测试绝缘表

（2）按钮和指示灯。按钮用来激活扩充旋转开关所选功能的特性，例如，当旋转开关置于电压挡时，按下按钮，可以测量极化指数或介电吸收比。指示灯在相应功能开启时会点亮。按钮和指示灯如图 1-18 所示，功能说明如表 1-4 所示。

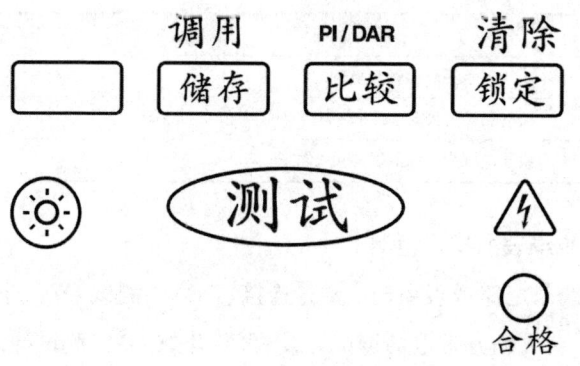

图 1-18 按钮和指示灯

表1-4 Fluke 1508数字测试绝缘表按钮和指示灯的功能

按钮/指示灯	功能说明
▢	按蓝色按钮来选择其他测量功能
调用 储存	保存上一次绝缘电阻或接地耦合电阻测量结果 检索保存在内存中的测量值
PI/DAR 比较	给数字测试绝缘表设定通过/失败极限 按此按钮来配置数字测试绝缘表，进行极化指数或介电吸收比测试
清除 锁定	测试锁定。如在按测试按钮之前按下此按钮，则在再次按下锁定或测试按钮解除锁定之前，测试将保持在活动状态 清除所有内存内容

（3）输入端子。数字测试绝缘表通过输入端子可以与其他设备连接，如图1-19所示，其功能说明如表1-5所示。

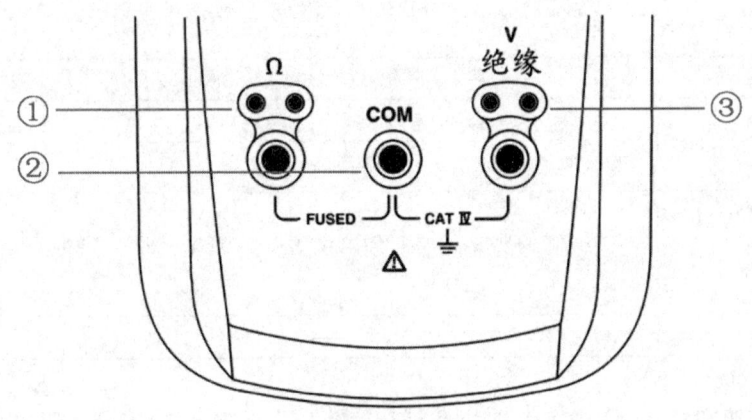

图1-19 输入端子

表1-5 Fluke 1508数字测试绝缘表输入端子的功能

输入端子	功能说明
①	用于电阻测量的输入端子
②	所有测量的公共（返回）端子
③	用于电压或绝缘测试的输入端子

3）数字测试绝缘表的操作说明

连接测试导线与电路或设备时，要先连接"COM"测试导线，再连接带电导线；拆下测试导线时，要先断开带电的测试导线，再断开"COM"测试导线。

（1）测量电压：测量方法如图1-20（a）所示。

(2)测量接地耦合电阻:电阻测试只能在不通电的电路上进行。测量接地耦合电阻的方法如图 1-20(b)所示。

(3)测量绝缘电阻:测量方法如图 1-20(c)所示。

(4)测量极化指数和介电吸收比:极化指数(PI)是指测量开始 10 min 后的绝缘电阻与测量开始 1 min 后的绝缘电阻之间的比率。介电吸收比(DAR)是指测量开始 1 min 后的绝缘电阻与测量开始 30 s 后绝缘电阻之间的比率。测量极化指数和介电吸收比的方法如图 1-20(d)所示。

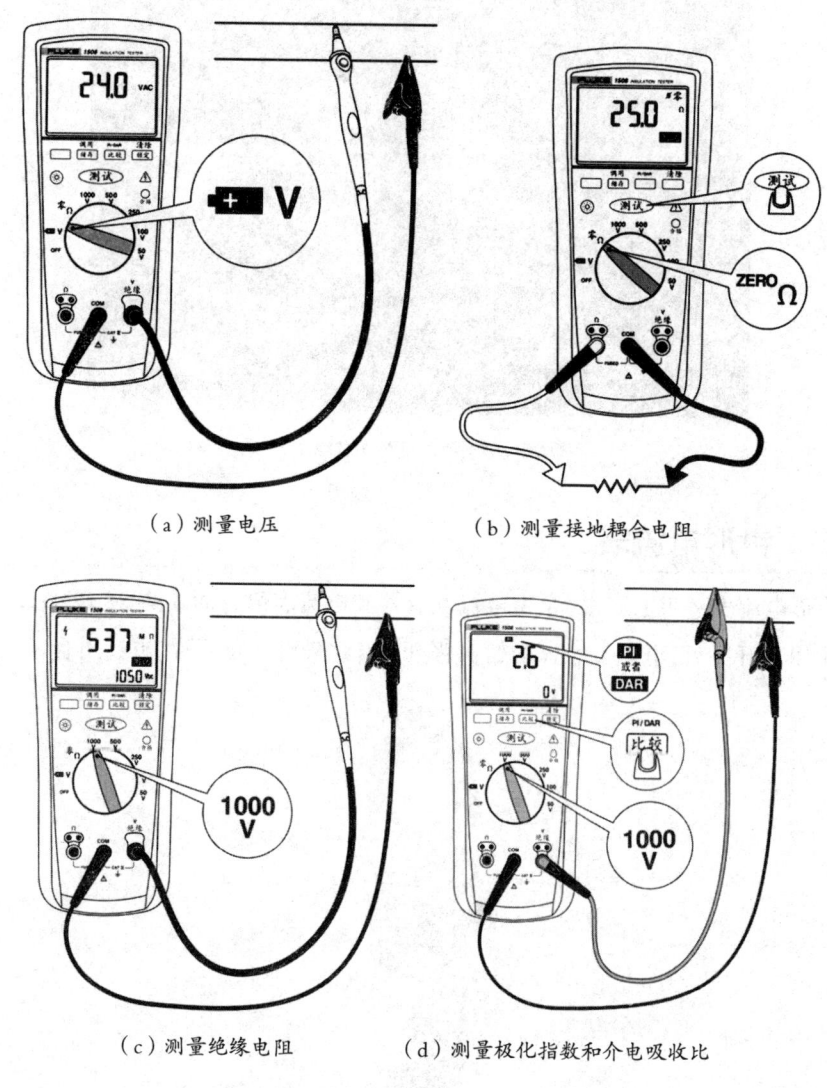

(a)测量电压　　(b)测量接地耦合电阻

(c)测量绝缘电阻　　(d)测量极化指数和介电吸收比

图 1-20 Fluke 1508 数字测试绝缘表的测量方法

4)数字测试绝缘表的使用注意事项

（1）测试电阻、二极管或电容之前，必须先切断电源，并将所有的高压电容放电。

（2）在将数字测试绝缘表与被测电路连接之前，一定要选择正确的端子、开关位置和量程挡，如图1-21所示。

（3）因为高压部件内部有电容存在，所以严禁测量其端子之间的绝缘电阻。

（4）绝缘电阻测量需要保持1 min，数值稳定后再结束测量。

图1-21 操作示范

▶ 二、钳形电流表

钳形电流表又叫电流钳，是由电流互感器和电流表组合而成的，如图1-22所示。当捏紧钳口开关时，电流互感器的钳头张开；当放开钳口开关时，钳头闭合。

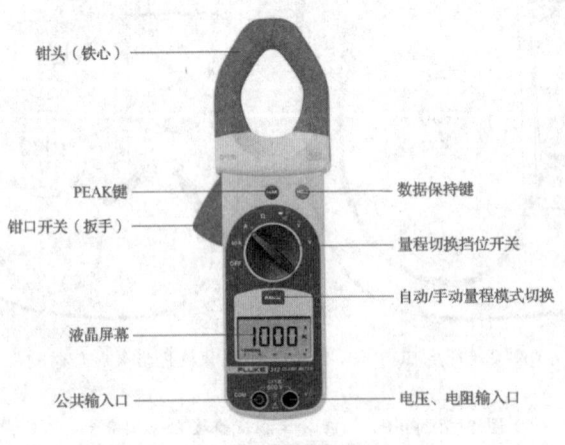

图1-22 钳形电流表

三、绝缘工具

绝缘工具属于高压作业工具,能够保证带电作业的安全,如图 1-23 所示。

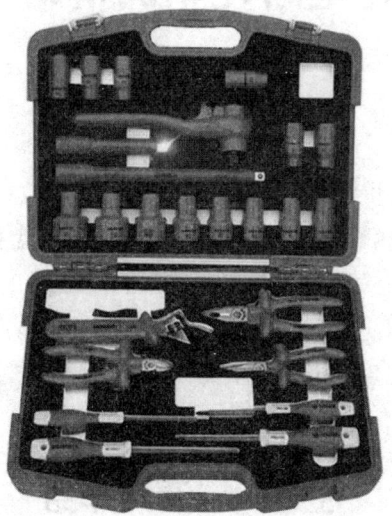

图 1-23 绝缘工具

四、放电仪

电动汽车整车动力电池和一些高压部件都带有电容,断开电源后电容仍然会存储部分电量,为了避免发生触电事故,需要用放电仪对电动汽车的高压端口进行放电,图 1-24 为 XN-1805 高压放电仪。

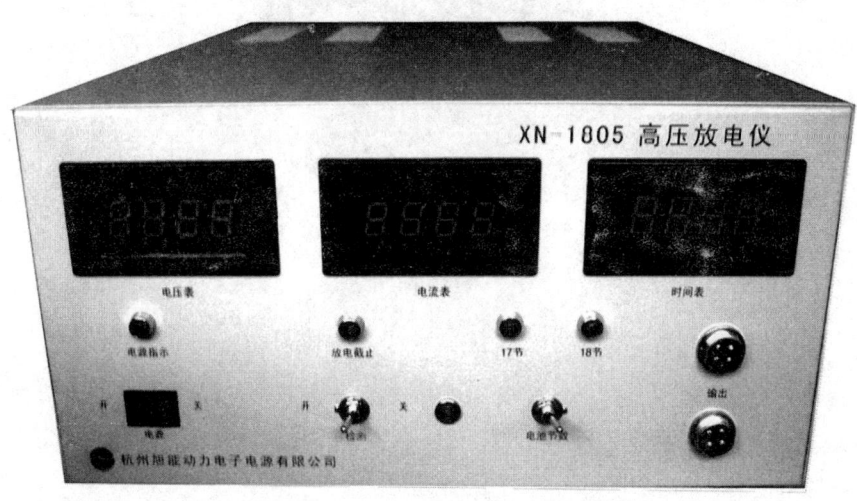

图 1-24 XN-1805 高压放电仪

项目二　纯电动汽车的清洁

📦 **项目引入**

过年的时候,张先生开着爱车特斯拉 Model3 回老家,正赶上下大雨,弄得车身都是泥。张先生决定去 4S 店清洗他的爱车,洗车工人小孟接到了这个任务。

📦 **思考**

小孟应如何清洗张先生的电动汽车呢?

任务一　清洗车身

▶ 一、车身清洗工具和设备

(a) 喷水壶

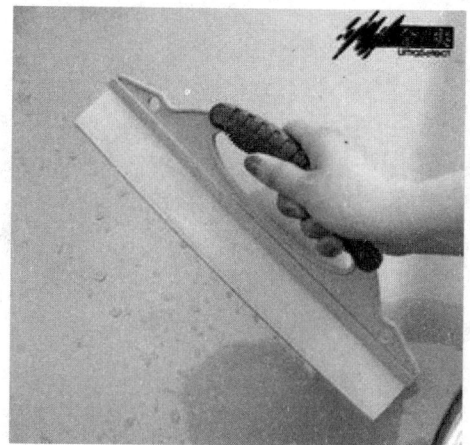

(b)刮水板

(c)鹿皮巾

(d)毛手套

(e) 毛巾

(f) 甩干桶

图 2-1 车身清洗工具

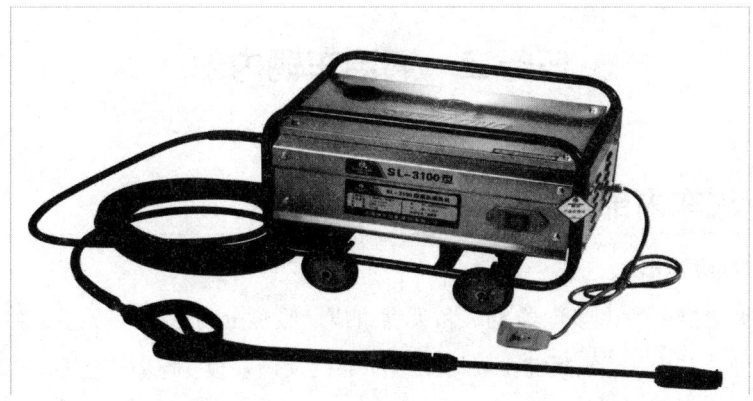

(a) SL-3100 高压水枪

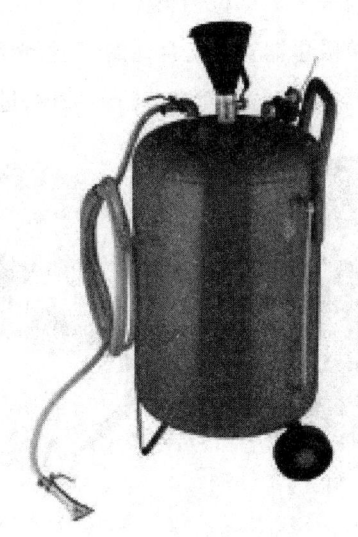

(b) 泡沫清洗机

图 2-2 车身清洗设备

二、车身清洗方法

按清洗设备和方式不同,汽车车身的清洗方法可分为一般清洗、机械清洗和新型洗车方法。本项目主要介绍一般清洗。

汽车车身的一般清洗是指利用简单设备、水、专用清洗剂进行人工擦洗,清除车身表面尘埃和污垢。它具有操作简单、成本低等特点。

一般清洗包括清洗前准备、第一次冲洗、擦洗、第二次冲洗、擦干五个步骤。

任务二 清洁车辆内部

一、汽车内部清洁设备

1. 车载吸尘器

车载吸尘器一般由吸尘器主机和吸嘴组成。吸嘴分为毛刷吸嘴、缝隙吸嘴和静电吸嘴三种。其中,毛刷吸嘴主要用于绒面部位及仪表板、脚垫、地毯、空调出风口等部位的吸尘;缝隙吸嘴主要用于车内各种边角、细缝处的吸尘;静电吸嘴主要用于车内绒面部位及脚垫、行李舱等平面部位的吸尘。

使用车载吸尘器时,先给吸尘器安装上合适的吸嘴,然后将吸尘器电源插头插入点烟器插座,最后按下吸尘器电源开关,对准待清洁部位,进行吸尘,如图 2-3 所示。

（a）将吸尘器电源插头插入点烟器插座　　　（b）按下电源开关

（c）吸尘

图 2-3 车载吸尘器的使用

2．蒸汽清洗机

汽车内部的绒布织品容易积聚污垢，滋生细菌，吸尘器只能吸尘，无法清除细菌。如图2-4所示为JNX-4蒸汽清洗机，它具有吸尘和蒸汽清洗两种功能，4S店一般采用这种蒸汽清洗设备。

图2-4 JNX-4蒸汽清洗机

JNX-4蒸汽清洗机使用步骤如下。

（1）接通蒸汽清洗机电源。

（2）连接水源和设备进水阀。

（3）将喷枪装在蒸汽清洗机上，确认设备底部的排水阀已关闭。

（4）启动电源，打开进水阀注水，满水灯亮后关闭进水阀。

（5）打开启动开关，设备开始加热升温，约60 s后，水泵开始供蒸汽。根据实际需要，通过汽量旋钮调节出汽量。

（6）将喷枪口对准待清洁部位进行清洁、杀菌，如图2-5所示。

（7）清洁完毕后，关闭工作开关，打开喷枪口排放余汽。当天工作结束后，应打开底部排水阀放空水箱。

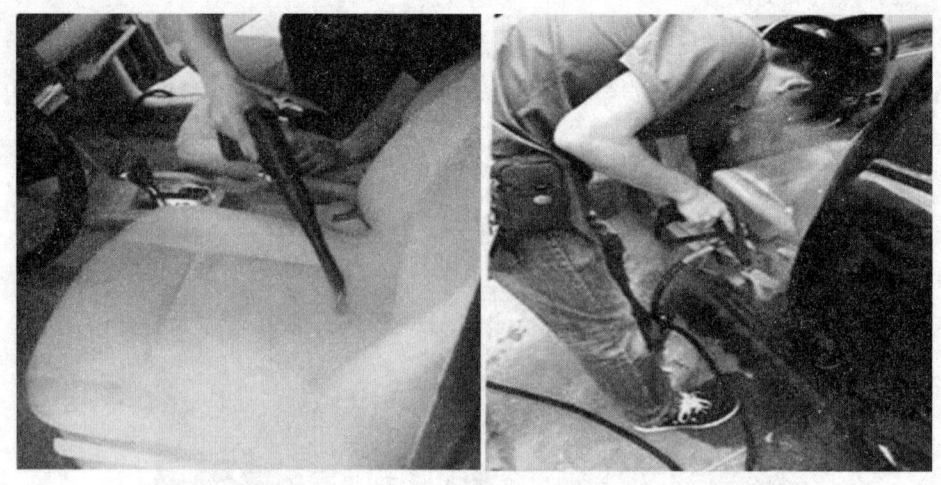

图 2-5 用蒸汽清洗机清洁汽车

二、汽车内部清洁步骤

A 除尘

在除尘之前,先将汽车内部的停车证、坐垫、脚垫等杂物取出,然后按从上到下的顺序进行除尘。

B 清洗

汽车内部清洗分为机器清洗和手工清洗两种。

C 护理

汽车内部部件上光护理一般选用表板蜡,使用时先将它喷在物体表面,然后用毛巾涂抹均匀即可,如图 2-6 所示。

图 2-6 涂抹表板蜡

三、汽车内部各个部位的清洁方法

1. 顶棚的清洁

顶棚不易被其他脏物污染,由于其材质多为毛料或纤维绒布,吸附性较强,易吸附灰尘、汗渍等,可用车载吸尘器配合人工喷洒专用清洁剂进行清洁。清洁时,通常先用车载吸尘器吸尘,再用中性清洁剂着重清洁污垢,然后全面清洁。顶棚全部清洁干净后,应用另一块干净的绒布顺着车顶毛料或纤维绒布的纹理方向抹平,使其恢复原来的装饰效果。

2. 车窗玻璃内侧的清洁

汽车长时间使用后,车窗玻璃内侧会蒙上一层雾状污垢,影响能见度。若经常有人在车内吸烟,这种情况会更严重。清洁时,可将玻璃清洗剂喷洒在毛巾上,然后用毛巾从上到下或从左到右直线擦洗玻璃,最后用干毛巾擦干。擦拭后窗玻璃内侧时,应沿着玻璃上除雾热线的方向左右擦拭,不能上下擦拭,以免擦断除雾热线。

3. 驾驶室的清洁

01 仪表板的清洁

02 转向盘、换挡杆、驻车制动杆等部位的清洁

03 踏板的清洁

04 座椅的清洁

05 安全带的清洁

06 车门部位的清洁

07 地毯脚垫的清洁

08 行李舱的清洁

任务三　清洁机舱

在对电动汽车的机舱进行清洁工作之前,应准备一些适合的清洁工具,如超细纤维布、小刷子和机舱清洁剂等。先关闭点火开关,10 min 后再进行清洁。

图 2-7 为电动汽车机舱,其内部主要的"脏东西"便是灰尘。对于那些存在于设备表面、不太牢固的灰尘,可以用软毛小刷子轻轻扫除,在清扫时注意别太用力,尤其是线缆连接处。对于较顽固的污渍或较厚的积尘,可将适量的机舱清洁剂喷洒到

纤维布上,然后再轻轻擦拭。

清洁电动汽车机舱只是一种表面手段,真正的目的是在清洁过程对机舱内的设备进行检查,确保车辆处于一个良好的工作状态。

图 2-7 电动汽车机舱

项目三 纯电动汽车的日常维护

项目引入

王先生居住在北京,普通汽车指标多年都未摇到,但他爱人排队申请到了新能源车牌,于是就买了一辆电动汽车。他的电动汽车已经行驶 10 000 km,王先生不确定是否要对其爱车进行维护,于是致电 4S 店寻求帮助。

思考

王先生的爱车是否需要进行维护?如果需要,又会涉及哪些项目呢?

任务一 纯电动汽车维护的重要性

一、电动汽车维护的重要性

电动汽车在使用过程中,容易受到多种因素的影响,如各零部件会产生不同程度的磨损、老化、腐蚀及损伤,在这种状态下继续使用会导致车辆性能降低,可能发生故障。因此,为使车辆一直保持最好的"健康"状态,必须对电动汽车进行维护,以预测未来有可能出现的故障,从而提前采取措施避免故障的发生,确保行车安全。

二、电动汽车用户手册的使用

汽车制造商会为每辆车提供一份车主手册和用户保养手册。尽管维护保养信息可以从车主手册中获取,但大部分汽车制造商仍会发布一份单独的用户保养手册,其中包含的维护保养信息比车主手册更详细,如图 3-1 所示。及时掌握车辆使用性能、维护保养周期及维护保养内容,严格按照用户保养手册的规范要求来进行维护,将大大延长车辆的使用寿命,减少不必要的维修费用。

电动汽车维护一般包括日常维护和定期维护两种。日常维护是指在日常使用中,可根据行驶距离、时间以及车辆行驶时的状态来判断需检查保养的适当时间,可以由车主自行维护，也可以去4S店维护；定期维护的时间一般是用户保养手册中规定的，例如，丰田 PRIUS 用户保养手册中，规定汽车每行驶 5 000 km 或每隔 6 个月需要进行定期保养。

另外，在进行日常维护和定期维护时，要做好维护记录，这样可为下次维护提供重要依据，以便实施与汽车使用状况相符合的维护服务，也可以帮助车主了解汽车，同时做到防患于未然，让车主更放心、舒适的用车。

任务二　纯电动汽车的维护

纯电动汽车在日常维护中，制动性能、轮胎气压等常规检查项目与其他车辆相同，由于其动力源和驱动方式与其他车辆不同，需要供电系统来提供行驶动力，所以对其"电"相关系统的维护尤为重要。

纯电动汽车定期维护项目除了包含底盘、灯光、轮胎等常规部件外，还包括动力电池系统、驱动电机系统、电器电控系统、制动系统、转向系统、车身系统、传动及悬架系统、冷却系统、空调系统等。

项目四　纯电动汽车顶起位置一维护

项目引入

小徐在一家汽车维修厂工作了3年，是位经验丰富的维修技师。最近维修厂新招了一名学徒，老板让这名学徒跟着小徐学习电动汽车维修技能，为了让这名学徒系统地掌握电动汽车的维护项目及内容，小徐将维护作业分成六个阶段来进行讲解。

思考

对于第一个阶段电动汽车顶起位置一维护，需要维护的项目有哪些？需要怎样维护？

任务一　防护用具和绝缘工具的检查

一、防护用具和绝缘工具的检查

维护作业过程中，对高压线路以及高压部件操作时，必须佩戴防护用具，使用绝缘工具，以保证作业安全。防护用具的检查项目及内容如表4-1所示。

表4-1　防护用具和绝缘工具的检查项目及内容

项目	检查内容
绝缘手套	检查绝缘手套的电压等级
	检查绝缘手套有无裂痕、砂眼、黏连等现象
	检查绝缘手套是否在产品使用期内
绝缘鞋	检查绝缘鞋的电压等级
	检查绝缘鞋表面有无裂痕、砂眼、老化等现象
	检查绝缘鞋是否在产品使用期内
绝缘帽	检查绝缘帽的电压等级
	检查绝缘帽有无破损

续　表

项目	检查内容
绝缘垫	检查绝缘垫的电压等级
	检查绝缘垫表面有无裂痕、砂眼、老化等现象
	选择正确厚度、耐压等级的绝缘垫
	检查绝缘垫表面有无起泡缺陷
防护眼镜	检查防护眼镜的安全等级
	检查防护眼镜的宽窄、大小是否适合使用者的脸型
	检查防护眼镜有无破损、刮花
绝缘工具	检查绝缘工具的电压等级
	检查绝缘工具有无裂纹、老化等现象

任务二　顶起位置一维护项目

▶ 2.0 顶起位置一维护项目

顶起位置一（举升器未升起）如图4-1所示，维护的项目如下。

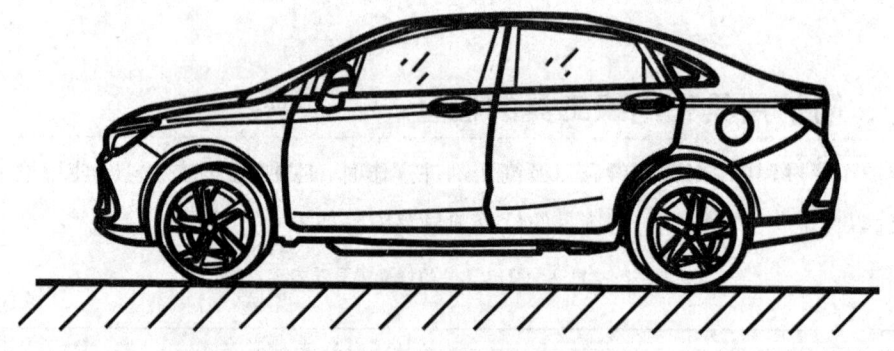

图4-1　顶起位置一作业图

（1）仪表指示灯及车灯。

（2）风窗玻璃喷洗器。

（3）风窗玻璃刮水器。

（4）喇叭。

（5）行车制动器。

（6）驻车制动器。

（7）方向盘。

（8）车辆外部各部件。

（9）悬架。

（10）机舱部件。

任务三　顶起位置一维护作业

主要工作为：

（1）安装车轮挡块。

（2）安装车内四件套（座椅套、地毯垫、转向盘罩、驻车制动杆套）。

（3）安装翼子板布和前格栅布，如图4-2所示。

▶ 一、前期准备

图4-2　安装翼子板布和前格栅布

▶ 二、仪表指示灯及车灯的检查

当点火开关转到ON挡位置时，检查仪表及车灯的工作情况。

(1)检查仪表上有无故障指示灯点亮,仪表指示灯图标及位置如图 4-3 所示,显示信息说明如表 4-2 所示。

(2)检查仪表指示灯是否正常点亮。

(3)检查各车灯有无松动情况。

(4)检查各灯的灯罩和反光镜是否损坏,灯内是否有污物进入。

(5)打开车辆灯光,检查车灯是否正常发光或闪烁。

灯光控制开关每转动一挡,都要检查相应的车灯、仪表板灯是否亮起。

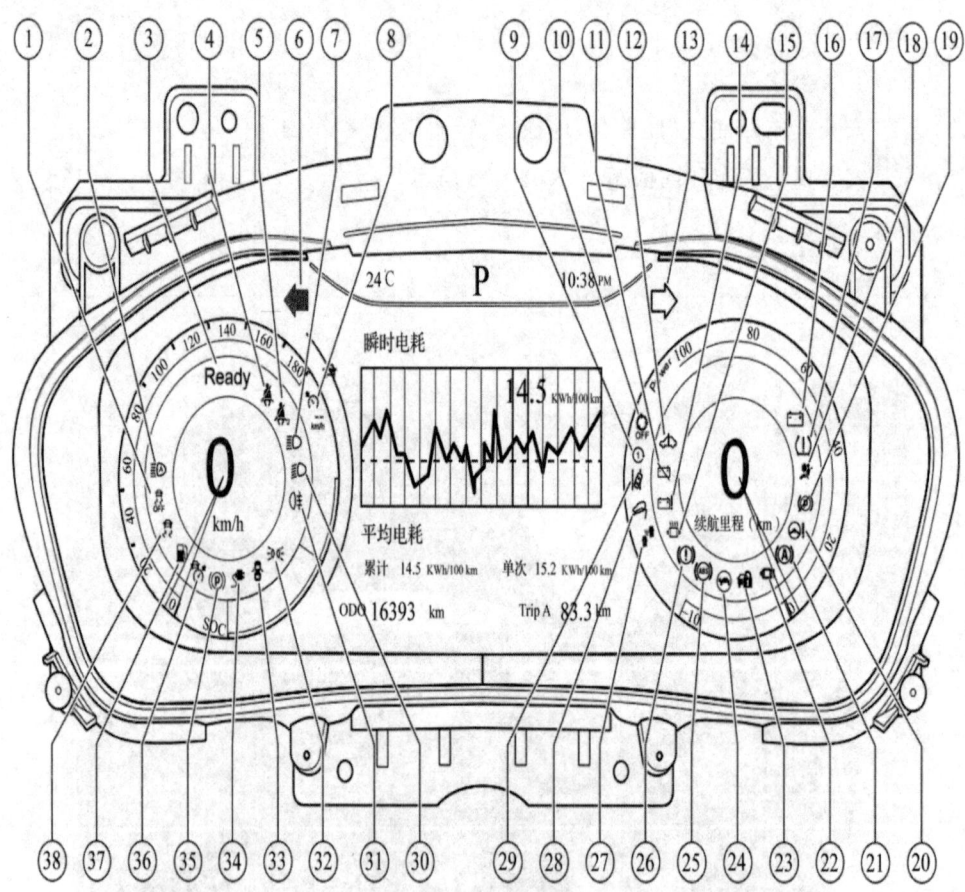

图 4-3 仪表指示灯图标及位置

表 4-2 仪表指示灯显示信息说明

序号	报警指示	状态	序号	报警指示	状态
1	ESP（车身电子稳定系统）关闭指示灯	黄色	21	自动驻车/自动驻车故障指示灯	绿色
2	智能远光灯辅助	黄色/白色	22	电机故障报警指示灯	红色
3	READY 指示灯	绿色	23	动力防盗指示灯	黄色
4	主驾安全带未系指示灯	红色	24	驱动功率限制信号灯	黄色
5	副驾安全带未系指示灯	红色	25	ABS（制动防抱死系统）故障指示灯	黄色
6	左转向指示灯	绿色	26	制动系统故障灯	黄色
7	远光灯指示灯	蓝色	27	盲点监测指示灯	绿色
8	巡航系统指示灯	绿色	28	陡坡缓降/陡坡缓降故障指示灯	红色
9	制动能量回收等级指示灯	绿色	29	LDW（车道偏离预警）开启指示灯	黄色
10	制动能量回收关闭指示灯	黄色	30	近光灯指示灯	绿色
11	高压断开指示灯	黄色	31	后雾灯指示灯	黄色
12	整车系统故障指示灯	红色	32	位置灯指示灯	绿色
13	右转向指示灯	绿色	33	门开指示灯	红色
14	动力电池故障报警指示灯	红色	34	充电线连接指示灯	红色
15	电机过热指示灯	红色	35	驻车制动指示灯	红色
16	12 V 蓄电池故障指示灯	红色	36	自适应巡航指示灯	绿色
17	TPMS（轮胎压力监测系统）故障指示灯	黄色	37	充电提醒灯/充电指示灯	黄色
18	安全气囊故障指示灯	红色	38	ESP 工作指示灯	黄色
19	电子驻车系统故障指示灯	黄色			
20	电动助力转向故障指示灯	黄色			

▶ 三、风窗玻璃喷洗器的检查

当点火开关转到 ON 挡位置时，检查风窗玻璃喷洗器的喷洒工作情况。

01 检查风窗玻璃喷洗器的喷洒压力是否足够。

02 检查洗涤喷洒区是否集中在风窗玻璃刮水器工作范围内，必要时进行调整。

03 检查喷射时风窗玻璃刮水器的联动情况。

▶ 四、风窗玻璃刮水器的检查

当点火开关转到 ON 挡位置时，打开风窗玻璃刮水器各挡位开关检查其工作情况。

01 检查风窗玻璃刮水器各挡位能否正常工作,风窗玻璃刮水器开关如图4-5所示。

02 检查风窗玻璃刮水器刮水效果,是否刮水干净、不产生条纹状的刮拭痕迹。

03 检查当风窗玻璃刮水器开关关闭时,风窗玻璃刮水器是否回归到最低位置后,再停止工作。

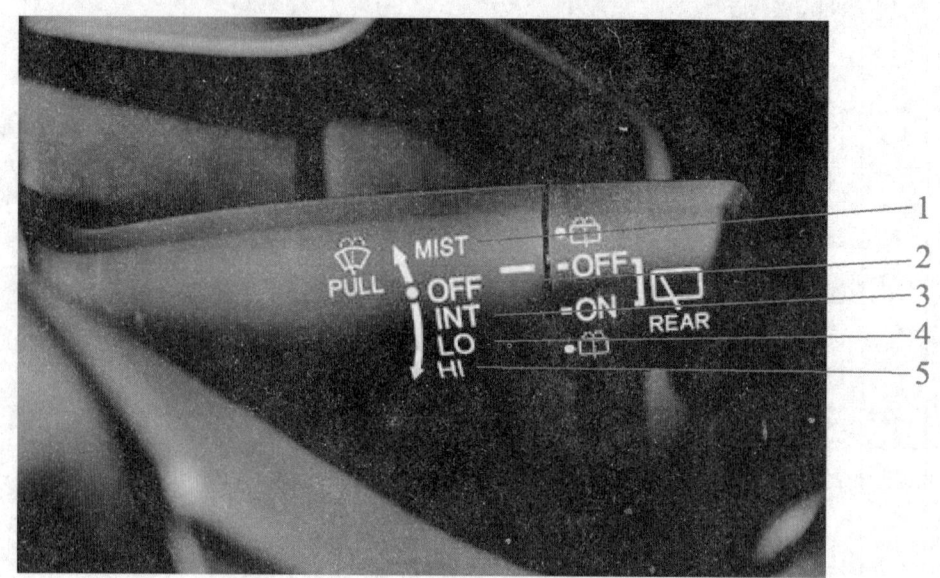

1—摆动一次;2—风窗玻璃刮水器关闭;3—自动间隙摆动;
4—连续低速摆动;5—连续高速摆动。

图4-5 风窗玻璃刮水器开关

五、喇叭的检查

1. 检查喇叭按钮

转动方向盘一周,转动的同时按动喇叭按钮,检查在方向盘不同位置上,喇叭是否都能正常发声,如图4-6所示。

2. 检查喇叭音量、音调

按动喇叭按钮,检查音量和音调是否稳定。

图 4-6 检查喇叭

六、行车制动器的检查

1. 检查制动踏板状况

车辆处于熄火状态时，反复踩压制动踏板数次，制动踏板回归状态良好，确认制动踏板不能被踩到与地板接触位置（即有一定的余量）；同时仔细倾听是否存在异常噪声；用手晃动制动踏板，检查制动踏板是否存在过度松动。

2. 检查制动踏板高度

制动踏板处于自由状态，用直尺测量地板到制动踏板的距离，测量值（即踏板高度）应符合标准。

3. 检查制动踏板自由行程

将车辆熄火，反复踩压制动踏板数次，以便解除制动助力，用手轻轻按压制动踏板，直至感到有阻力为止，用直尺测量地板到制动踏板的距离，测量值即为踏板自由行程，该值应符合标准。

4. 检查制动真空助力装置工作状况

车辆熄火后，反复踩压制动踏板数次，使真空助力装置释放真空，再保持踩住制动踏板，启动车辆，在启动瞬间，感觉制动踏板是否下沉，若制动踏板下沉明显，说明制动真空助力装置工作状况良好。

5. 检查制动真空助力装置真空能力

车辆处于点火状态,反复踩压制动踏板数次,然后踩住制动踏板,将车辆熄火,保持踩下状态 30 s 以上,感觉制动踏板是否上弹。如果制动踏板上弹明显,说明真空助力装置真空能力良好。

七、驻车制动器的检查

1. 检查驻车制动杆行程

将驻车制动杆完全释放,向上拉起到顶端位置,记录棘轮响声,检查是否在规定范围值内,一般棘轮响 6~9 声。如果不符合标准,需要调整驻车制动杆的行程。

2. 检查驻车制动指示灯

当点火开关转到 ON 挡位置时,向上拉动驻车制动杆一个棘轮位置,驻车制动指示灯应点亮;完全释放驻车制动杆时,驻车制动指示灯熄灭。

八、方向盘的检查

1. 检查方向盘的自由行程

当点火开关转到 ON 挡位置时,转动方向盘,使车辆的两前轮处于直行方向。轻轻转动方向盘,当车轮即将转动时,停止转动方向盘,用一把直尺测量出方向盘的移动量即为方向盘自由行程,如图 4-7(a)所示。方向盘自由行程应符合标准,一般为 1~15 mm。

2. 检查方向盘的摆动情况

方向盘处于自由转动位置,两手握住方向盘,在轴向、前后或左右方向移动方向盘,检查其是否松弛和摆动,如图 4-7(b)所示。

3. 检查方向盘 ACC 位置自由转动状况

(1)将点火开关转到 OFF 挡位置,拔下车钥匙后,转动方向盘,使方向盘锁死。

(2)将点火开关转到 ACC 位置,沿顺时针和逆时针两个方向反复转动方向盘,检查方向盘是否不锁定,如图 4-7(c)所示。

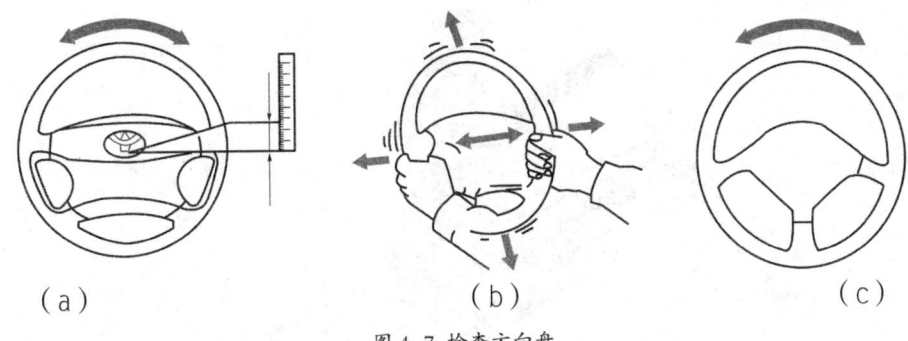

（a）　　　　　　　　　　（b）　　　　　　　　　　（c）

图 4-7　检查方向盘

九、车辆外部各部件的检查

01　检查座椅的螺母和螺栓是否松动、座椅能否前后滑动。

02　检查安全带固定点螺母和螺栓是否松动、安全带上支撑点调整装置性能是否可靠。

03　检查慢充电盖是否变形和损坏，及其连接状况。

04　打开行李舱，检查行李舱盖与铰链之间的连接是否松动。

05　拉动门把手反复开关车门几次，检查车门铰链连接处是否松动。

06　检查充电口是否有脏物堵塞。

07　将顶灯开关转至DOOR挡，打开任意一扇车门，检查顶灯是否点亮，同时检查仪表上的门开指示灯是否点亮；关闭车门，检查顶灯、门开指示灯是否熄灭。

十、悬架的检查

检查前悬架使用状况

01　检查左右两侧减震器是否损坏，如图4-8（a）所示。上下摇动车身检查减震器的缓冲力大小，并检查车身停止摇动所需要的时间。

02　检查左右两侧螺旋弹簧是否损坏，如图4-8（b）所示。

03　检查左右两侧转向节是否损坏。

04　检查稳定杆与左右两端悬架的连接状况，稳定杆是否损坏，如图4-8(c)所示。

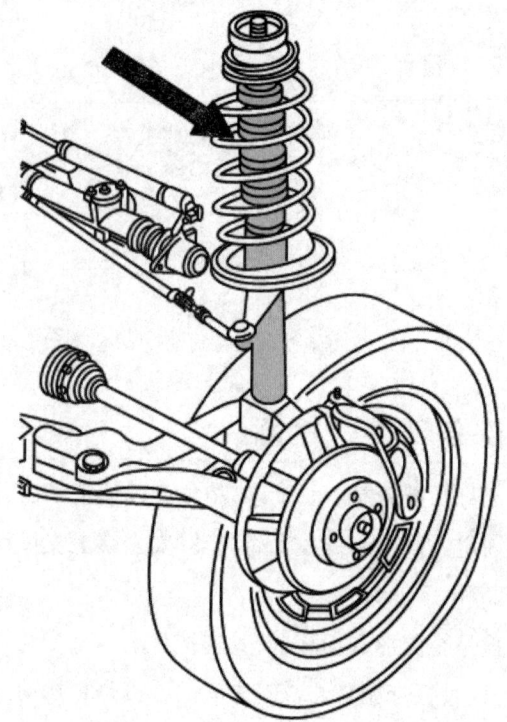

(a)检查减震器

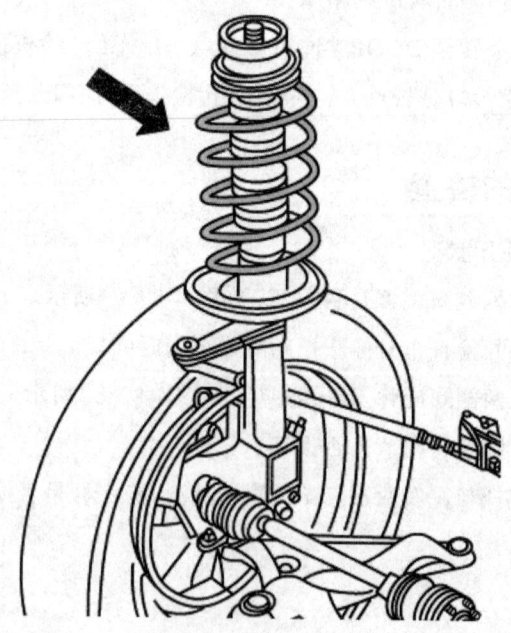

(b)检查螺旋弹簧

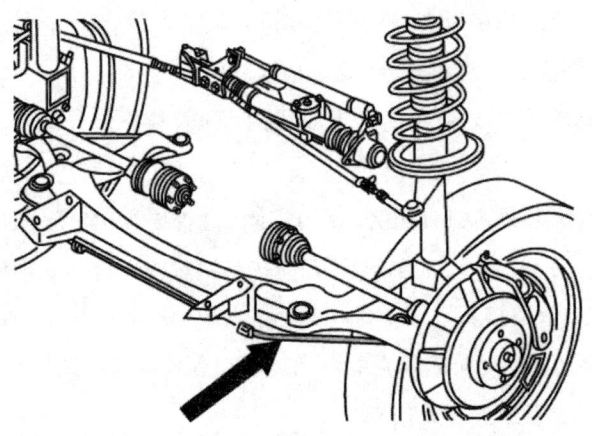

(a)检查稳定杆

图4-8 检查前悬架

01 检查左右两侧减震器是否损坏。

02 检查左右两侧螺旋弹簧是否损坏。

03 检查稳定杆是否损坏。

04 检查拖臂和后桥是否损坏。

十一、机舱部件的检查

打开机舱盖,对机舱部件进行检查,如图4-9所示。

图4-9 检查机舱部件

(1)检查机舱盖与铰链之间的连接是否松动。

（2）检查冷却液液位是否在规定刻度线内。

（3）检查玻璃清洗液液位是否在规定刻度线内。

（4）检查制动液液位是否在规定刻度线内，同时检查制动液盖上的通风孔是否堵塞。

（5）检查高压线束是否排列整齐、是否牢固、是否损裂；有无金属部分外露、铜丝烧断、铜丝烧黑等现象；有无与运动部件干涉、与发热部件接触等现象。

（6）检查软管、管路接头及零部件等是否有损坏、老化现象。

（7）检查各高压部件（如车载充电机、DC/DC变换器等）有无松动现象。

（8）检查低压线束插头有无松动。

（9）检查高压控制盒密闭性能是否良好。

（10）检查各接线端子紧固件螺栓有无松动。

项目五　纯电动汽车顶起位置二维护

📚 项目引入

项目四介绍了电动汽车顶起位置一维护的相关知识,而对于电动汽车底盘部件,我们无法对其在顶起位置一进行维护,需要把电动汽车举升至高位来进行操作,即举升至顶起位置二。

💭 思考

在顶起位置二时,电动汽车的维护项目有哪些?需要怎样维护?

任务一　顶起位置二维护项目

▶ 1.0 顶起位置二维护项目

顶起位置二(举升器升起至高位)如图5-1所示,维护的项目如下。

(1)底盘高低压线束。

(2)高压电机。

(3)动力电池。

(4)减速器。

(5)驱动轴护套。

(6)转向连接机构。

(7)制动管路。

(8)底盘螺栓和螺母。

(9)悬架。

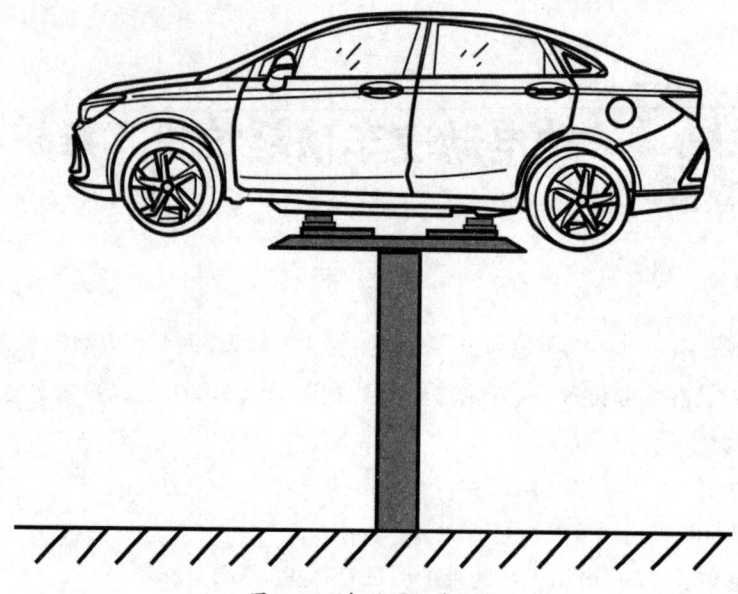

图 5-1 顶起位置二作业图

任务二　顶起位置二维护作业

▶ 一、底盘高低压线束的检查

1．检查底盘高压线束

（1）检查底盘高压线束连接线接头有无松动、损裂等现象，如图 5-3 所示。

（2）检查底盘高压线束保护套是否存在老化、破损、烧蚀等现象，如图 5-4 所示。

（3）检查底盘高压线束是否排列整齐，有无与运动部件、发热部件接触现象。

2．检查底盘低压线束

（1）检查底盘低压线束接头有无松动、损裂等现象。

（2）检查底盘低压线束有无老化、损坏等现象。

项目五　纯电动汽车顶起位置二维护

图 5-3　检查底盘高压线束连接线接头

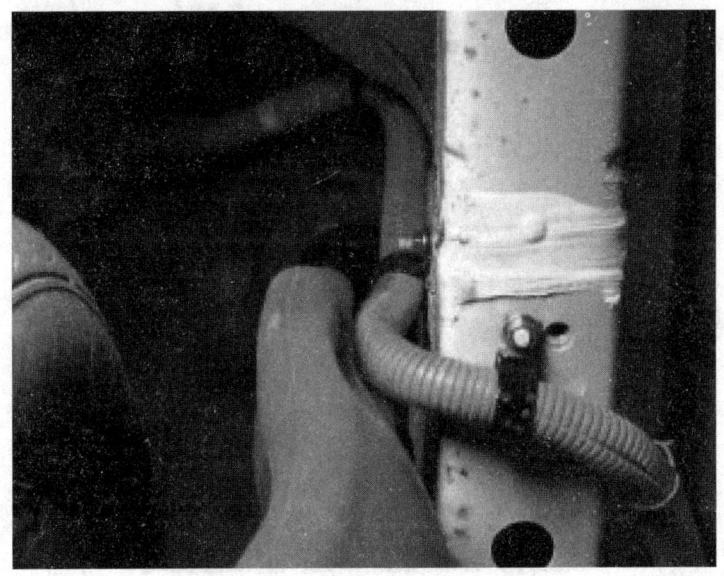

图 5-4　检查底盘高压线束保护套

二、高压电机的检查

（1）检查驱动电机外观有无磕碰、损坏等现象，如图 5-5 所示。

（2）检查空调压缩机电机外观有无损坏现象，如图 5-6 所示。

图 5-5 检查驱动电机外观

图 5-6 检查空调压缩机电机外观

三、动力电池的检查

（1）检查动力电池外观有无磕碰、变形、损坏等现象，如图 5-7 所示。

（2）检查动力电池高低压插接件有无变形、松脱、过热、损坏等情况，如图 5-8 所示。

图 5-7 检查动力电池外观

图 5-8 检查动力电池高低压插接件

（3）检查动力电池标识是否完整，防止标识脱落。检查动力电池标识的内容包括：动力电池型号、生产日期、电池材料、额定电压、额定能量、重量等信息。

（4）检查动力电池箱的密封性能，保证其密封良好，防止进水。

（5）检查动力电池螺栓紧固是否可靠，标准螺栓紧固力矩为 95~105 N·m。

（6）检查动力电池的绝缘性能。

（7）检查动力电池箱内部是否有积水，如图 5-9 所示。

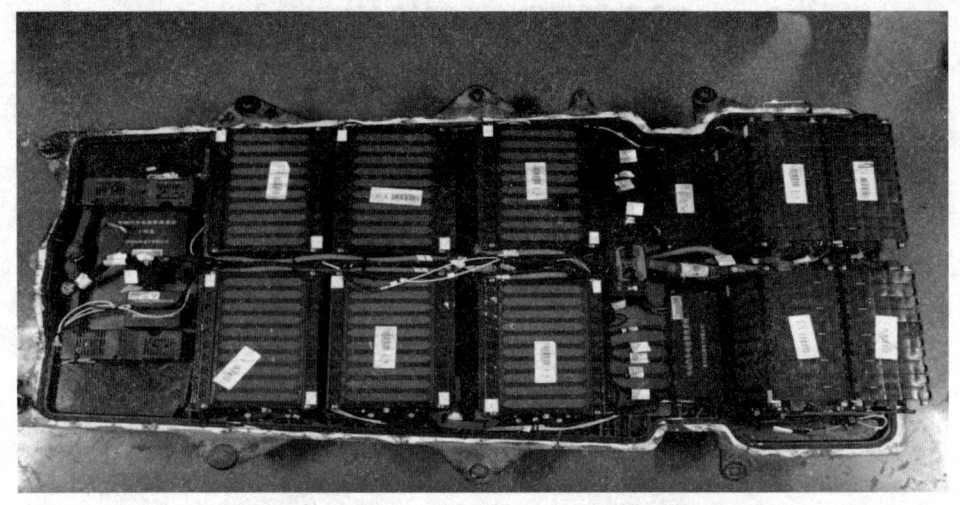

图 5-9 检查动力电池箱内部

四、减速器的检查

（1）检查减速器的壳体接触面、油封、排放塞和加注塞等部位有无漏油情况，如图 5-10 所示。

（2）检查润滑油油位。拆下油位螺塞，检查润滑油与油位螺塞是否齐平，若不齐平，应补加润滑油直至油位螺塞孔出油为止。

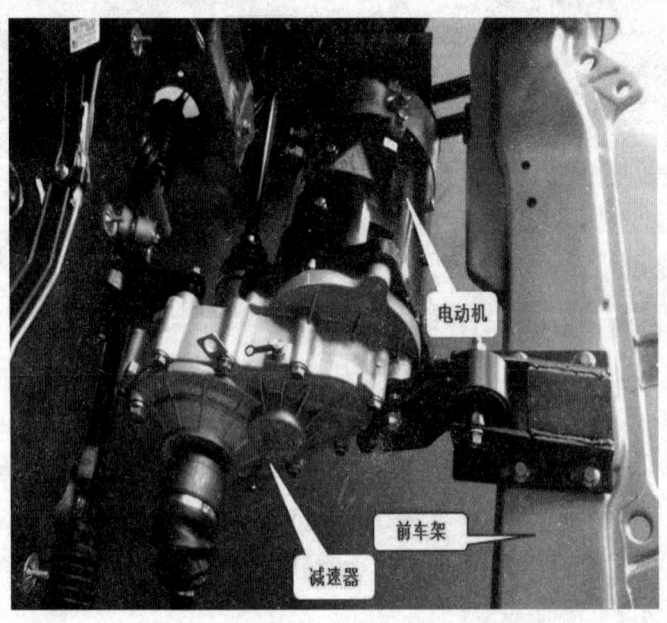

图 5-10 检查减速器

五、驱动轴护套的检查

1. 检查左侧驱动轴护套

用力将左侧车轮逆时针转动到极限位置，用手电筒照明检查驱动轴护套的外侧和内侧是否有裂纹、破损，润滑油是否有渗漏，护套卡箍是否安装在正确位置、有无损伤，如图 5-11 所示。

2. 检查右侧驱动轴护套

用力将右侧车轮顺时针转动到极限位置，用手电筒照明完成检查项目，检查方法与检查左侧驱动轴护套相同，检查完毕后，恢复前轮保持车辆直行状态。

图 5-11 检查左侧驱动轴护套

六、转向连接机构的检查

（1）用手握紧横拉杆接近球头总成部分，上下左右摇晃，检查是否存在转向连接机构松动或摆动，同时检查横拉杆是否存在变形或其他损伤，如图 5-12（a）所示。

（2）检查横拉杆球头总成护套是否破损、漏油，如图 5-12（b）所示。

（3）检查横拉杆防尘套是否破损、漏油、安装位置是否正确，如图 5-12（c）所示。

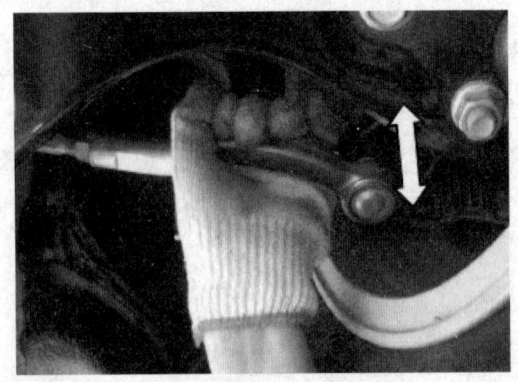

（a）

（b）

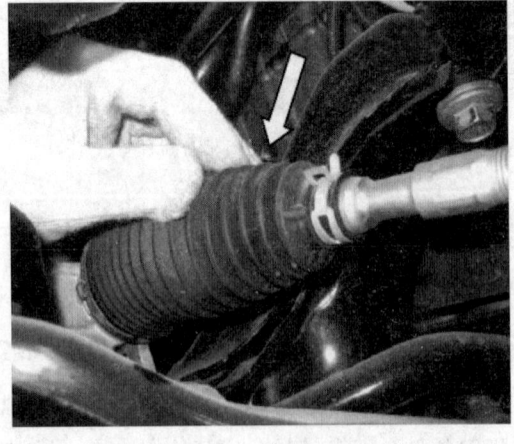

（c）

图 5-12 检查转向连接机构

七、制动管路的检查

（1）检查制动管路有无凹痕、损坏。

（2）检查制动管路连接部分有无渗漏。

（3）检查制动软管表面有无凸起、老化、开裂、渗漏等情况。

（4）偏转车轮至任何一侧极限位置，旋转车轮，检查制动管路和软管的安装情况，制动管路和制动软管应不与车轮或车身接触，如图 5-13 所示。

图 5-13 检查制动管路

八、底盘螺栓和螺母的检查

检查下列底盘连接的螺栓和螺母是否松动，如有松动应按照规定力矩进行紧固，如图 5-14 所示。

图 5-14 检查底盘螺栓和螺母的连接情况

(1) 横梁 × 下摆臂。

(2) 横梁 × 车身。

(3) 横梁 × 减速器。

(4) 横梁 × 转向器外壳。

(5) 横梁 × 稳定杆。

(6) 转向节 × 盘式制动器。

(7) 转向节 × 下摆臂。

(8) 转向节 × 前减震器。

(9) 驱动电机 × 减速器。

(10) 真空泵支架 × 减速器。

(11) 动力电池壳体 × 车身。

(12) 后车架 × 后减震器。

(13) 后车架 × 后轮毂。

A 检查减振器是否漏油。

B 检查防尘罩是否有裂纹、裂缝或其他损坏。

C 摇晃悬架接头上的连接,检查衬套是否磨损或者有裂纹。

项目六　纯电动汽车顶起位置三维护

项目引入

当电动汽车由高位降至中位,即电动汽车处于顶起位置三时,我们可以对电动汽车的哪些部位进行维护?需要怎样维护?

任务一　顶起位置三维护项目

1.0 顶起位置三维护项目

顶起位置三如图 6-1 所示,维护的项目如下。

(1)车轮轴承。

(2)轮胎。

(3)盘式制动器。

(4)鼓式制动器。

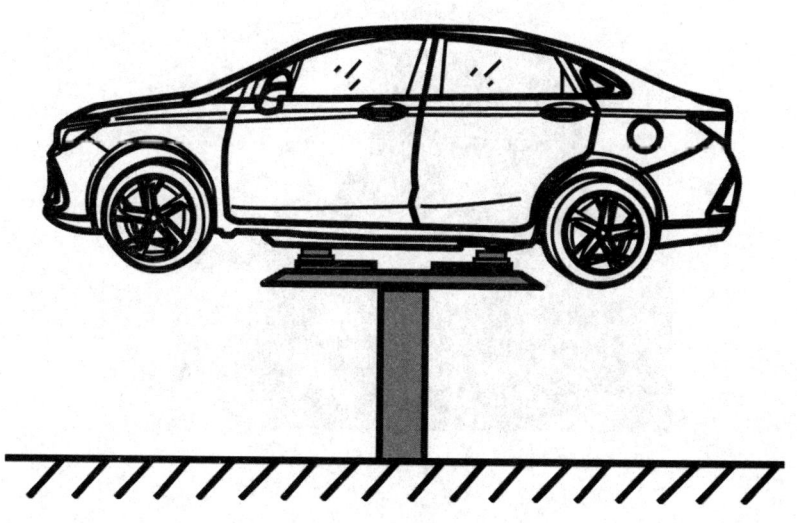

图 6-1　顶起位置三作业图

任务二 顶起位置三维护作业

一、车轮轴承的检查

1. 检查车轮轴承有无摆动

双手握住轮胎的上下两端,来回扳动轮胎,检查车轮轴承有无摆动,如图6-2(a)所示。

2. 检查车轮轴承转动情况和噪声情况

用手转动车轮一周以上,检查车轮轴承转动是否灵活、有无噪声,如图6-2(b)所示。

(a)检查车轮轴承有无摆动

(b)检查车轮轴承有无噪声

图6-2 检查车轮轴承

二、轮胎的检查

1. 拆卸轮胎

下面以北汽新能源EV160电动汽车为例,介绍轮胎拆卸的方法。

(1)使用随车工具拆下轮胎螺母盖①,如图6-3(a)所示。

(2)按照数字顺序交叉旋松固定螺母,如图6-3(b)所示。

(3)按照第(2)步中的数字顺序旋出固定螺母,取下左侧前轮。

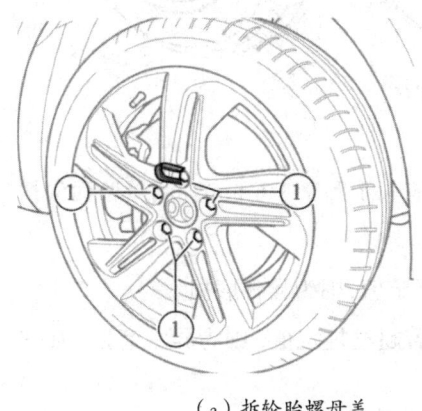
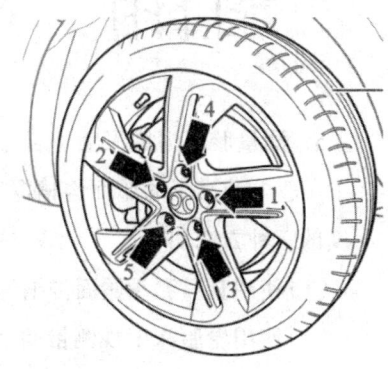

(a)拆轮胎螺母盖　　　　　　　　(b)旋松固定螺母

图6-3 拆卸轮胎

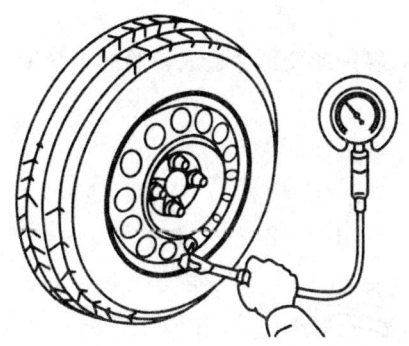
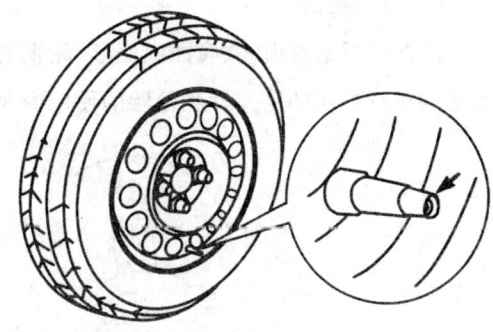

图6-4 测量轮胎气压

3. 检查轮胎漏气状况

用在气门和轮圈周围涂肥皂水的方法可检查轮胎是否漏气。要确认安装好轮胎气门嘴盖,否则,灰尘或湿气易进入气门芯并导致漏气。

4. 检查轮胎胎面

(1)检查轮胎胎面有无异物嵌入。轮胎如果有异物嵌入,容易发生瘪胎或者爆胎,有可能引起严重的交通事故。

(2) 检查轮胎胎面是否损坏,如有无裂纹、割痕或龟裂,如图6-5所示。

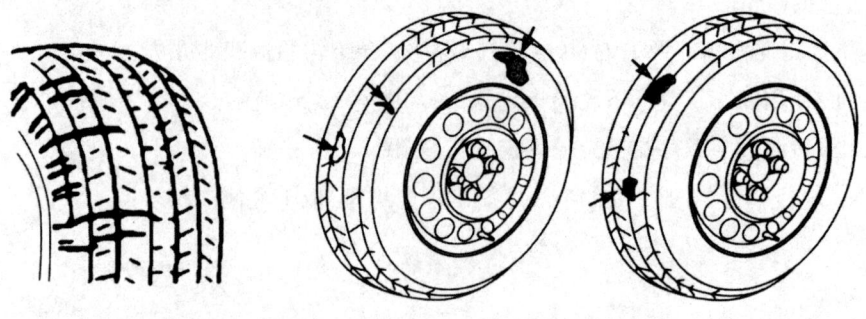

图6-5 轮胎胎面损坏

5. 测量胎面沟槽深度

一般电动汽车的胎面沟槽深度(花纹深度)应大于等于1.6 mm。测量胎面沟槽深度的三种方法如下。

(1) 使用直尺测量胎面沟槽深度值,若超过规定值,则为异常磨损。

(2) 使用轮胎深度规测量胎面沟槽深度值,若超过规定值,则为异常磨损,如图6-6所示。

(3) 通过观察与地面接触的轮胎表面的胎面磨耗指示标记来检查胎面沟槽深度,当轮胎的花纹接近这一标记时,表示轮胎异常磨损,如图6-7所示。

6. 检查轮辋

检查轮辋是否损坏、腐蚀或变形。轮辋的损坏、腐蚀或变形会造成轮胎的不平衡,将影响车辆操作的稳定性和轮胎的使用寿命。

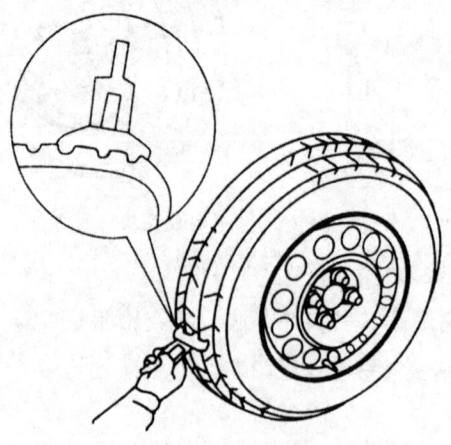

图6-6 使用轮胎深度规测量胎面沟槽深度值

图 6-7 胎面磨耗指示标记

三、前轮盘式制动器的检查

1. 检查制动器摩擦片

（1）检查制动器摩擦片的磨损是否均匀。

（2）测量制动器摩擦片的厚度，如图 6-8 所示。制动器摩擦片厚度的有效值为 9.2 mm，极限值为 2.0 mm，达到极限磨损后，必须进行更换。

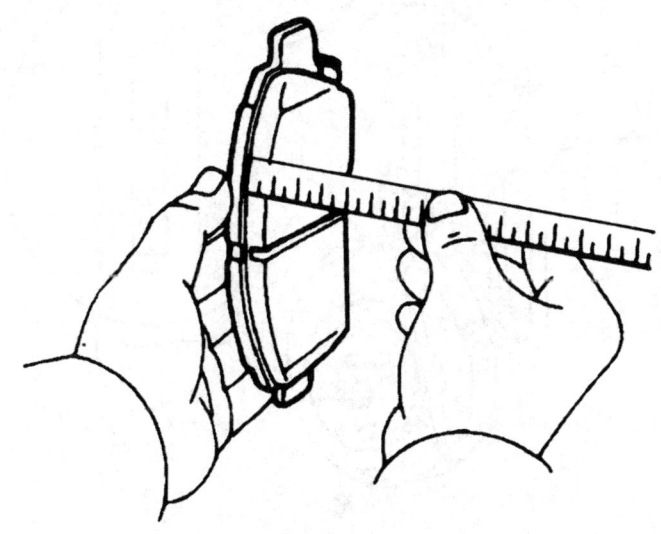

图 6-8 测量制动器摩擦片的厚度

2. 检查制动盘

（1）测量制动盘的厚度，如图 6-9 所示。制动盘的极限厚度为 22 mm，如果磨损超出极限值,则需要更换制动盘。

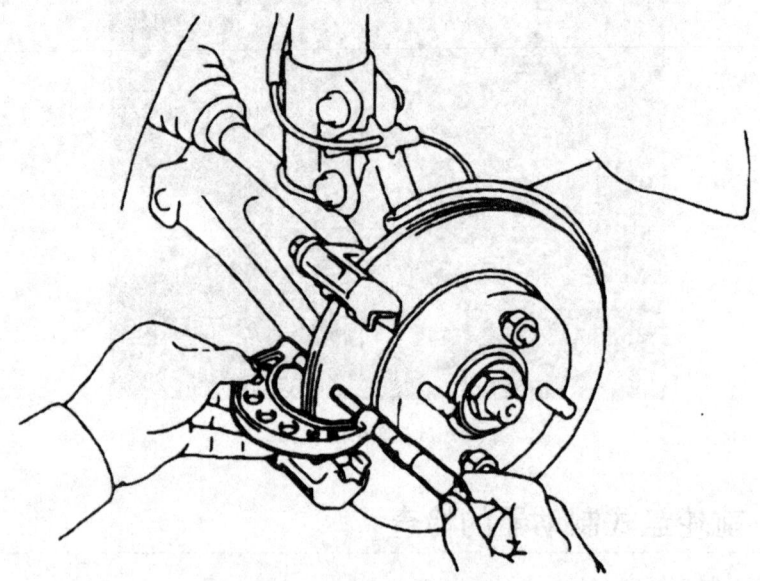

图 6-9 测量制动盘的厚度

(2)检查制动盘有无划痕、异常磨损、裂纹或其他损坏,如图 6-10 所示。

(3)检查制动盘跳动量,如图 6-11 所示,制动盘的跳动量应小于 0.05 mm。

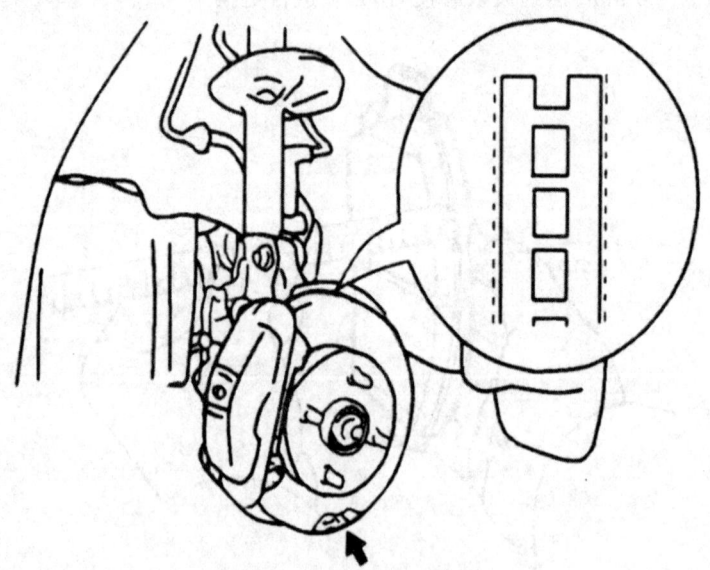

图 6-10 检查制动盘损坏情况

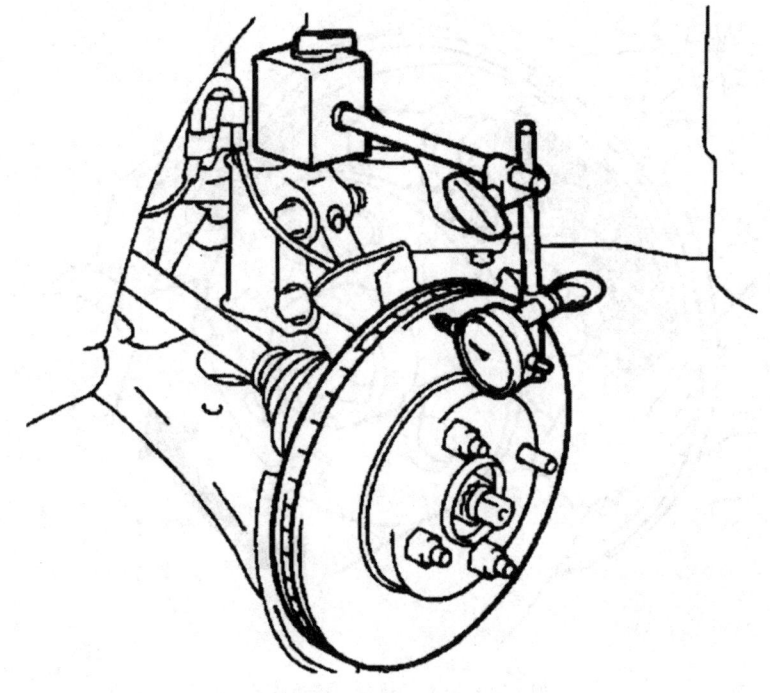

图 6-11 检查制动盘跳动量

3．检查制动液渗漏情况

检查制动卡钳中有无液体渗漏。若制动液渗漏黏在油漆上，处理不及时则会导致油漆表面损坏。

▶ 四、后轮鼓式制动器的检查

1．检查制动蹄片

（1）前后移动制动蹄片，检查制动蹄片移动是否顺利，如图 6-12 所示。

（2）检查制动蹄片与背板和固定件之间的接触面是否生锈。

（3）检查制动蹄片与背板和固定件之间的接触面是否磨损。

（4）测量制动蹄片的厚度，如图 6-13 所示。制动蹄片的极限厚度是 1.6 mm，如果超出极限值，则需要更换制动蹄片。

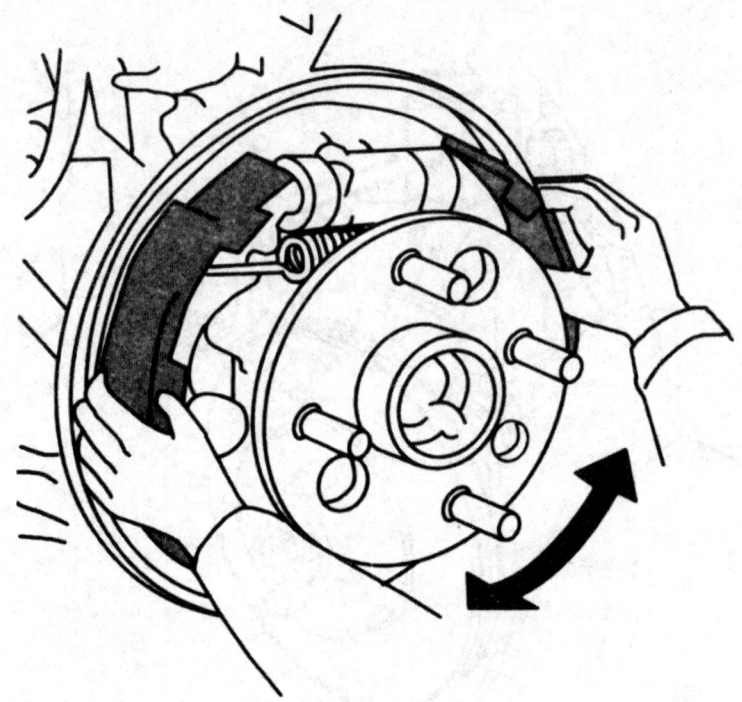

图 6-12 检查制动蹄片移动情况

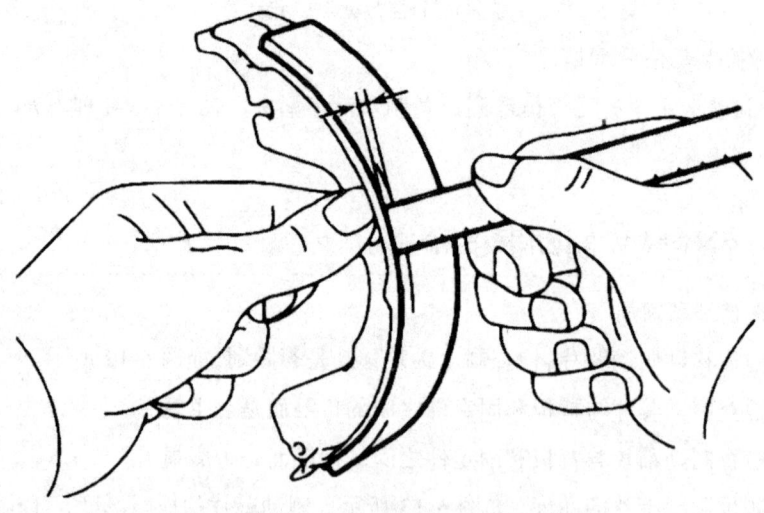

图 6-13 测量制动蹄片的厚度

2. 检查制动鼓

（1）检查制动鼓是否有磨损或其他损坏，如图 6-14 所示。

（2）使用制动鼓测量规测量制动鼓内径，若其超过使用允许的最大尺寸，则需更换，如图 6-15 所示。

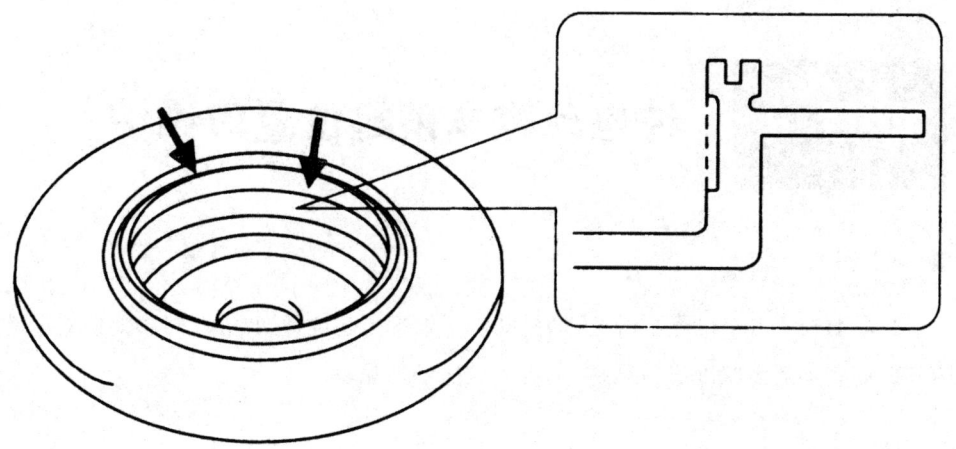

图 6-14 检查制动鼓损坏情况

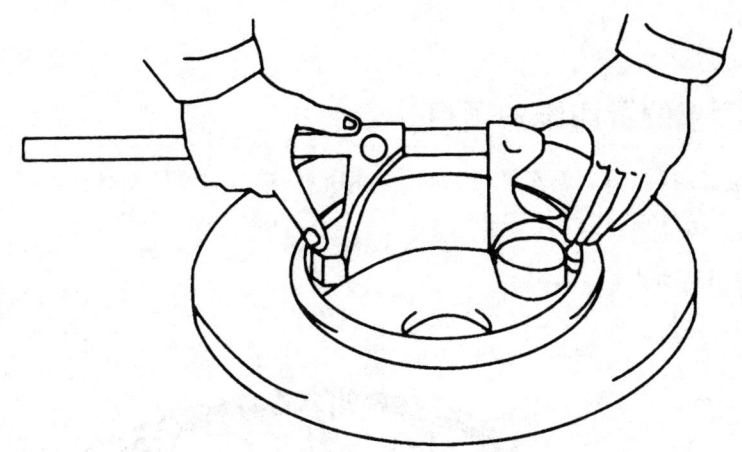

图 6-15 测量制动鼓内径

3. 检查制动分泵

(1) 检查制动分泵液有无渗漏。

(2) 检查制动分泵橡胶防尘套有无裂纹、老化现象。

(3) 检查制动分泵有无划痕、生锈等现象。

项目七　纯电动汽车顶起位置四维护

> 项目引入

当电动汽车由中位降至低位,即电动汽车处于顶起位置四时,此时主要是对电动汽车的制动器迟滞状况进行维护,那具体怎样维护呢?

任务一　顶起位置四维护项目

1.0 顶起位置四维护项目

顶起位置四(举升器升至低位)如图 7-1 所示,维护的项目如下。

(1)行车制动器。

(2)驻车制动器。

(3)制动液的更换。

图 7-1　顶起位置四作业图

任务二　顶起位置四维护作业

一、行车制动器迟滞状况的检查

1. 检查行车制动器迟滞状况的准备工作

（1）启动车辆预热，确保仪表盘上仪表工作正常，将车辆举升到车轮离开地面约 0.5 m 的位置。

（2）用力踏压制动踏板数次，以便使制动间隙自动调整装置起作用。

2. 检查行车制动器迟滞状况

该项目操作由两人配合完成，一人在驾驶室内踩压制动踏板，另一人在车外轮胎处检查。

（1）完全释放驻车制动器。

（2）用力踩下制动踏板，松开制动踏板的瞬间检查所有车轮制动器是否存在制动迟滞，如图 7-2 所示。

（3）按左前轮、右前轮、右后轮和左后轮的顺序将车辆上所有车轮检查一遍，确保所有车轮均不存在迟滞现象。

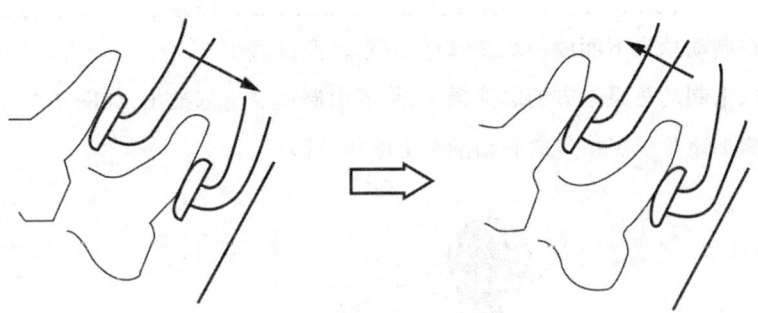

图 7-2　检查行车制动器迟滞状况

二、驻车制动器迟滞状况的检查

1. 检查驻车制动器迟滞状况的准备工作

（1）启动车辆预热，确保仪表盘上仪表工作正常，将车辆举升到车轮离开地面约 0.5 m 的位置。

（2）用力拉紧驻车制动杆几次，以便使驻车制动自动调整装置起作用。

2. 检查驻车制动器迟滞状况

该项目操作由两人配合完成,一人在驾驶室内拉动驻车制动杆,另一人在车后部检查轮胎。

(1) 先拉紧驻车制动杆,然后松开,在松开瞬间检查左后轮制动器是否存在制动迟滞,如图 7-3 所示。

(2) 先拉紧驻车制动器杆,然后松开,在松开瞬间检查右后轮制动器是否存在制动迟滞。

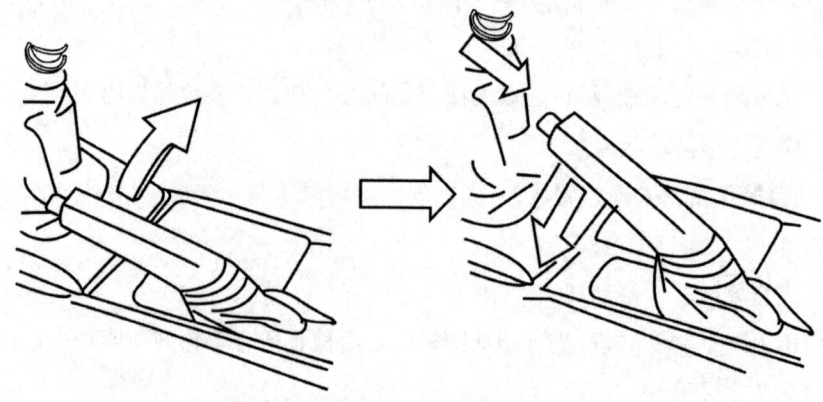

图 7-3 检查驻车制动器迟滞状况

▶ 三、制动液的更换

(1) 在制动总泵下面放一块布,以防制动液意外溅出。

(2) 取下制动总泵上方的储液罐盖,将灌内制动液全部抽出,如图 7-4 所示。

(3) 添加该车规定型号的制动液至上限位置即可。

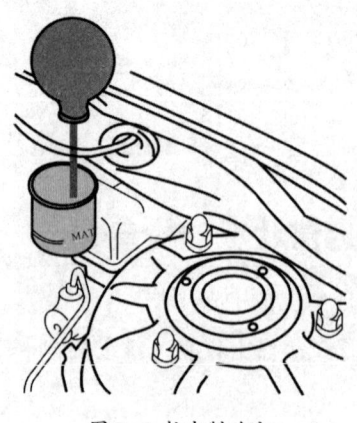

图 7-4 抽出制动液

项目八 纯电动汽车顶起位置五维护

📚 项目引入

王先生早上准备开车去上班,开车前对车辆进行简单检查,发现车的前部轮胎磨损比后部轮胎严重,于是把车开到 4S 店,请维修师傅进行检查维修,维修师傅根据车辆的行驶里程,建议王先生轮胎换位。

📚 思考

轮胎换位时车辆需要举升到什么位置?应如何进行轮胎换位?

任务一 顶起位置五维护项目

顶起位置五(举升器升至中位)如图 8-1 所示,维护的项目如下。

(1)轮胎换位。

(2)轮胎安装。

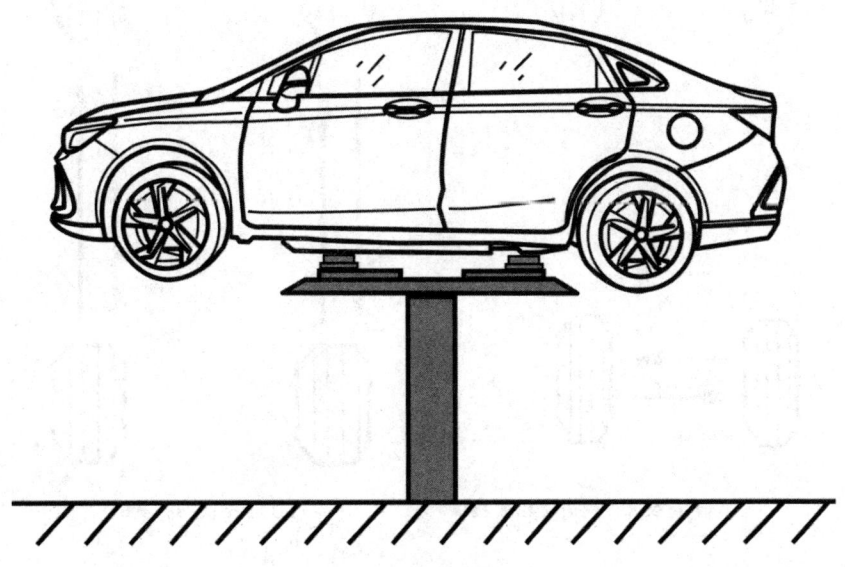

图 8-1 顶起位置五作业图

任务二　顶起位置五维护作业

由于各轮胎工作条件和负荷不相同,汽车四个轮胎的磨损程度也不相同。车辆行驶时,一般前轮负荷大于后轮,因此前轮比后轮磨损的要严重;对于驾驶室位于左侧的汽车,通常情况下,汽车左转弯时的车速会大于右转弯时的车速,导致汽车右侧的轮胎在左转弯时受到的压力大于左侧轮胎,这就导致右侧的轮胎比左侧的磨损要严重。因此按照规定及时进行轮胎换位有助于保证轮胎的均匀磨耗,延长轮胎的使用寿命。 轮胎换位的方法较多,下面我们介绍两种常用的换位方法。

(1)花纹无方向斜交轮胎的换位。如图 8-2(a)所示,这种轮胎换位就是将同一车桥上的轮胎对换,可使轮胎的左右侧面磨损均匀。经过一段时间的使用后,前轴换下的轮胎可予以报废、翻新或作为备胎使用,然后将新轮胎装在前轮上,这样做是较为经济合理的。

(2)子午线轮胎的换位。子午线轮胎应保持在车辆的同一侧使用,即保持相同的旋转方向,换位时应前后轮互换,如图 8-2(b)所示。子午线轮胎的旋转方向是固定的,如果旋转方向弄反了,会使车辆失去操纵稳定性,使汽车行驶不顺并产生振动。

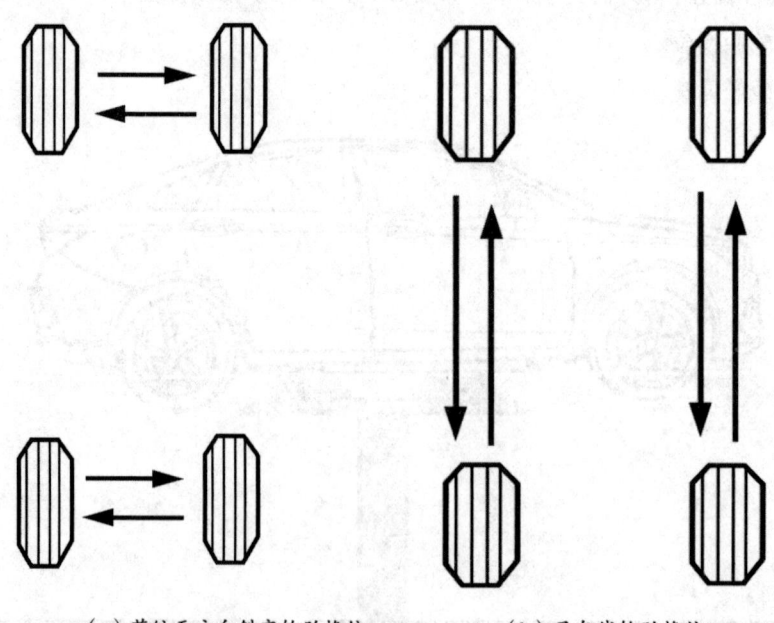

(a)花纹无方向斜交轮胎换位　　　(b)子午线轮胎换位

图 8-2　轮胎换位方法

三、轮胎的安装

01 分辨轮胎正反面,将有轮胎日期面朝向外侧。

02 双手抱住轮胎,将轮胎安装到轮毂上。

03 一手按住轮胎,另一手将轮胎螺栓拧到轮毂上,使之预紧。

04 使用专用工具按对角线方法拧紧轮胎螺栓。禁止使用冲击扳手,以免拧得过紧、过松对轮胎造成损害。

项目九　纯电动汽车顶起位置六维护

📖 项目引入

王先生来到 4S 店想给他的电动汽车做维护保养,维修师傅根据王先生反映的车辆最近使用情况,觉得电动汽车的空调系统、车载充电机、DC/DC 变换器等部位需要进行检查维护。

📖 思考

如果是你来维护王先生的电动汽车,你会怎么操作?

任务一　顶起位置六维护项目

▶ 1.0 顶起位置六维护项目

顶起位置六如图 9-1 所示,维护的项目如下。

(1) 空调系统。

(2) 车载充电机。

(3) DC/DC 变换器。

(4) 蓄电池。

图 9-1　顶起位置六作业图

任务二　顶起位置六维护作业

一、空调系统的检查

1. 检查空调制冷系统的功能

（1）检查空调制冷系统各管路接头处是否有油污、灰尘。

（2）检查冷凝器表面是否有脏污，若有，可用气枪吹净。

（3）检查散热片是否有变形。

（4）检查电路线束及插接件有无松动、破损、腐蚀等情况。

（5）检查空调压缩机、散热器、蒸发箱等制冷系统部件螺栓连接是否紧固，确认拧紧力矩是否符合要求，若不符合则按照规定力矩拧紧。

（6）检查制冷剂加注量是否符合标准，若制冷剂不足，应按标准加注制冷剂量至标准值。

（7）检查压力开关是否损坏。

（8）检查蒸发器排水口固定状态及排水口是否堵塞。

（9）检查空调压缩机上是否有灰尘、水渍、锈蚀等杂物，如图9-3所示。若有，应用潮湿的抹布清理，确保晾干后再将空调压缩机重新装回。

（10）检查空调压缩机工作声音是否正常。若有电机及内部零件运转及摩擦声音，属于正常声音。若是金属摩擦的声音，则可能是轴承损坏或动、静盘异响。

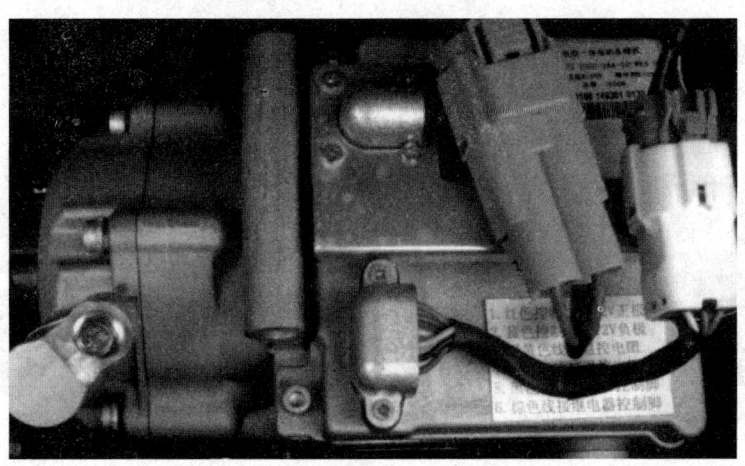

图9-3　检查空调压缩机

2. 检查空调送风系统的功能

(1) 检查鼓风机风速调节状况是否正常。开启空调开关,将鼓风机转速逐渐升到最高挡,观察屏上风速指示情况是否和调速挡位同步,如图9-4所示。

(2) 检查空调滤清器是否脏污,如图9-5所示。

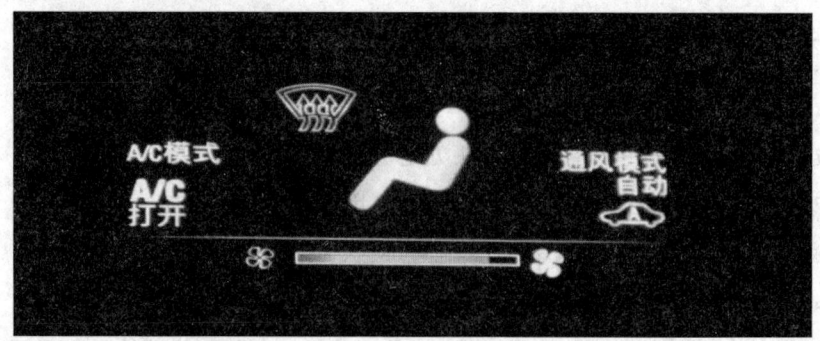

图9-4 检查鼓风机风速调节状况

图9-5 检查空调滤清器

(3) 检查风道是否过脏或通风时有无异响。确保风道清洁、通风良好、无异响。

(4) 检查内、外循环模式是否可以正常切换,如图9-6所示。

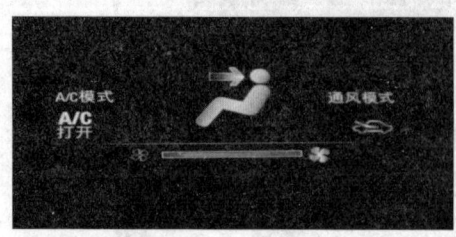
(a) 外循环

(b) 内循环

图9-6 检查内、外循环转换

（5）检查出风模式开关工作是否正常。

（6）检查不同出风模式下各出风口工作是否正常，如图9-7所示。

图9-7 检查出风口

3. 检查空调暖风系统的功能

（1）检查PTC螺栓连接是否紧固，确认拧紧力矩是否符合要求，若不符合则按照规定力矩拧紧。

（2）检查PTC正负极的绝缘电阻是否正常。

（3）打开空调A/C开关，按下内外循环按钮，扭转制冷旋钮，制热功能启动，空气通过PTC加热从仪表盘通风口输出，检查空调制暖效果是否良好，如图9-8所示。

（4）暖风功能打开工作几分钟之后，在吹风口处轻微煽动，检查吹出的风是否有焦糊味，如图9-9所示。

图9-8 检查空调制暖效果　　图9-9 检查吹出的暖风

二、车载充电机的检查

(1) 检查车载充电机外壳是否有明显碰撞痕迹,如图 9-10 所示。

(2) 检查各连接导线有无破损、碰擦、松动等现象。

(3) 检查车载充电机端子有无锈蚀,紧固力矩是否足够,风扇转动是否灵活,挡风圈上有无异物,必要时清洁车载充电机外表面。

(4) 检查车载充电机冷却管路连接处是否有液体渗漏现象。

(5) 检查散热器总成左右侧水室密封处是否有液体渗漏现象。

(6) 检查充电口盖能否正常开启和关闭,如图 9-11 所示。

(7) 检查车载充电机指示灯是否正常。

图 9-10 检查车载充电机外壳　　图 9-11 检查充电口盖

以北汽新能源电动汽车为例,介绍车载充电机的指示灯,具体如下。

POWER 灯:电源指示灯,当接通交流电后,POWER 灯亮起。若启动半分钟后仍只有 POWER 灯亮,则可能是电池无充电请求或已充满导致。

CHARGE 灯:充电指示灯,当车载充电机接通电池进入充电状态后,CHARGE 灯和 POWER 灯同时亮起。

ERROR 灯:报警指示灯,当车载充电机内部有故障时亮起。

三、DC/DC 变换器的检查

(1) 检查 DC/DC 变换器外壳有无明显碰撞痕迹,各连接导线有无破损、碰触等现象,如图 9-12 所示。

(2) 检查高低压接线端子连接是否可靠、端子有无锈蚀、紧固力矩是否足够。

(3) 检查 DC/DC 变换器绝缘电阻,其阻值应大于 20 MΩ。

（4）检查 DC/DC 变换器是否正常工作。保证整车线束正常连接的情况下，用万用表测量蓄电池端电压，并记录电压值。然后将车钥匙置于 ON 挡位置，继续读取万用表数值，查看变化情况，如果数值在 13.5～14 V 之间，则说明 DC/DC 变换器工作正常。

图 9-12　检查 DC/DC 变换器外观

四、蓄电池的检查

1. 检查蓄电池外部

（1）检查蓄电池外壳是否存在电解液渗漏，有无其他损坏，如图 9-13 所示。

（2）检查蓄电池正、负极柱是否腐蚀。

（3）检查蓄电池端子导线与极柱之间连接是否松动。

图 9-13　检查蓄电池外壳

2. 检查蓄电池电解液液面高度及调整

（1）通过观察蓄电池外壳上电解液高度刻度线，确定电解液液面高度，如图9-14（a）所示。

（2）通过玻璃试管法检查电解液液面高度：将长150～200 mm、内径4～6 mm的玻璃管插入蓄电池单格电池中，用拇指压住玻璃管上端，提起玻璃管，此时玻璃管内电解液的高度就为蓄电池液面高度，正常值为10～15 mm，如图9-14（b）所示。

（3）若蓄电池液面高度过低，应添加蒸馏水或蓄电池补充液调整液面高度，但不能添加蓄电池原液。

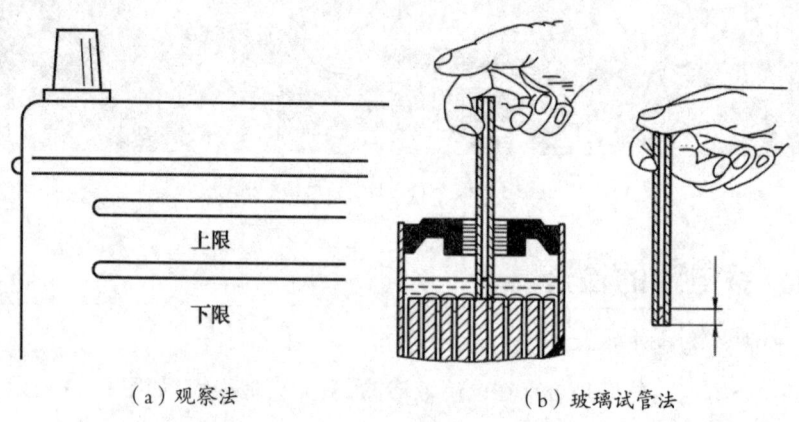

（a）观察法　　　　　　　　　（b）玻璃试管法

图9-14　检查蓄电池电解液液面高度

3. 检查蓄电池充、放电程度

（1）通过电解液密度计检查，如图9-15（a）所示。

（2）通过专用电解液密度计检查，如图9-15（b）所示。

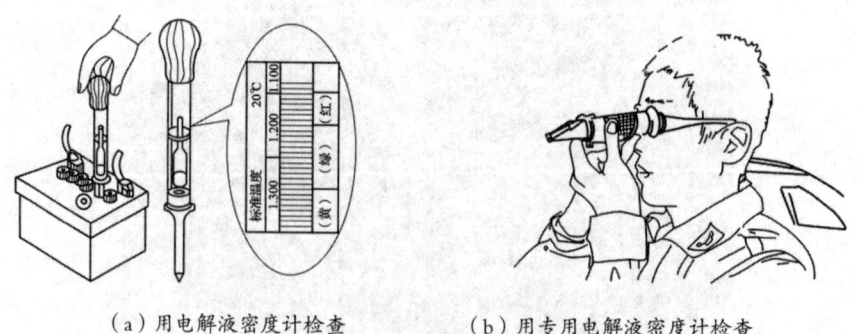

（a）用电解液密度计检查　　　　　（b）用专用电解液密度计检查

图9-15　检查蓄电池充、放电程度

项目十 检修整车控制系统

项目引入

李先生的北汽新能源EV160电动汽车在家中放置多日，今天李先生想驾车出去购物，结果发现车辆无法启动，仪表盘整车系统故障指示灯点亮，仪表显示电池电量为零。于是李先生对车辆进行报修，厂家将车辆送入了维修中心进行检修，维修人员用诊断仪连接诊断接口，发现诊断仪无法与车辆通信。

思考

导致诊断仪无法与车辆通信的因素有哪些？对于此类故障，应如何检修呢？

任务一 整车控制系统概述

一、整车控制系统的基本结构

整车控制系统是电动汽车的"大脑"，负责整车信息的采集、处理和传递，对电动汽车的动力性、经济性、安全性和舒适性等均有影响。

电动汽车整车控制系统的结构如图10-1所示，其主要由低压电气控制系统、高压电气控制系统、整车网络化控制系统三部分组成。

低压电气控制系统：用于控制低压电气设备或电路，如低压蓄电池的充电控制，灯光、刮水器等低压电气设备的电源控制，VCU（整车控制器）和高压电气设备控制电路的电源控制。

高压电气控制系统：用于控制高压电气设备，如动力电池、驱动电机和DC/DC变换器等。整车控制系统可根据车辆行驶的功率需求，实现从动力电池到驱动电机的能量转换与传输。

整车网络化控制系统：用于VCU与MCU、BMS（动力电池管理系统）、车身控制管理系统、信息显示系统等子系统的通信与管理。VCU一般通过CAN总线与各子系统实现通信与管理。

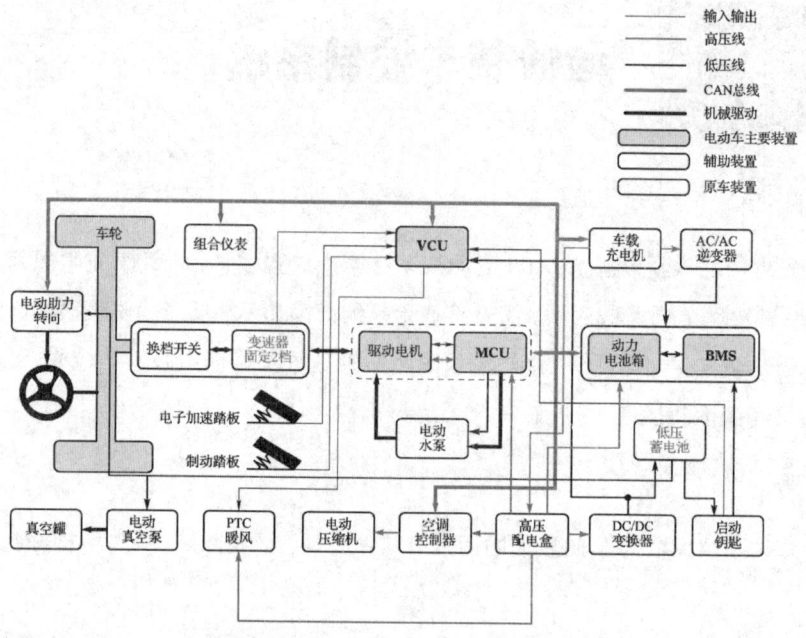

图 10-1 电动汽车整车控制系统的结构

二、整车控制系统的主要功能

(1) 整车控制模式的判断和驱动控制。
(2) 整车能量优化管理。
(3) 整车通信网络管理。
(4) 制动能量回收控制。
(5) 故障诊断和处理。
(6) 车辆状态监测与显示。

任务二 整车控制系统故障

一、整车控制系统故障分级

整车控制系统根据 VCU、动力电池、驱动电机、DC/DC 变换器、整车 CAN 网络等的状态，判断故障对整车的影响，以此判断故障的等级，从而采取对应的系统响应。

二、整车控制系统常见故障分析

（一）VCU故障

当VCU出现烧损、连接故障或电源供电故障时，整车控制系统将无法工作。此时车辆无法启动，用诊断仪连接OBD诊断接口时，诊断仪无法与车辆通信。

对于此类故障，应先检查OBD诊断接口是否正常；然后检查VCU的电源电路，查看其供电是否正常；最后检查CAN总线通信是否正常。如以上检查均正常，则说明VCU故障，应更换VCU。

（二）VCU与其他装置的连接故障

1. VCU与挡位传感器的连接故障

VCU与挡位传感器连接以获取挡位信息，并据此调节减速器的挡位。当两者出现连接故障时，电动汽车的挡位控制功能失效，将导致车辆无法启动或行驶中的车辆无法正常换挡。对于此类故障，应检查挡位传感器输出信号（其参考值见表10-2）及信号传输电路（见图10-2中红线）是否正常；然后检查挡位传感器电源电路（见图10-2中黑线）是否正常。

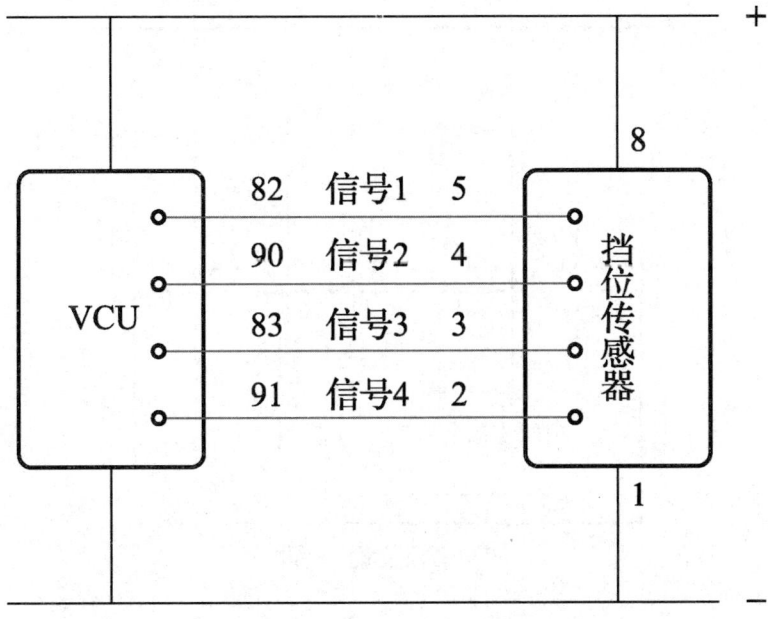

图10-2 挡位传感器信号传输及电源电路

表 10-2 挡位传感器输出信号参考值

挡位	输出信号电压（V）			
	信号1	信号2	信号3	信号4
R	0.3	4.5	4.5	0.3
N	0.3	4.5	0.3	4.5
D	4.5	0.3	4.5	0.3

2. VCU 与加速踏板位置传感器的连接故障

VCU 通过加速踏板位置传感器获取加减速信息，并通过 MCU 调节电机转矩和转速，从而实现车速控制。如果 VCU 与加速踏板位置传感器出现连接故障，将导致驾驶员无法通过加速踏板控制车速，车辆进入跛行模式。对于此类故障，应先检查加速踏板位置传感器的输出信号（其参考值见表 10-3）及信号传输电路（见图 10-3 中黑线，即 6-4，25-6）是否正常；然后检查加速踏板位置传感器电源电路（见图 10-3 中红线）是否正常。

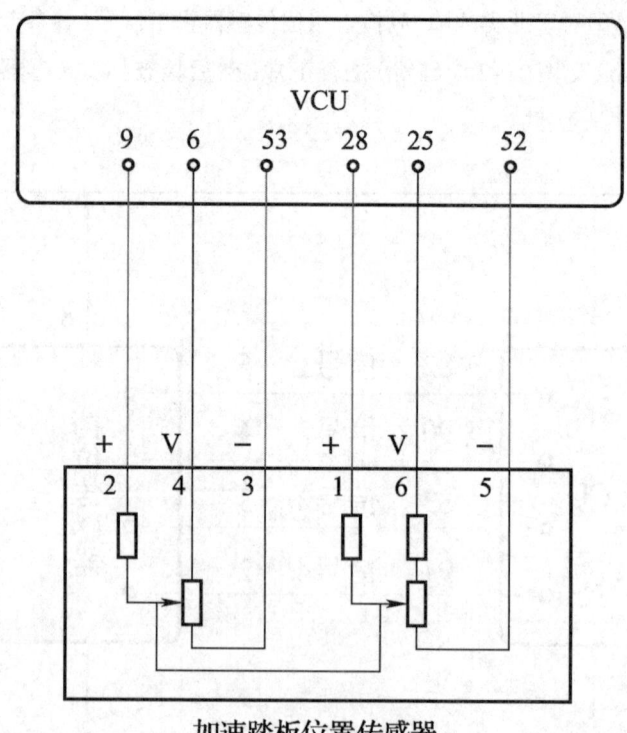

图 10-3 加速踏板位置传感器信号传输及电源电路

表10-3 加速踏板位置传感器输出信号参考值

踏板位置	输出信号电压（V）			
	端子4（+）	端子3（-）	端子6（+）	端子5（-）
0～100%	0.74～4.8		0.37～2.4	

3．VCU与车载充电机的连接故障

当车辆充电时，车载充电机与VCU保持通信，原理如图10-4所示。

当VCU与车载充电机出现连接故障时，车辆无法获取连接确认信号和充电唤醒信号，充电指示灯不亮，车辆无法充电。对于此类故障，应先检查CC和PE电路是否正常；然后检查车载充电机的信号输出、信号传输电路和通信线路是否正常。

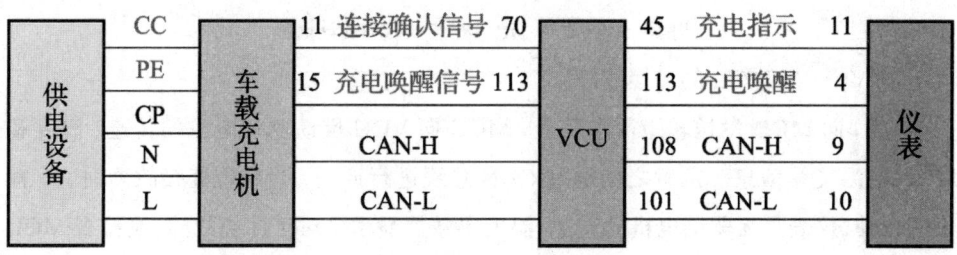

图10-4 车载充电机与VCU的通信原理

4．VCU与DC/DC变换器的连接故障

如图10-5所示，当需要动力电池为低压蓄电池充电时，DC/DC变换器接收VCU发出的使能信号，将动力电池的高压直流电变压后输送给低压蓄电池；同时，VCU对DC/DC变换器进行监控，DC/DC变换器在发生故障时会向VCU上报故障信息。

当VCU与DC/DC变换器出现连接故障时，动力电池无法为低压蓄电池充电，低压蓄电池故障指示灯点亮。对于此类故障，应检查DC/DC变换器及其与VCU的连接电路是否正常。

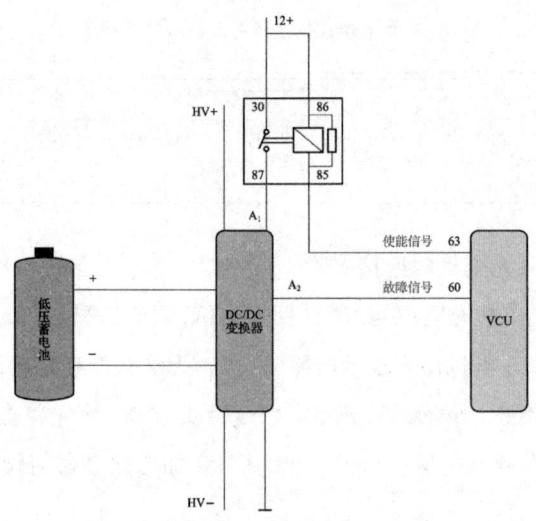

图 10-5 VCU 与 DC/DC 变换器的连接电路

5．VCU 与 MCU 的连接故障

VCU 向 MCU 发送转矩需求信号，MCU 向 VCU 反馈驱动电机的转速、温度和 MCU 的温度等信息。两者之间通过 CAN 总线进行通信，当出现连接故障时，车辆无法行驶，仪表盘无驱动电机的转速、温度等数据显示。对于此类故障，应检查 MCU 及其与 VCU 的通信线路是否正常。

6．VCU 与 BMS 的连接故障

VCU 向 BMS 发送电能需求信号，BMS 向 VCU 反馈电池电量、温度、电压、电流等信息。两者之间通过 CAN 总线进行通信，当出现连接故障时，车辆无法启动。对于此类故障，应检查 BMS 及其与 VCU 的通信线路是否正常。部分车型的总负继电器是由 VCU 控制的，故还须检查总负继电器及其连接线路是否正常。

7．VCU 与高压控制盒的连接故障

如图 10-6 所示，高压控制盒内部一般设置快充继电器、PTC 控制器以及相关电路的熔断器等，当这些部件发生故障或高压控制盒与 VCU 出现连接故障时，车辆对应的功能将会丧失。对于此类故障，应先检查相应的继电器、熔断器是否正常，然后检查高压控制盒与 VCU 的连接电路是否正常。

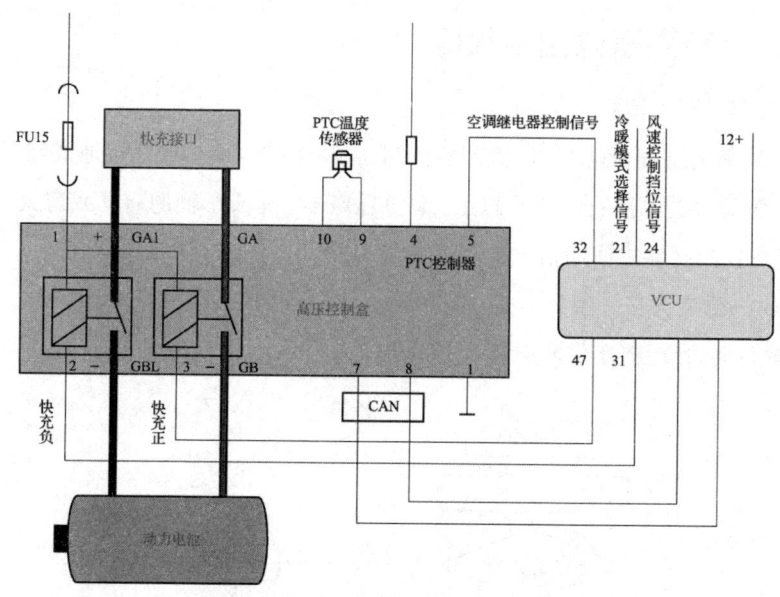

图 10-6 VCU 与高压控制盒的连接电路

8．VCU 与空调压缩机控制器的连接故障

如图 10-7 所示，VCU 接收来自空调系统的压力开关信号、风速控制挡位信号、A/C 信号、蒸发器温度信号、冷 / 暖模式选择信号等，通过压缩机控制器控制压缩机的运行。当 VCU 与压缩机控制器出现连接故障时，压缩机无法启动，空调不制冷。对于此类故障，应先检查压缩机控制器、压缩机及其连接电路是否正常；然后检查压缩机控制器与 VCU 之间的 CAN 总线连接是否正常。

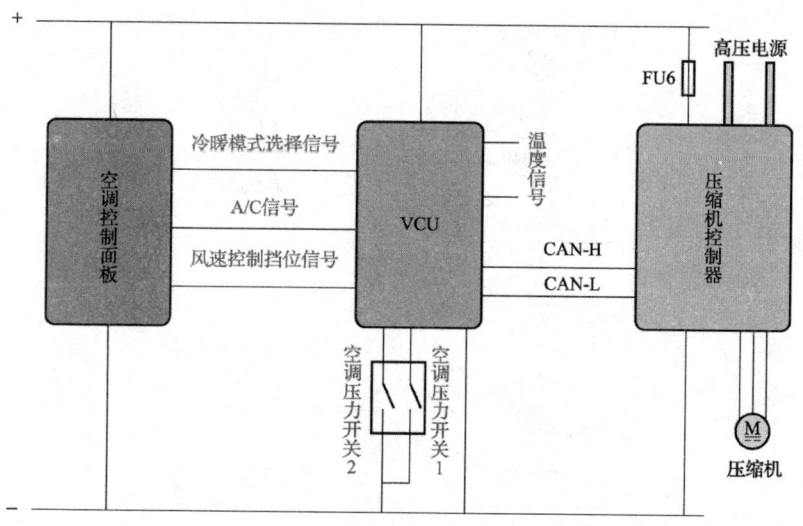

图 10-7 VCU 与压缩机控制器的控制原理

三、整车供断电控制故障

1. 整车供断电流程

整车供断电过程是由 VCU 协调各控制器,使各控制器按顺序接通或断开低压控制信号,使动力电池接通或断开总正、总负继电器,完成车辆的启动或熄火,同时进行 VCU 与各控制器之间的信息交互和故障检测。

VCU 一般具有多种唤醒方式,唤醒之后 VCU 将执行供断电动作。下面以点火开关唤醒为例,介绍整车供断电流程,如图 10-8 所示。

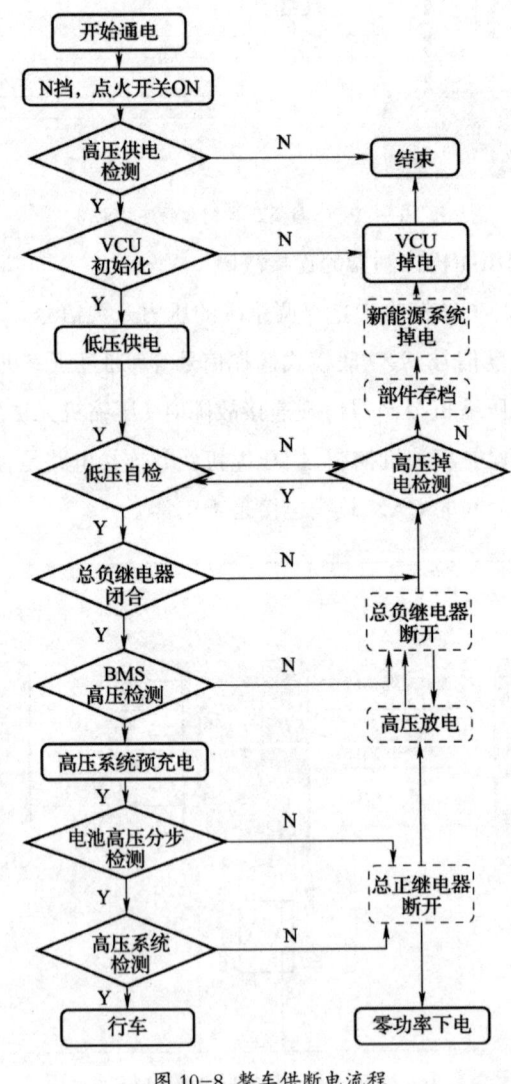

图 10-8 整车供断电流程

1）整车供电流程

整车供电流程如下。

（1）当车辆挡位处于 N 挡时，打开点火开关，整车开始高压供电检测，若高压供电正常（Y），则进入下一步；否则（N），结束高压供电。

（2）判断当前车辆的工作模式，VCU 进行初始化。

（3）在运行模式下，VCU 接通 MCU、低压继电器、空调控制面板、PTC 低压继电器，唤醒动力电池系统，开始低压供电。

（4）车辆进行低压自检，同时 BMS 和 MCU 完成初始化和自检。自检完成（Y）后，自检计数器由"0"置为"1"并发送至 VCU，VCU 闭合动力电池总负继电器；若无法完成自检（N），则进行高压掉电检测。

（5）若总负继电器闭合（Y），BMS 将进行高压检测；若总负继电器无法闭合（N），则进行高压掉电检测。高压掉电检测成功则车辆重新开启低压自检；否则，VCU 在将部件存档后做掉电处理。

（6）若 BMS 高压检测完成（Y），自检计数器置"2"并发送至 VCU，高压系统开始预充电；若 BMS 无法完成高压检测（N），VCU 将断开总负继电器。

（7）高压系统开始预充电后，BMS 闭合总正继电器，进行电池高压分步检测。若检测完成（Y），自检计数器置"3"并发送至 VCU，预充电完成并进入下一步；若无法完成检测（N），自检计数器置"2"并发送至 VCU，BMS 断开总正继电器。

（8）MCU、空调控制器、PTC 加热器等高压系统进行高压检测。检测完成（Y）后，车辆完成高压供电，进入待行车状态，仪表盘 READY 指示灯点亮；如无法完成检测，BMS 将断开总正继电器。

2）整车断电流程

当系统检测到高压总电流小于 5 A 且持续 600 ms 以上时，车辆将进入整车断电流程，具体如下。

（1）BMS 断开总正继电器，自检计数器置"2"并发送至 VCU，同时各高压电器进行高压检测，以零功率输出，但不判断故障。

（2）总正继电器断开后，BMS 进行继电器粘连检测；各高压电器以零功率输出，进行高压回路放电。

（3）当 MCU 检测到高压回路电压低于 36 V 时，VCU 断开总负继电器，各高压控制器进行高压检测并以零功率输出。

（4）BMS 进行高压掉电检测，检测完成后自检计数器置"1"并发送至 VCU，进行部件存档。

（5）存档完成后，VCU 依次对 BMS、MCU、空调控制面板、PTC 加热器进行低压断电，散热系统延时断电；然后 VCU 掉电，整车断电完成。

2. 整车供电故障分析

当电动汽车发生整车供电故障时，车辆将无法启动。对于此类故障，应先判断 VCU 是否正常工作，即检查 VCU 的电源、搭铁和唤醒电路是否正常，检查 CAN 总线网络是否正常。如 VCU 正常工作，即可用诊断仪读取其存储的故障码，并据此进行相应的检查；如果 VCU 不工作，应检查 VCU 电源电路是否正常，如正常则更换 VCU 后重新检查。

项目十一　检修动力电池系统

项目引入

王先生的北汽新能源 EV200 电动汽车无法启动,但仪表盘可以显示,仪表盘上的动力电池故障指示灯、整车系统故障指示灯、高压断开指示灯亮起,SOC 指示灯闪烁。

思考

电动汽车无法启动的原因很多,根据仪表盘故障指示灯的显示情况可否对故障原因进行初步判断?对于此类故障,应如何检修呢?

任务一　动力电池系统概述

一、动力电池系统的基本结构

动力电池系统是电动汽车的动力源,其主要由动力电池箱、动力电池模组、BMS 和辅助元器件等组成,如图 11-1 所示。

图 11-1　动力电池系统的组成

动力电池箱：用于支撑、固定和包围动力电池系统，主要由上盖、下托盘、下托盘压条螺栓、正负极引出插孔、采集线接口、维修开关、动力电池标识等组成。

动力电池模组：用于存储和提供电能，由多个电池单体并联组成电池模块，再由多个电池模块串联组成电池模组。

BMS：主要用于检测电池单体的电压、电流和电池模组的总电压、总电流，控制电池充放电，防止过充电和过放电。BMS主要由主板、从板、高压板、采集线等组成。

辅助元器件：有继电器、预充电阻、熔断器、电流传感器、温度传感器、动力电池的内部线缆和高低压插接件等。

二、动力电池系统的工作原理

动力电池系统首先接收和存储由外置充电装置和制动能量回收装置提供的电能，然后通过高压配电装置为驱动电机、空调压缩机、PTC加热器等用电设备提供电能。

动力电池模组放置在密蔽的动力电池箱内，通过高压插接件与高压控制盒相连，输出高压直流电；MCU将直流电转变为三相交流电，为驱动电机供电；BMS实时采集动力电池的电压、电流、温度等数据，监控动力电池的工作状态，并通过CAN总线与VCU和车载充电机进行通讯，对动力电池系统的充放电进行综合管理。

任务二　动力电池系统故障分级

2.0 动力电池系统故障分级

动力电池系统是电动汽车的重要组成部分，若该系统发生故障会直接影响电动汽车的使用。按照故障对整车影响程度的不同，动力电池系统故障可分为三个等级，如表11-1所示。

表11-1　动力电池系统故障分级

故障等级	故障影响	系统响应	故障示例
一级故障	BMS上报此类故障后，电动汽车将会出现非常严重的安全事故，如起火、爆炸、人员触电等	在此状态下动力电池已丧失功能，BMS请求其他控制器立即（1s内）停止充放电，如果其他控制器未响应，BMS将在2s后断开高压继电器，主动停止充放电	动力电池内部短路、电池温度过高等

续表

故障等级	故障影响	系统响应	故障示例
二级故障	BMS 上报此类故障后，电动汽车将会进入跛行模式，暂时停止能量回收，停止充电	BMS 上报此类故障表明动力电池某些硬件出现故障或动力电池处于非正常工作状态。在此状态下，动力电池已丧失功能，请求其他控制器停止充放电，其他控制器应在一定的延迟时间内作出响应	BMS 通信故障、绝缘电阻值过低等
三级故障	BMS 上报此类故障后，整车仍能正常运行或进入限定功率运行状态	BMS 上报此类故障表明动力电池处于极限环境温度下或电池单体一致性出现劣化。在此状态下，动力电池的性能下降，BMS 降低动力电池最大允许充/放电电流	电池单体欠电压、温度不均衡等

任务三　动力电池系统常见故障分析

一、动力电池故障

1. 外观异常

01 电池拉弧

02 动力电池箱体外观异常

03 电池导向柱外观异常

2. 电压异常

01 电池过充电

02 电池过放电

03 电池单体电压一致性差

3. 温度异常

01 动力电池温度过高

02 电池单体之间温度不均衡

03 动力电池升温过快

二、BMS 故障

1. CAN 总线通信故障

CAN 总线或电源线脱落、端子退针等都会导致 CAN 总线通信故障。在保证 BMS 供电正常的状态下，将万用表调至直流电压挡，红表笔触碰 CAN 总线内部 CAN-H 端，黑表笔触碰 CAN 总线内部 CAN-L 端，测量通信线路内部 CAN-H 与

CAN-L 之间的电压,该电压即为通信线路的输出电压。正常输出电压为 1.5 V,若电压异常,则可判定为 CAN 总线通信故障,应检查 CAN 总线和 BMS。

2. BMS 无法连接

（1）BMS 电源线上的电压异常。

（2）BMS 电源线上的电压正常,但无法通信。

（3）插接件退针或损坏。

（4）BMS 主板故障。

图 11-3 BMS 主板

3. 电压采集异常

（1）动力电池欠电压。

（2）采集线端子紧固螺栓松动或采集线与端子接触不良。

（3）采集线熔断器损坏。

（4）BMS 从板检测异常。

4. 温度采集异常

（1）温度传感器失效。

（2）温度传感器线束连接不可靠。

（3）BMS 存在硬件故障。

（4）更换 BMS 从板后未重新加载电源。

5. 绝缘故障

动力电池系统线束的插接件内芯与外壳短接、高压线破损后与车体短接、电压采集线破损后与动力电池箱体短接等原因,均会导致动力电池绝缘故障。对于此类故障,应根据具体现象进行相应的检修,具体如下。

图 11-4 检测高压线束的绝缘电阻值

01 高压负载漏电。

02 高压线或插接件绝缘破损。

03 动力电池箱进水或电池电解液泄漏。

04 电压采集线破损。

05 高压板故障。

6. 电池内部总电压检测故障

导致电池内部总电压检测故障的原因包括:

采集线与端子间松动或脱落,导致总电压采集故障;

固定螺栓松动导致拉弧和总电压采集故障;

高压连接器松动导致拉弧和总电压检测故障;

维修开关被按下导致总电压采集故障等。

实际检测过程中,应针对以下现象分别进行检修。

(1)总电压采集线两端端子连接不可靠。

(2)高压回路连接异常。

（3）高压板故障。

7．预充电故障

导致预充电故障的原因有：

总电压采集端子松动脱落导致预充电故障；

BMS 主板控制线无 12 V 电压导致预充电继电器不闭合；

预充电电阻值损坏导致预充电失败等。

结合实际故障现象，可按以下情况分别进行检修。

（1）外部高压部件故障。

（2）BMS 主板无法闭合预充电继电器。

（3）主熔断器或预充电阻损坏。

（4）高压板外部总电压检测故障。

8．无法充电

动力电池无法充电故障大致包括下列两种情况：

一是插接件两端的 CAN 总线端子退针或脱落，导致 BMS 与车载充电机无法通信，从而导致动力电池无法充电；

二是充电熔断器损坏，导致充电回路断开，从而导致动力电池无法充电。

对于此类故障，可从以下几个方面进行检修。

（1）车载充电机与 BMS 未正常通信。

（2）车载充电机或 BMS 故障不能正常启动。

（3）BMS 检测到故障，不允许充电。

（4）充电熔断器损坏，无法形成充电回路。

9．电流显示异常

动力电池系统连接线束的端子脱落或固定螺栓松动、端子或固定螺栓表面氧化均会导致电流显示异常。出现此类故障时，应检查电流采集线的连接情况，具体如下。

（1）电流采集线未正确连接会导致电流正负颠倒，应重新连接或更换电流采集线。

（2）电流采集线连接不可靠。首先确定高压回路有稳定电流，当监控电流波动较大时，检查分流器两端的电流采集线，发现有螺栓松动的应立即进行紧固。

（3）端子表面有氧化现象。首先确定高压回路有稳定电流，而当监控电流远低于实际电流时，检查端子或螺栓表面是否有氧化层，如有，则对其表面进行处理。

（4）高压板电流检测异常。断开维修开关后，若监控电流值在 0.2 A 以上，则表明高压板电流检测异常，应更换高压板。

10．高压互锁故障

检修高压互锁故障时，应打开点火开关 ON 挡，测量高压互锁装置是否有高压输入，检查各端子是否插接牢靠，并测量驱动端是否有 12 V 电压。高压互锁故障可分为以下三类。

（1）DC/DC 变换器（见图 11-6）故障。测量 DC/DC 变换器高压输入接头，当点火开关位于 ON 挡时是否有短时高压，如有，则为 DC/DC 变换器故障，应将其更换，然后重新检查。

（2）DC/DC 继电器的端子插接不牢靠。检查继电器高、低压端子的连接情况，如有连接不牢靠的，应将其插接牢靠。

（3）BMS 主板或从板故障导致 DC/DC 继电器不闭合。测量 DC/DC 继电器的电压驱动端，若将点火开关置于 ON 挡后短时间内无 12 V 电压，则更换 BMS 主板或从板，然后重新检查。

图 11-6 DC/DC 变换器

项目十二　检修充电系统

项目引入

张女士准备明日驾车带家人出去游玩，于是决定提前为自己的北汽新能源EV200电动汽车充满电。当她连接好充电桩时发现车辆无法充电，仪表盘显示"车载充电机与充电桩连接故障"。张小姐换了另一个充电桩再次尝试，发现仍然无法充电。

思考

车载充电机具有哪些功能？当车辆发生车载充电机与充电桩连接故障时，应如何检修？

任务一　充电系统的结构

一、慢充系统

1. 慢充系统的结构

慢充系统是电动汽车的常规充电系统，它是使用民用220 V单相交流电（家用电源或慢充桩），通过车载充电机整流变换，将交流电变换为高压直流电后为动力电池充电。

慢充系统主要由供电设备、慢充接口、慢充线束、车载充电机、高压控制盒等部件组成。

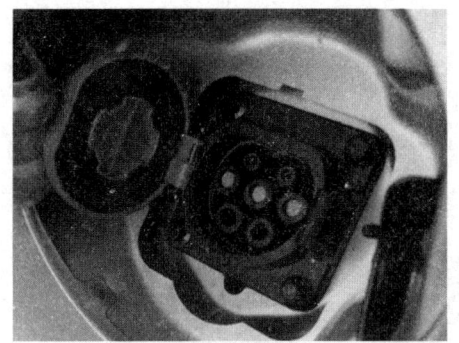 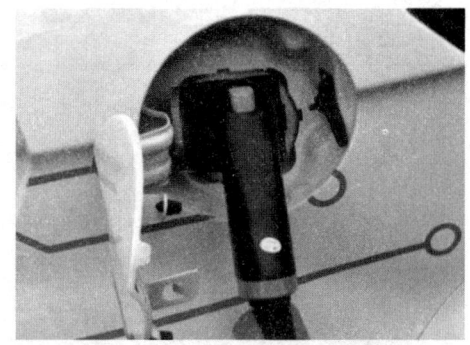

图 12-1 慢充接口

 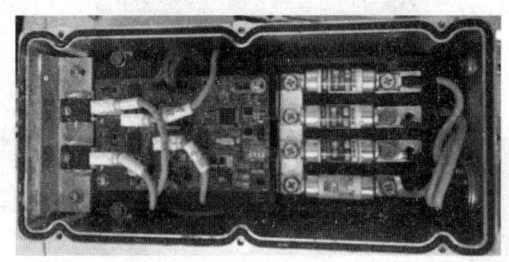

图 12-2 车载充电机　　图 12-3 高压控制盒

2. 慢充系统的充电原理

慢充系统的充电原理如图 12-4 所示。当充电枪插入慢充接口时,慢充接口通过车载充电机将连接信号反馈给 VCU,车载充电机同时唤醒 VCU 和 BMS,再由 VCU 唤醒仪表显示系统,仪表显示系统点亮充电指示灯;VCU 和 BMS 先后闭合总负、总正继电器,慢充系统启动;充电桩提供交流电,BMS 检测动力电池的充电需求并给车载充电机发送工作指令,车载充电机经高压控制盒为动力电池充电;当 BMS 检测到动力电池充电完成后,将给车载充电机发送停止工作的指令,车载充电机停止工作,总正、总负继电器相继断开,充电结束。

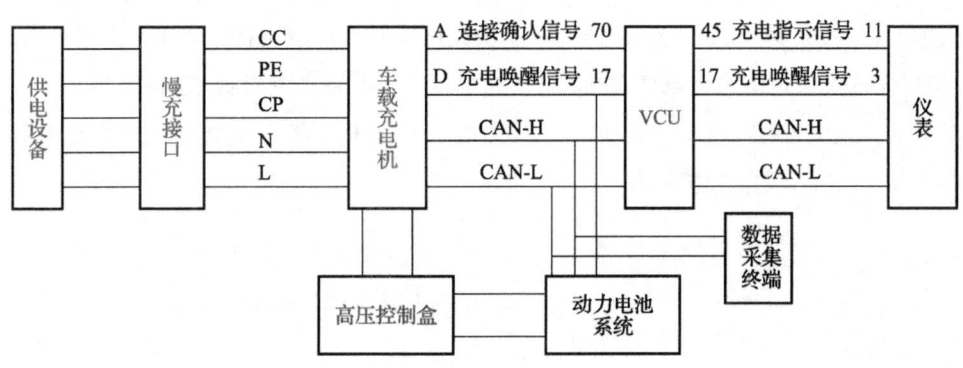

图 12-4 慢充系统的充电原理

二、快充系统

1. 快充系统的结构

快充系统一般使用工业 380 V 三相交流电，经功率变换后，直接为动力电池充电。快充系统主要由供电设备、快充接口、快充线束、高压控制盒等部件组成。

图 12-5 快充接口

2. 快充系统的充电原理

快充系统的充电原理如图 12-6 所示，其中 K1，K2 为快充桩高压充电电路正、负极继电器；K3，K4 为快充桩低压唤醒电路正、负极继电器，用于唤醒电动汽车 VCU；K5，K6 为动力电池总正、总负继电器；检测点 1（CC1）用于快充桩检测快充插头与电动汽车快充接口之间的连接状态；检测点 2（CC2）用于 VCU 检测快充插头与电动汽车快充接口之间的连接状态。

当检测到 1，2 两个检测点的电压符合要求时，即认为快充桩与快充接口可靠连接。此时 K3，K4 继电器闭合，充电桩 12 V 低压唤醒电源接通 VCU，两者进行身份辨认，握手成功之后，VCU 报送动力电池的充电需求，快充桩报送供电能力，二者匹配时，VCU 和 BMS 控制 K5，K6 闭合，快充桩控制 K1，K2 闭合，开启快速充电；VCU 发送充电请求及充电状态报文，快充桩反馈非车载充电机状态报文；当车辆及快充桩判定充电结束之后，断开 K1，K2，K5，K6，充电截止，非车载充电机控制器断开 K3，K4，快速充电完成。

项目十二 检修充电系统

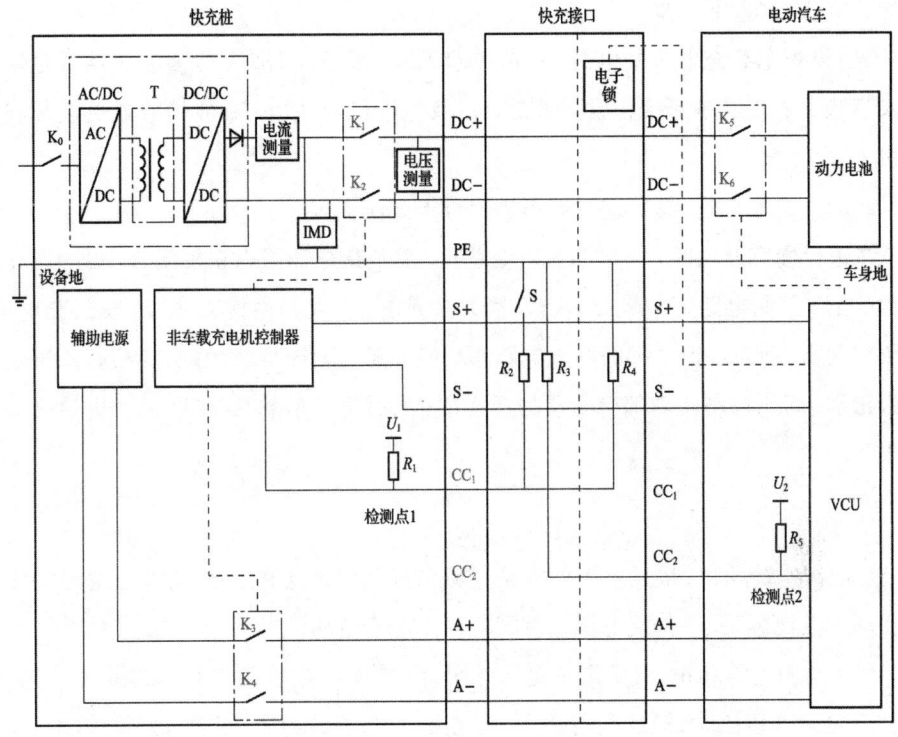

图12-6 快充系统的充电原理

三、慢充系统、快充系统常见故障分析

（一）慢充系统常见故障分析

1. 动力电池总正、总负继电器无法闭合

（1）检查低压蓄电池的电压，正常应大于11.5 V；否则，应为低压蓄电池充电或更换低压蓄电池。

（2）将点火开关置于ON挡，观察仪表显示情况，如显示正常，则检查PE电路是否正常；如有故障提示信息，则连接诊断仪读取故障码，然后根据故障码信息进行检修。

（3）检查充电唤醒电路、BMS唤醒电路、连接确认电路、CP电路连接是否正常。若电路连接异常，则重新连接或更换故障线束及插接件；若电路连接正常，则进入下一步。

（4）检查动力电池的总正、总负继电器及其控制电路和电源电路是否正常。若继电器自身故障，则更换继电器；若电路连接异常，则重新连接或更换线束及插接件；

若均正常，则进入下一步。

（5）检查车载充电机的电源、唤醒电路，若电路连接异常，则重新连接或更换线束及插接件；若电路连接正常，则表明车载充电机存在故障，应检修或更换车载充电机。

2. 动力电池总正、总负继电器正常闭合但无法充电

在进行慢充充电时，如果动力电池总正、总负继电器可以正常闭合，说明慢充系统的唤醒、控制电路正常。此时若车辆无法充电，主要是由慢充接口、车载充电机、高压控制盒、动力电池之间的高压电路等故障所致。对于此类故障，应检查高压电路是否正常，高压控制盒内部熔断器是否正常；然后检查车载充电机、动力电池内部是否正常。

（二）快充系统常见故障分析

与慢充系统相似，快充系统的常见故障也包括动力电池总正、总负继电器无法闭合和动力电池总正、总负继电器正常闭合但无法充电两大类。

对于动力电池总正、总负继电器无法闭合的故障，其主要原因有唤醒电路、PE电路、CP电路连接故障，搭铁电路断开，快充接口、快充线束及插接件故障，VCU、动力电池的低压控制电路故障等。对于此类故障，应检查各电路的连接是否正常，如连接异常，则重新连接或更换线束及插接件；检查高压控制盒、VCU、动力电池及继电器是否正常，如异常，则维修或更换故障部件。

对于动力电池总正、总负继电器正常闭合但无法充电的故障，其主要原因有高压控制盒快充继电器故障、高压熔断器熔断、快充线束及插接件故障、动力电池故障等。对于此类故障，应检查高压电路是否正常，高压控制盒内部熔断器是否正常；检查车载充电机、动力电池内部是否正常。

任务二　蓄电池使用与维护

动力电池为电动汽车的驱动电动机提供电能，电动机将电源的电能转化为机械能，通过驱动传动装置或直接驱动车轮工作。电能源的储能方式有电池储能、超导储能、超级电容器储能、飞轮储能等，目前应用较多的是电池储能和超级电容器储能两种。

目前，电动汽车上应用最广泛的电源是铅酸蓄电池，但随着电动汽车技术的发展，铅酸蓄电池由于能量较低、充电速度较慢（相对而言）、寿命较短，已逐渐被其他

蓄电池所取代。正在发展的电源主要有钠硫电池、镍—镉电池、镍—氢电池、锂电池、燃料电池、飞轮电池等，这些新型电源的应用，为电动汽车的发展开辟了广阔的前景。本任务主要学习铅酸蓄电池的结构原理及电池的充电和维护方法。

一、电池的性能指标

电动汽车所需要的理想能源应该满足以下要求：
（1）有持续稳定的大电流放电，能够使汽车保持一定的行驶速度；
（2）有短暂大电流放电的能力，保证汽车在加速、上坡时有足够的动力；
（3）能一次性提供足够的能量，保证汽车有一定的续驶里程。

通过几十年的努力，符合上述条件的新型电池不断地被研制出来，并且涵盖物理电池、生物电池和化学电池三大类。

物理电池是指利用物理原理制成的电池，其特点是能在常温常压条件下进行能量转换，如太阳能电池、核能电池和温差电池；生物电池是利用生物酶、微生物或叶绿素做成的电池，如微生物电池、生物太阳能电池；化学电池是一种直接把化学能转化为电能的电池，目前世界上研发的电动汽车电池最成功的就是化学电池。化学电池因选用材料、电池的工作性质和储能方式的不同可分为三大类，而这三大类又可具体细分为很多小类，如图12-7所示。

化学电池一般由电极（正极、负极）、电解质、隔膜和容器（外壳）四部分组成，如图12-8所示。电极是电池的核心部分，一般由活性物质和导电骨架组成。所谓活性物质，是指能够通过化学变化释放出电能的物质，如铅酸蓄电池负极板上的铅为活性物质，燃料电池质子交换膜上的氢为活性物质。导电骨架主要起传导电子和支撑活性物质的作用。单个电池或电池组上常标有这是指示电池的正极端和负极端，便于使用者分辨和外电路接线，以免接错。

电解质通常为固体或液体：液体电解质常称为电解液，一般是酸、碱、盐的水溶液；固体电解质一般为盐类，由固体电解质组成的电池称为干电池。

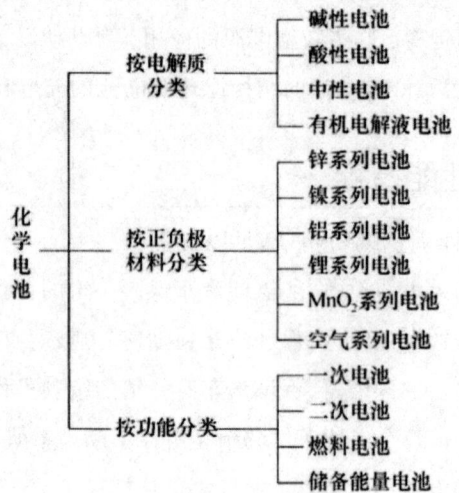

图 12-7 化学电池的分类

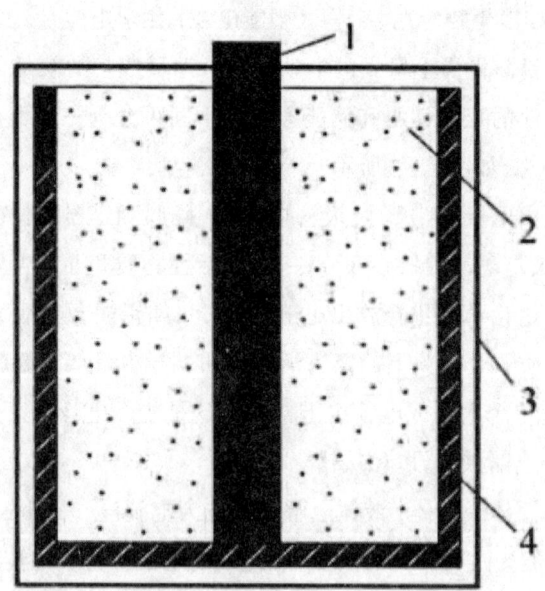

图 12-8 化学电池的组成

1—正极；2—电解质；3—外壳；4—负极

电池主要性能指标如下：

1）电压（V）

（1）电动势。电池正极和负极之间的电位差，通常用 E 表示；

(2)开路电压。电池在开路时的端电压,一般开路电压与电池的电动势近似相等;

(3)额定电压。电池在标准规定条件下工作时应达到的电压;

(4)工作电压(负载电压、放电电压)。在电池两端接上负载后,在放电过程中显示出的电压;

(5)终止电压。电池在一定标准所规定的放电条件下放电时,电池的电压将逐渐降低,当电池再不宜继续放电时,电池的最低工作电压称为终止电压。

放电曲线是指在一定的放电条件下连续放电时,电池的工作电压随时间的变化曲线,如图12-9所示。在此曲线图上可以表征出电池放电过程的变化情况,同时也可通过放电曲线计算出放电时间和放电容量。放电时率小者,其工作电压下降速度快,终止电压低,放电时间短,影响电池的实际使用效果。工作电压下降速度慢,往往能输出较多的能量。工作电压的变化速度有时也称作"放电曲线的平稳度"。

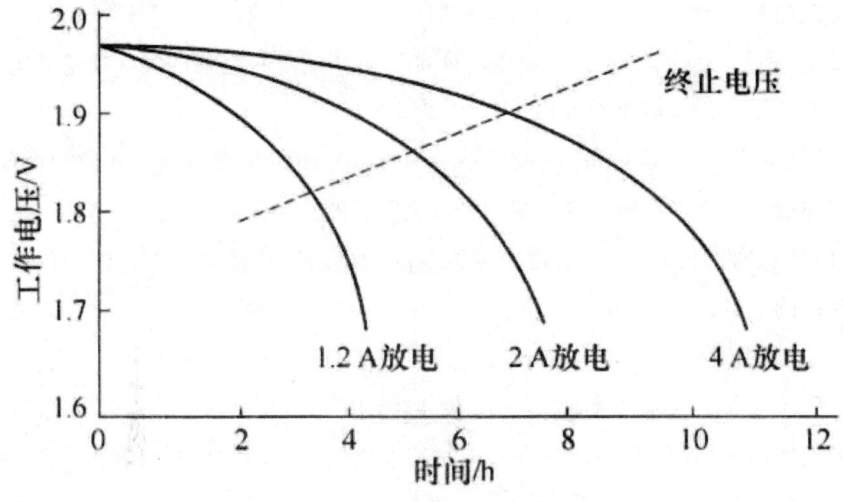

图12-9 不同电流情况下的放电曲线

2)电池容量(A·h)

(1)理论容量。根据蓄电池活性物质的特性,按法拉第定律计算出的最高理论值,一般用质量容量A·h/kg或体积容量A·h/L来表示;

(2)实际容量。在一定条件下所能输出的电量,等于放电电流与放电时间的乘积;

(3)标称容量(公称容量)。用来鉴别电池适当的近似容量值,由于没有指定放电条件,因此,只标明电池的容量范围而没有确切值;

(4)额定容量(保证容量)。按一定标准所规定的放电条件,电池应该放出的最低限度的容量;

(5) 充电状态(SOC)。充电状态是指电池容量的变化。SOC=1 即表示电池为充满状态。随着蓄电池放电,蓄电池的电荷逐渐减少,此时可以用 SOC 的百分数的相对量来表示蓄电池中电荷的变化状态。一般蓄电池放电高效率区为 50%~80%SOC。对 SOC 精确的实时辨识是电池管理系统的一个关键技术。

3) 功率(W、kW)

在一定的放电制度下,电池在单位时间内所输出的能量,电池的功率决定混合动力汽车的加速性能。

(1) 比功率(W/kg)。比功率是指电池单位质量中所具有电能的功率;

(2) 功率密度(W/L)。功率密度是指电池单位体积中所具有的电能的功率。

4) 能量(W·h、kW·h)

电池的能量决定电动汽车的行驶距离。蓄电池能量具体有以下指标:

(1) 标称能量。按一定标准规定的放电条件下,电池所输出的能量。电池的标称能量是电池的额定容量与额定电压的乘积;

(2) 实际能量。在一定条件下电池所能输出的能量。电池的实际能量是电池的实际容量与平均工作电压的乘积;

(3) 比能量(W·h/kg)。比能量是指动力电池组单位质量中所能输出的能量。电池的质量是电池本身结构件质量和电解质质量的总和;

(4) 能量密度(W·h/L)。动力电池组的能量密度是指动力电池组单位体积中所能输出的能量;

5) 电池的内阻

电流通过电池内部时受到的阻力,使电池的电压降低,此阻力称为电池的内阻。由于电池的内阻作用,使得电池在放电时端电压低于电动势和开路电压。在充电时的端电压高于电动势和开路电压 U。

6) 循环次数(次)

蓄电池的工作是一个不断充电→放电→充电→放电的循环过程,按一定的标准规定放电,当电池的容量降到某一个规定值以前,就要停止继续放电,然后需要充电才能继续使用。在每一个循环中,电池中的化学活性物质,要发生一次可逆性的化学反应。随着充电和放电次数的增加,电池中的化学活性物质会发生老化变质,逐渐削弱其化学功能,使得电池的充电和放电的效率逐渐降低,最后电池丧失全部功能而报废。蓄电池充电和放电的循环次数与电池的充电和放电形式、电池的温度和放电深度有关,放电深度浅时,有利于延长电池的寿命,特别是电池在电动汽车上的使用环境，包括电池组中各个电池的均衡性、安装、固定方式、所受的振动和线路安装等，都会影响电池的工作循环次数。

7）使用年限（年）

使用年限指电池从开始使用到报废所经历的年数。电池除了以循环次数表示使用时间外，通常还要用电池的使用年限来表示电池的寿命。

8）放电速率（放电率）

一般用电池在放电时的时间或放电电流与额定电流的比例来表示。

（1）时率（也称为小时率）。电池以某种电流强度放电直到电池的电压降低到终止电压时，所经过的放电时间；

（2）倍率。电池以某种电流强度放电的数值为额定容量数值的倍数。

当放电电流大于或等于额定容量的数值时，该放电电流值用"倍率"表示；若放电电流小于额定容量数值时，该放电电流值用"小时率"表示。蓄电池的额定容量常用"C"来表示，则"倍率"或"放电率"在 C 前加系数表示。例如：2 倍率，即 2C，其放电电流值为额定容量电流值的两倍，而额定容量约半小时放完；2 小时率，即 0.5C，其放电电流值为额定容量电流值的 1/2，而额定容量约 2h 放完电。

9）自放电率

自放电率指电池在存放时间内，在没有负荷的条件下自身放电，使得电池容量损失的速度，自放电率用单位时间（月/年）内电池容量下降的百分数来表示。

10）成本

电池的成本与电池的技术含量、材料、制作方法和生产规模有关，目前新开发的高比能量的电池成本较高，使得电动汽车的造价也较高，开发和研制高效、低成本的电池是电动汽车发展的关键。电动汽车生产成本构成如图 12-10 所示。除上述主要性能指标外，还要求电池无毒性、对周围环境不会造成污染或腐蚀，使用安全；良好的充电性能和充电操作方便，耐振动，无记忆性；对环境温度变化不敏感，且易于调整和维护等。

目前电池技术的瓶颈则在于如何造出容量大（满电可以连续行驶 400km 以上）且体积小、重量轻、价格低的电池，以及如何实现快速充电。

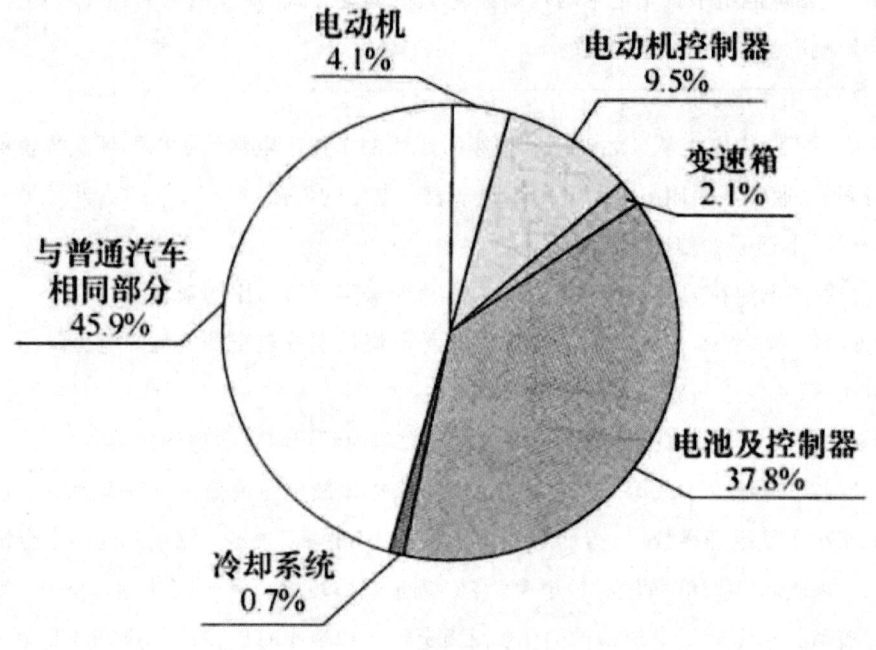

图 12-10 电动汽车生产成本构成

二、铅酸蓄电池

1. 铅酸蓄电池的种类

以酸性水溶液为电解质的蓄电池称为酸蓄电池。由于铅酸蓄电池电极是以铅及其氧化物为材料,故又称为铅酸蓄电池。

铅酸蓄电池按其工作环境可分为移动式和固定式两大类。汽车上应用的铅酸蓄电池均为移动式。

铅酸蓄电池根据结构及原理不同又分为多种,常见的有干荷电式蓄电池、湿荷电式蓄电池、阀控式蓄电池、免维护蓄电池、胶体型蓄电池及水平板式蓄电池等。

动力铅酸蓄电池性能与起动铅酸蓄电池的要求是不同的。它既要求有瞬时大电流放电的特点,又要求有持续大电流放电的能力。动力铅酸蓄电池有以下几个特点:

（1）单格电压高。电动汽车用铅酸蓄电池的单格额定电压可达 2.0V,开路电压为 2.1V,工作电压为 1.8~2.0V;

（2）比功率和功率密度大,内阻小,长时间可输出大电流;

（3）性能可靠,充放电可逆性好;

(4)循环次数多,寿命长;

(5)结构简单,价格低廉。

2.铅酸蓄电池的构造

铅酸蓄电池由正极板、负极板、隔板、电池盖、电解液、加液孔盖和电池外壳组成,如图 12-11 所示。正、负极板浸入稀硫酸电解液中成为单格电池。每个单格电池的标称电压为 2V,因此,6 格串联起来成为 12V 蓄电池。

1)极板

极板是电池的基本部件,它的作用是接受充入的电能和向外释放电能。

极板由栅架和活性物质组成,分为正极板和负极板。正极板上的活性物质是棕红色的二氧化铅(PbO_2),负极板上的活性物质是青灰色的海绵状纯铅(Pb)。图 12-12 所示为蓄电池的极板结构。

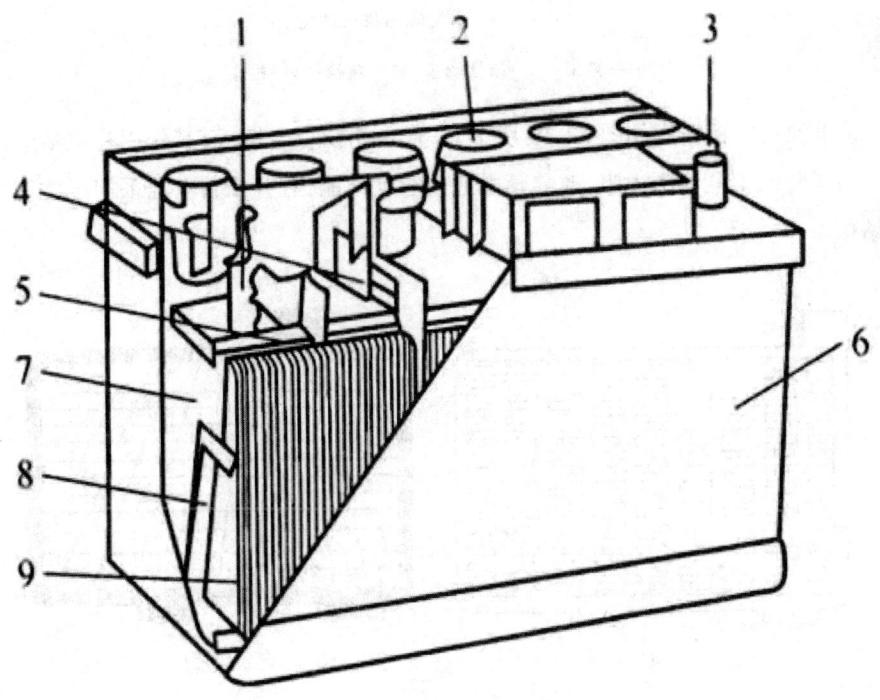

图 12-11 铅酸蓄电池的基本结构

1—负极柱;2—加液孔盖;3—正极柱;4—穿壁连接条;5—汇流条;
6—外☆;7—负极板;8—隔板;9—IL极板

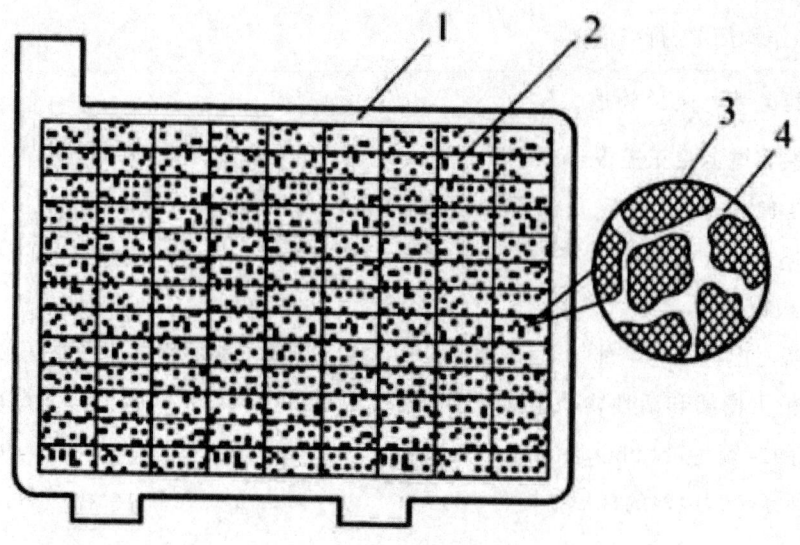

图 12-12 蓄电池的极板结构

1—栅架；2—活性物质；3—颗粒；4—孔隙

蓄电池的极板栅架如图 12-13 所示，一般由铅锑合金铸成，其作用是固结活性物质。为了降低蓄电池的内阻，改善蓄电池的起动性能，有些铅蓄电池采用了放射型栅架结构。

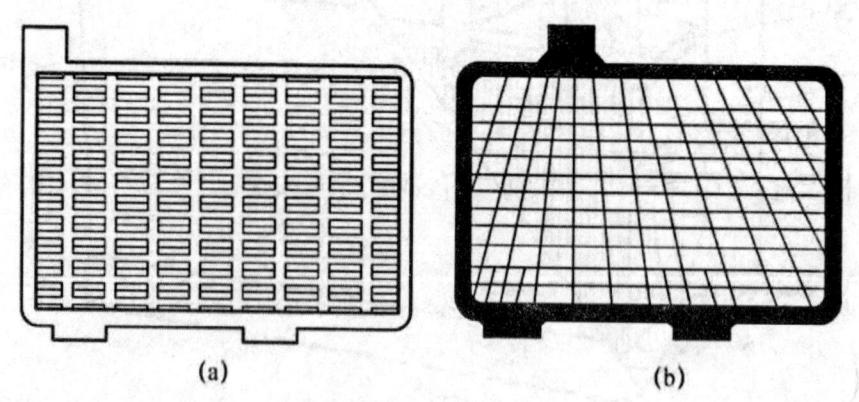

图 12-13 蓄电池的极板栅架

（a）网格型栅架；（b）放射型栅架

将正、负极板各一片浸入电解液中，可获得 2V 左右的电动势。为了增大蓄电池的容量，常将多片正、负极板分别并联，组成正、负极板组，如图 12-14 所示。

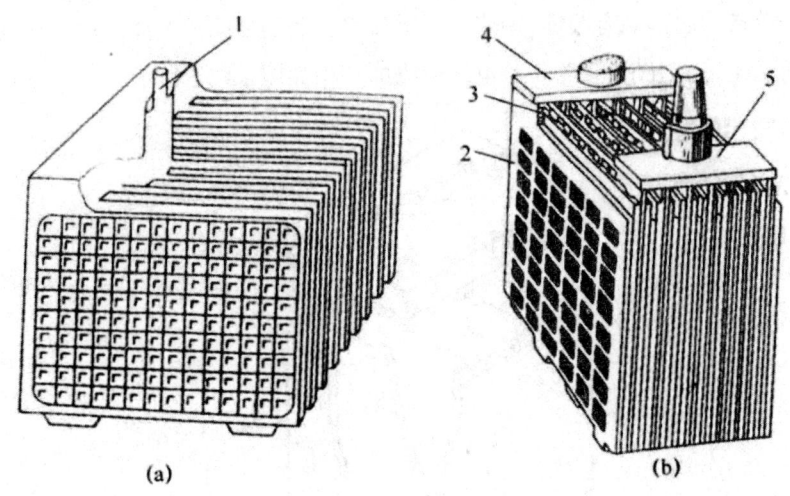

图 12-14 蓄电池极板组

（a）极板组；（b）极板组总成

1—极柱；2—极板；3—隔板；4,5—横板

在每个单格电池中，正极板的片数要比负极板少一片，这样每片正极板都处于两片负极板之间，可以使正极板两侧放电均匀，避免因放电不均匀造成极板拱曲。

2）隔板

隔板放置在正、负极板之间，以避免其接触而短路。

隔板的材料有木质、微孔橡胶、微孔塑料、玻璃纤维纸浆、玻璃纤维丝绵及袋式隔板等。

隔板一面平整，一面有沟槽，沟槽应面对着正极板与底部垂直，以便充放电时电解液能通过沟槽及时供给正极板，当正极板上的活性物质二氧化铅脱落时能迅速通过沟槽沉入容器底部。

3）电解液

电解液是蓄电池内部发生化学反应的主要物质，它由纯净硫酸和蒸馏水按一定比例配制而成，也叫稀硫酸。蓄电池的电解液密度一般为 $1.24\sim1.30\text{g/cm}^3$。电解液的密度对蓄电池的工作有重要影响，密度大，可减少结冰的危险并提高蓄电池的容量，但密度过大，则黏度增加，反而降低蓄电池的容量，缩短使用寿命。使用时，电解液的密度应根据地区、气候条件和制造厂家的要求而定。

4）外壳

外壳用于盛装极板组和电解液。材料有硬橡胶、聚丙烯塑料两种。

蓄电池每组极板所产生的电动势大约为2V，要想获得更高的电动势，通常要使多组极板串联起来,因此,在制造蓄电池外壳时,将一个电池外壳内分成若干个单格,每个单格的底部制有凸筋,用来搁置极板组。凸筋之间的空隙可以积存极板的脱落物质,防止正、负极板短路。蓄电池外壳的结构如图 12-15 所示。

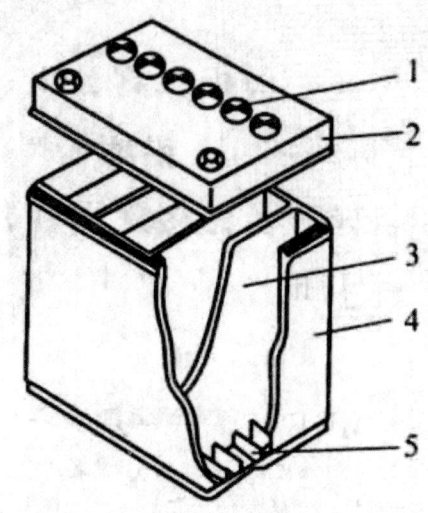

图 12-15　蓄电池外壳

1—注入口；2—盖；3—隔板；4—蓄电池壳体；5—肋条

蓄电池各单格电池之间采用铅质连接条串联起来,分为传统内部穿壁式连接、跨越式连接、外露式连接三种方式,如图 12-16 所示。

目前,蓄电池则采用内部穿壁式或跨越式连接方式：内部穿壁式连接方式是在相邻单格电池之间的间壁上打孔使连接条穿过,将两个单格电池的极板组极柱连接在一起；跨越式连接在相邻单格电池之间的间壁上边留有豁口,连接条通过豁口跨越间壁将两个单格电池的极板组极柱连接,所有连接条均布置在整体盖的下面。

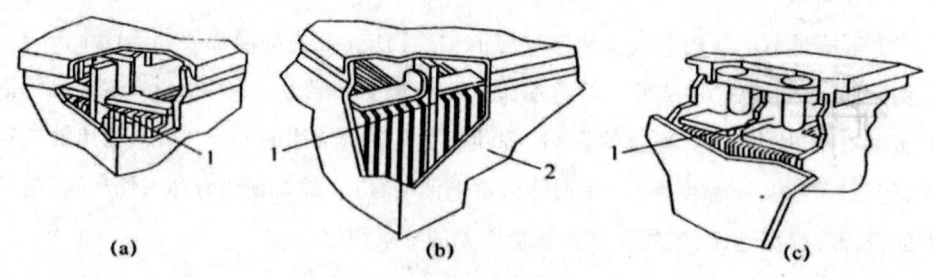

图 12-16　连接单格电池的三种方式

（a）跨越式连接；（b）内部穿壁式连接；（c）外露式连接

1—间壁；2—外壳

加液孔用来向蓄电池单格内加注电解液或蒸馏水,加液孔盖上有通气小孔以保证蓄电池内部压力与大气的压力平衡。

3.蓄电池的型号

电动车使用的蓄电池一般为牵引铅酸蓄电池,型号为××V-××A·h。例如12V-120A·h,前面部分表示铅酸蓄电池的标称直流电压,后面部分表示铅酸蓄电池的标称容量。

4.蓄电池的工作原理

蓄电池中发生的化学反应是可逆的。铅酸蓄电池正极板上的活性物质是二氧化铅(PbO_2),负极板上是海绵状的纯铅(Pb),电解液是硫酸水溶液(H_2SO_4)。当蓄电池和负载接通放电时,正极板上的二氧化铅和负极板上的铅都将转变成硫酸铅($PbSO_4$),电解液中的硫酸浓度降低,相对密度下降。当蓄电池接通直流电源充电时,正、负极板上的硫酸铅又将恢复成原来的二氧化铅和纯铅,电解液中的硫酸浓度增加,相对密度增大。

1)蓄电池的放电过程

将蓄电池的化学能转换成电能的过程称为放电过程。放电前,正极板上二氧化铅电离为正四价铅离子(Pb^{4+})和负二价氧离子(O^{2-}),铅离子附着在正极板上,氧离子进入电解液中,使正极板具有2.0V的正电位。负极板上的纯铅电离为正二价铅离子(Pb^{2+})和两个电子(2e-),铅离子进入电解液中,电子留在负极板上,使负极板具有-0.1V的负电位。这样正负极板之间就有了电位差,这个电位差为2.1V。

放电时,在2.1V电位差作用下,电流从正极流出,经过负载流回负极,如图12-17(a)所示。

理论上,放电过程将进行到负极板上的活性物质全部转变为硫酸铅为止,但实际上,由于电解液不能渗透到活性物质最内层,因此所谓完全放电的蓄电池事实上只有20%~30%的活性物质转变为硫酸铅。要提高活性物质的利用率,就必须增大活性物质与电解液之间的反应面积。目前常用采用薄型极板和增大活性物质孔率的措施来达到目的。

2)蓄电池的充电过程

将电能转换成蓄电池化学能的过程称为充电过程。充电时,蓄电池接直流电源,如图12-17(c)所示,在电场力作用下,电流从蓄电池正极流入,负极流出。

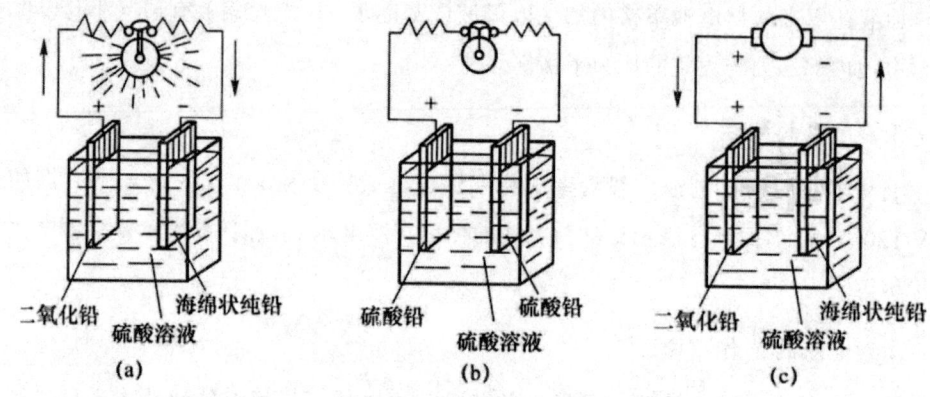

图 12-17 蓄电池的工作过程

(a) 放电开始; (b) 放电结束; (c) 充电

在负极板处有少量的 $PbSO_4$ 进入电解液中,离解为 Pb^{2+} 和 SO_4^{2-}。Pb^{2+} 在电源的作用下获得两个电子变为金属 Pb,沉附在极板上。而 SO_4^{2-} 与电解液中的 H^+ 结合,生成硫酸。

在正极板处也有少量 $PbSO4$ 进入电解液中,离解为 Pb^{2+} 和 SO_4^{2-}。Pb^{2+} 在电源作用下失去两个电子变为 Pb^{4+},它又和电解液中水离解出来的 OH^- 结合,生成 $Pb(OH)_4$,$Pb(OH)_4$ 又分解为 PbO_2 和 H_2O,而 SO_4^{2-} 又与电解液中的 H^+ 结合生成硫酸。

由此可见,在充电过程中,正、负极板上的 $PbSO_4$ 将逐渐恢复为 PbO_2 和 Pb,电解液中硫酸成分逐渐增多,水逐渐减少。

5.蓄电池的充电

1)充电方法

蓄电池的充电方法可分为定流充电、定压充电和脉冲快速充电。

(1)定流充电。充电过程中,使充电电流保持恒定的充电方法,称为定流充电。定流充电具有以下特点:

①充电过程中,充电电流恒定,但充电电压是变化的。充电过程中,蓄电池的端电压不断升高,为保证充电电流的恒定,充电电源电压或调节负载应随时变化;

②充电电流的大小可根据充电类型及蓄电池的容量确定;

③不同端电压的蓄电池可以串联充电;

④充电时间长。

(2)定压充电。充电过程中,加在蓄电池两端的电压保持不变的充电方法,称为定压充电。定压充电具有以下特点:

①充电过程中,充电电压保持不变。充电开始时,充电电流很大,随着蓄电池电动势的不断升高,充电电流逐渐减小,直至为零;

②一般单格电池的充电电压选择 2.5 V。若充电电压选择过低,则蓄电池出现充电不足现象;若充电电压选择过高,则蓄电池充足电后还会继续充电,此时的充电则为过充电。

(3)脉冲快速充电。脉冲快速充电也称为分段充电,必须用脉冲快速充电机进行,其充电电流波形如图 12-18 所示。

脉冲快速充电的过程是:先用 0.8~1 倍额定容量的大电流进行恒流充电,使蓄电池在短时间内充至额定容量的 50%~60%,当单格电池电压升至 2.4V 且开始冒气泡时,由充电机的控制电路自动控制,开始脉冲快速充电,首先停止充电 25ms(称为"前停充"),然后再放电或反向充电,使蓄电池反向通过一个较大的脉冲电流(脉冲深度一般为充电电流的 1.5~3 倍,脉冲宽度为 150~1000ms),然后再停止充电 40ms(称为"后停充"),以后的过程为:正脉冲充电—前停充—负脉冲瞬间放电—后停充—正脉冲充电……依次循环进行,直至充足电。

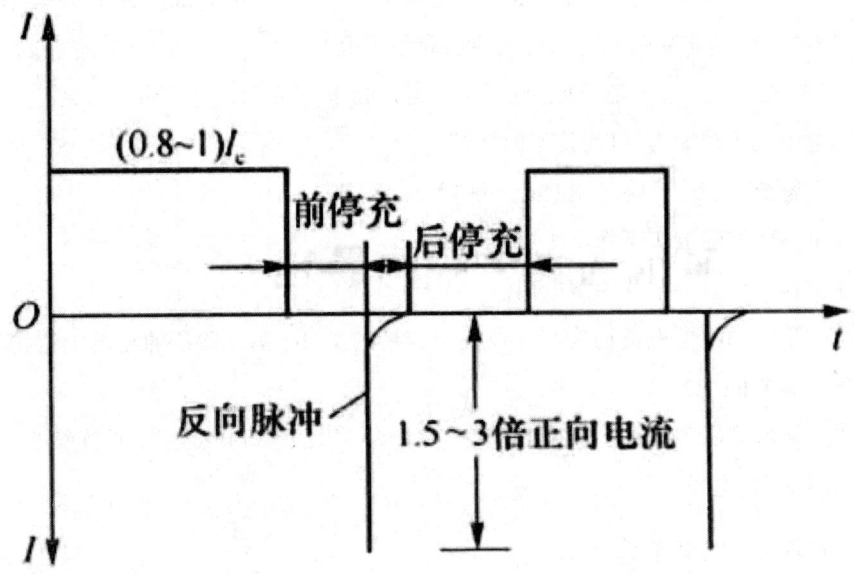

图 12-18 脉冲快速充电电流波形

脉冲快速充电具有以下特点:
①充电速度快、充电时间短(一次初充电只需 5h);
②可以增加蓄电池的容量(充电过程中,化学反应充分且加深了化学反应的深

度,并可使极板去硫化明显,因此,蓄电池的容量增加);

③去硫化效果好;

④充电过程中产生大量气泡,对活性物质的冲刷力强,易使活性物质脱落,蓄电池的使用寿命下降。

2)充电种类

(1)初充电。新蓄电池或修复后的蓄电池(更换极板)在使用前的首次充电称为初充电。

第一阶段的充电电流约为蓄电池容量的1/15,充电至电解液中有气泡析出,单格端电压达到2.4V;第二阶段的充电电流约为蓄电池容量的1/30。

注意:充电过程中要经常测量电解液的密度和温度。如果电解液的温度超过40℃,则应将电流减小;如果温度继续上升至45℃,则应停止充电,适当采取冷却措施以降低电解液的温度。

充电接近终了时,如果电解液的密度不符合规定,应用蒸馏水或密度为1.40g/cm³的电解液调整,调整后再充电2h。

当蓄电池电解液产生大量气泡,呈沸腾状态;蓄电池电解液的密度及单格端电压达到规定值,且连续3h不变时,说明已充足了电。

(2)补充充电。蓄电池在使用过程中,若符合下列条件应进行补充充电:

①电动机运转无力、灯光比平时暗淡;

②电解液的密度下降至1.15g/cm3以下;

③单格电池的电压下降至1.75V以下;

④储存不用近一个月的蓄电池。

第一阶段的充电电流约为蓄电池额定容量的1/10;第二阶段的充电电流约为蓄电池额定容量的1/20。

当电解液呈沸腾状态;电解液密度和蓄电池端电压达到规定值,且连续3h不变时,说明已充足电。

6.其他类型的铅酸蓄电池

1)干荷电式蓄电池

干荷电式蓄电池是指极板组在干燥状态下仍能长期保存自身电荷的蓄电池,这种蓄电池的负极板的活性物质是在铅中配有一定比例的抗氧化剂,如松香、羊毛脂、油酸、有机聚合物和脂肪酸等。经深化处理后,使活性物质形成较深层的海绵状结构,再经防氧化浸渍处理,极板表面附着了一层极薄的保护膜,提高了抗氧化性能,最后经惰性气体或真空干燥处理。经过这样的处理后,负极板上的海绵状纯铅在空气中长期以干态存在而不氧化,在反应中获得的大量负电荷不至于消失。

2)湿荷电式蓄电池

湿荷电式蓄电池与普通蓄电池所不同的是它采用极板群组化成,化成后将极板浸入相对密度为 1.35g/cm^3(15℃)、内含 0.5%(质量分数)硫酸钠的稀硫酸溶液中浸渍。硫酸钠在负极板活性物质表面起抗氧化作用,经离心沥酸后,不经干燥即进行组装密封。

湿荷电式蓄电池极板和隔板仍带有部分电解液,蓄电池内是湿润的,所以叫作湿荷电式蓄电池。

3)免维护型蓄电池

免维护型蓄电池是指在使用寿命期限内,除要保持表面清洁外,不需其他维护的蓄电池。这与它自身的结构特点密切相关。

(1)免维护型蓄电池采用低锑合金或铅钙合金做极板栅架。因为栅架含锑少或不含锑,提高了氢在蓄电池负极、氧在正极析出的低电位,从而有效地保存了蓄电池中的水分,同时也有效地减少了蓄电池的自放电,这使得蓄电池在使用过程中不需要补加蒸馏水。

(2)采用密封式隔板,这样就可以有效地避免正极板上活性物质的脱落,延长蓄电池的使用寿命。

(3)采用内装式密度计。从密度计指示器指示的不同颜色,可以判断蓄电池的存电状态及液面高度。

(4)采用安全通气装置(阀控制装置),这使得蓄电池可避免其内部硫酸气与外部的火花直接接触,防止爆炸;另外,通气塞处还装有催化剂钯,可把氢气和氧气催化合成水,重新流回到蓄电池中,从而保持了水分。

(5)连接条采用穿壁式连接,这种连接方式可以减小蓄电池的内阻,提高蓄电池的容量。

车用阀控铅酸蓄电池如图 12-19 所示。

4)胶体型蓄电池

胶体型蓄电池是指其电解液是由稀硫酸钠溶液和硅酸溶液混合成胶状物质的蓄电池,这种蓄电池因为其电解液的流动性不强,所以在储存、保管、运输及使用过程中都比较安全,但其容量与普通蓄电池相比有所降低。

图 12-19　车用阀控铅酸蓄电池

5）水平式蓄电池与双极式蓄电池

所谓"水平式蓄电池"就是极板为水平安置的电池，其结构如图 12-20 中的（a）和（b）所示。

所谓"双极式蓄电池"是将原蓄电池的隔板去掉，正、负极板合一，一面涂正极板活性物质，另一面涂负极板活性物质，如图 12-20 所示。据报道，英国一家公司用钛化合物作电极制成的铅酸蓄电池比能量达到 60W.h/kg，几乎接近镍—氢、锂电池的比能量。如果在技术上有突破的话，价格低廉的铅酸蓄电池会大力推动电动汽车的推广和普及。

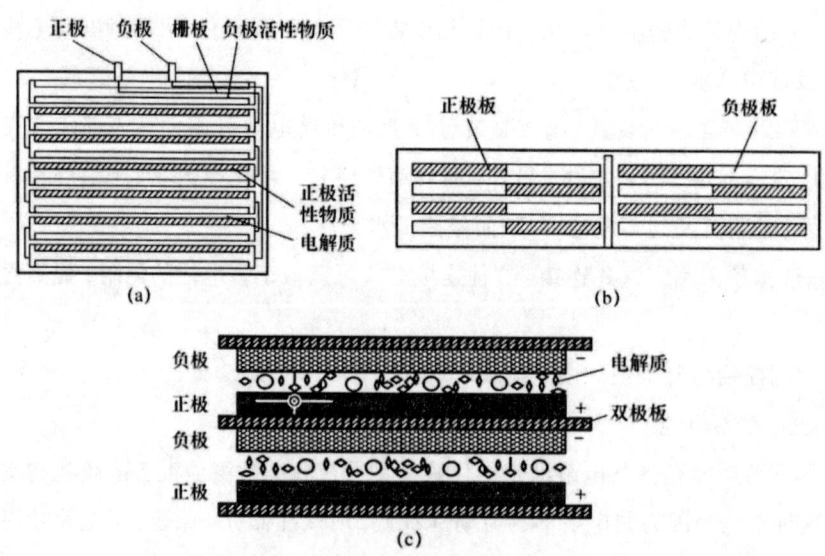

图 12-20　水平电池及双极式电池的结构

（a）国外水平蓄电池的结构；（h）国内水平蓄电池的结构；（c）双极式电池的结构

三、蓄电池的充电方式与设备

1.电动汽车充电方式

1）常规充电方式

该充电方式采用恒压、恒流的传统充电方式对电动车进行充电。以相当低的充电电流为蓄电池充电，电流大小约为15A，若以120A·h的蓄电池为例，充电时间要持续8h以上。

相应充电器的工作和安装成本相对比较低，电动汽车家用充电设施（车载充电机）和小型充电站多采用这种充电方式。车载充电机是纯电动轿车的一种最基本的充电设备，作为标准配置固定在车上或放在后备厢里。由于只需将车载充电器的插头插到停车场或家中的电源插座上即可进行充电，因此充电过程一般由客户自己独立完成。直接从低压照明电路取电，电功率较小。由220V/16A规格的标准电网电源供电，典型的充电时间为8~10h（SOC达到95%以上）。这种充电方式对电网没有特殊要求，只要能够满足照明要求的供电电路就能够使用。由于在家中充电通常是晚上或者是在用电低谷期，有利于电能的有效利用，因此电力部门一般会给予电动汽车用户一些优惠，例如用电低谷期充电打折。

小型充电站是电动汽车的一种最重要的充电方式，充电机设置在街边、超市、办公楼、停车场等处，采用常规充电电流充电。电动汽车驾驶员只需将车停靠在充电站指定的位置上，接上电线即可开始充电。计费方式是投币或刷卡，充电功率一般在5~10kW，采用相四线制380V供电或单相220V供电。其典型的充电时间是：补电1~2h，充满5~8h（SOC达到95%以上）。

2）快速充电方式

快速充电方式是指在短时间内使蓄电池达到或接近充满状态的一种方法，该充电方式以1C~3C的大充电电流在短时间内为蓄电池充电。充电功率很大，能达到上百千瓦。该充电方式以150~400A的高充电电流在短时间内为蓄电池充电，与前者相比安装成本相对较高，快速充电也可称为迅速充电或应急充电，其目的是在短时间内给电动汽车充满电，充电时间应该与燃油车的加油时间接近，大型充电站（机）多采用这种充电方式。

电动汽车充电设备主要包括充电站及其附属设施，如充电机、充电站监护系统、充电桩、配电室以及安全防护设施等，如图12-21所示。

大型充电站（机）的快速充电方式主要针对长距离旅行或需要进行快速补充电

能的情况进行充电,充电机功率很大,一般都大于30kW,采用三相四线制380V供电。其典型的充电时间是10~30min。这种充电方式对电池寿命有一定的影响,特别是普通蓄电池不能进行快速充电,因为在短时间内接受大量的电量会导致蓄电池过热。快速充电站的关键是非车载快速充电组件,它能够输出35kW甚至更高的功率。由于功率和电流的额定值都很高,因此这种充电方式对电网有较高的要求,一般应靠近10kW变电站附近或在监测站和服务中心中使用。此外,该充电方式如果在变电站附近或服务中心中使用,还需采取较为复杂的谐波抑制措施,与前者相比安装成本相对较高,只适合大型充电站使用。

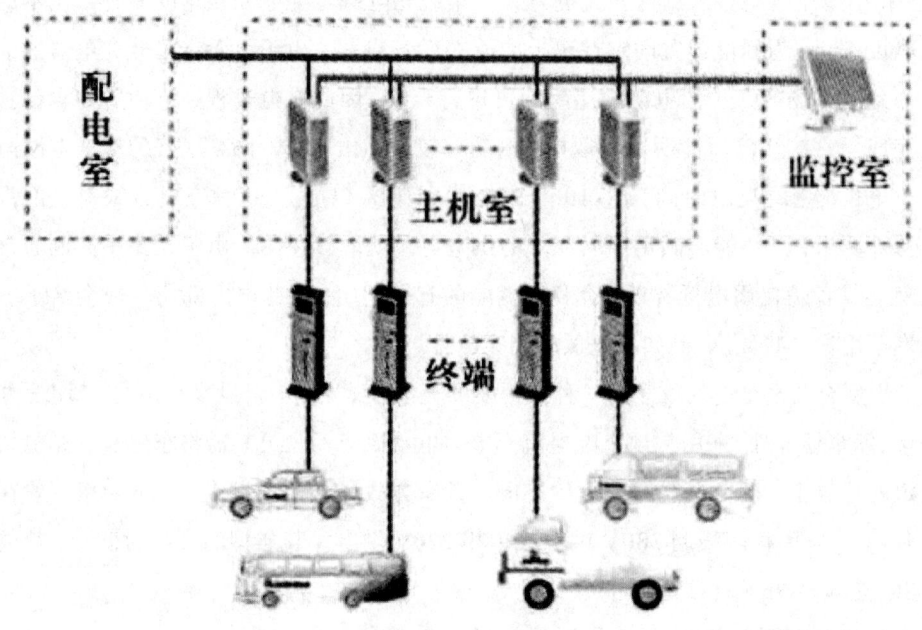

图12-21 充电站设备

3)更换电池方式

目前,除了以上两种充电方式外,还可以采用更换电池组的方式,即在蓄电池电量耗尽时,用充满电的电池组更换已经耗尽电的电池组。蓄电池归服务站或电池厂商所有,电动汽车用户只需租用电池。电动汽车用户把车停在一个特定的区域,然后用更换电池组的机器将耗尽电的蓄电池取下,换上已充满电的电池组。对于更换下来的未充电蓄电池,可以在服务站充电,也可以集中收集起来以后再充电。由于电池更换过程包括机械更换和蓄电池充电,因此有时也称它为机械"加油"或机械充电。电池更换站同时具备正常充电站和快速充电站的优点,也就是说可以用低谷电给蓄电池充电,同时又能在很短的时间内完成"加油"过程。通过使用机械设备,整个电池更换过程可以在 10min 内完成,与现有的燃油车加油时间大致相当。

不过,这种方法还存在不少问题有待解决:首先,这种电池更换系统的初始成本很高,其中包括昂贵的机械装置和大量的蓄电池;其次,由于存放大量未充电和已充电的蓄电池需要很多空间,因此修建一个蓄电池更换站所需空间远大于修建一个正常充电站或快速充电站所需的空间;最后,在蓄电池自动更换系统得到应用之前,需要对蓄电池的物理尺寸和电气参数制定统一的标准,所以换电池方式最终随电池能量密度的提高会消失。

4) 无线充电方式

无线充电方式包括电磁感应式(见图 12-22)、磁共振式、微波式三种。三种无线充电方式比较见表 12-1。电动汽车非接触充电方式的研究目前主要集中在电磁感应式充电方式,此方式不需要接触即可实现充电,其原理是采用了可在供电线圈和受电线圈之间提供电力的电磁感应方式,即将一个受电线圈装置安装在汽车的底盘上,将另一个供电线圈装置安装在地面,当电动汽车驶到供电线圈装置上,受电线圈即可接收到供电线圈的电流,从而对电池进行充电,这种方式的成本较高,还处于实验室研发阶段,其功能还有待时间验证。

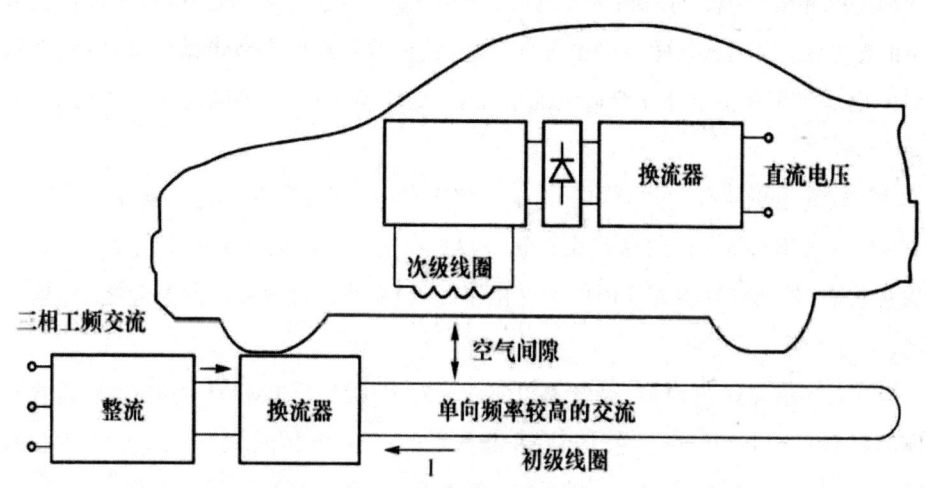

图 12-22 电磁感应式充电

表12-1 三种无线充电方式比较

方式	电磁感应式	磁共振式	微波式
充电原理	向地面下的初级线圈提供交流电流,线圈产生交变磁场,感应在车底部的次级线圈,次级产生交流电	基本原理与电磁感应式相同,只是初级线圈和次级线圈使用同一共振频率,可将阻抗控制在最低,增大发送距离	充电部分和接收部分均采用2.45GHz的微波
使用频率范围	22kHz	13.56MHz	2.45GHz
输出功率	30kW	1kW	1kW
传送距离	100mm	400mm	1000mm
充电效率	92%	95%	38%

电动汽车无线充电方式是近几年国外的研究成果,其原理类似于在车里使用移动电话,将电能转换成一种符合现行技术标准要求的特殊激光或微波束,在汽车顶上安装一个专用天线接收即可。有了无线充电技术,公路上行驶的电动汽车或双能源汽车可通过安装在电线杆或其他高层建筑上的发射器快速补充电能。电费将从汽车上安装的预付卡中扣除。

沃尔沃(Volvo)C30电动汽车即采用电磁感应式充电。电动汽车充电不再需要电源插座或充电电缆,利用感应充电法,电能通过埋在路面内的充电板无线传送给汽车的蓄电池,实现从路面直接给汽车充电,这一技术将极大地降低充电时间,沃尔沃C30电动汽车在蓄电池完全放电的情况下,给24kW·h的蓄电池组完全充电,仅需要80min。

微波式充电也叫移动式充电。对电动汽车蓄电池而言,最理想的情况是汽车在路上巡航时充电,即所谓的移动式充电(MAC)。这样,电动汽车用户就没有必要去寻找充电站、停放车辆并花费时间去充电了。MAC系统埋设在一段路面之下,即充电区,不需要额外的空间。

接触式和感应式的MAC系统都可实施。对于接触式的MAC系统而言,需要在车体的底部装一个接触拱,通过与嵌在路面上的充电元件相接触,接触拱便可获得瞬时高电流。对于感应式的MAC系统,车载式接触拱由感应线圈所取代,嵌在路面上的充电元件由可产生强磁场的高电流绕组所取代。很明显,由于机械损耗和接触拱的安装位置等因素的影响,接触式的MAC对人们的吸引力不大。

电磁感应式非接触充电系统存在以下三方面的问题:

(1)送电距离比较短,如果两个线圈的横向偏差较大,传输效率就会明显下降。

目前来看只能实现传输距离为10cm左右,而底盘的距地高度明显与这个距离有着非常大的差别;

(2)需要考虑很多的散热问题,比如线圈之间的发热;

(3)耦合的辐射问题。电磁波的耦合会不会存在大的磁场泄漏。电磁感应在线圈之间传输电力,如同磁铁一样,在外圈有一定的泄漏,人如何避免受影响是个很大问题。线一之间也是有可能有杂物进入的,还有某些动物(猫狗)进入里面,一旦产生电涡流,就如同电磁炉一样,安全性问题非常明显。

一般来说,利用电磁感应原理的无线供电技术最具现实性,并且现在在电动汽车上有实际应用。

磁场共振式供电,目前技术上的难点是小型化、高效率化比较难。现在的技术能力大约是直径0.5m的线圈,能在1m左右的距离提供60W的电力。磁场共振方式则是现在最被看好、被认为是将来最有希望广泛应用于电动汽车的一种方式。

现在提出了利用电磁波送电方式技术的"太空太阳能发电技术"。如果这种技术能被应用,可以从根本上解决电力问题。无线供电,使得电动汽车可以有这么一种可能:一辆电动汽车从出厂到它报废为止,终生不用去理会电力补充问题。电动汽车,在太阳能电池技术、无线供电技术以及自动驾驶技术的支持下,完全可以颠覆现在的交通概念。若干年以后,在高速公路上,车在自动行驶,而汽车、电脑、手机需要的所有电力都来自从路面下铺装的供电系统或者来自汽车上的接收装置接收的电磁波。随着电动汽车的发展,无线充电技术必定有着广阔的利用空间。

综上所述,目前电动汽车的充电还是采用普通充电为主、快速补充充电为辅的充电方式。对于电动公交车而言,充电站设在公交车总站内。在晚间下班后利用用电低谷充电,时间5~6h。全天运行的车辆,续驶里程不够时,可利用中间休息待班时间进行补充充电。充电器的数量和容量根据车队的规模而定,充电站由车队管理。1C~3C的快速充电模式,已经在探讨应用,但应在确保电池安全和保证电池使用寿命的前提下进行。

5)未来其他前沿技术

Altair纳米技术公司为电动汽车开发的锂离子电池可以极快的速度充电,容量高达35kW·h的电池可以在10min之内充电完毕,安装这种电池的载人小汽车可以续航160km,10min之内把35kW·h的电池充电完毕需要250kW的充电功率,这是一栋办公大楼最大用电负荷的五倍。

麻省理工学院研究人员发明了一项充电材料表面处理技术,利用这种新技术制造的手机电池可以在 10s 内完成充电,汽车电池可在 5min 内充好电。一块锂电池完成充电一般需要 6min 或更长的时间,但传统的磷酸铁锂材料在经过表面处理生成纳米级沟槽后,可将电池的充电速度提升 36 倍(仅为 10s)。

据索尼官方新闻稿表示:索尼已经开发出了一种快速充电锂电池,仅需半个小时就能让电池充电 99%。比功率可达 1800W/kg,并可延长 2000 次循环充放电寿命。这种电池采用磷酸铁锂作为负极材料,以增强负极的晶体结构并能保证其高温状态下的稳定性。通过与索尼新设计的粒子技术正极材料组合,该电池可以有效降低电阻,并提高输出功率。

VTG 是 Vehicle-lo-grid 的简称,它描述了这样的一个系统:当混合电动汽车不在运行的时候,通过链接到电网的电动机将能量卖给电网;反过来,当电动车的电池需要充电时,电流可以从电网中提取出来给电池。

2.充电机功能

充电机为电动车运行提供能量补给,是电动车商业化、产业化的重要环节。

1)充电设定方式

充电设定方式可分为自动设定方式和手动设定方式两种。

自动设定方式是在充电过程中,充电机依据蓄电池管理系统提供的数据动态调整充电参数,执行相应动作,完成充电过程。

手动设定方式是由操作人员设置充电机的充电方式、充电电压、充电电流等参数,在电动汽车与充电机连接正常且充电参数不超过电动汽车蓄电池管理单元最大许可范围时,充电机根据设定参数执行相应操作,完成充电过程。充电机采用手动设定方式时,应具有明确的操作指示信息。

2)充电机功能

充电机通过高频开关电源模块,采用脉冲宽度调制方式原理将交流电源变换为高品质的直流电源。模块应由全波整流及滤波器、高频变换及高频变压器、高频整流滤波器等组成。

每个高频开关电源模块内部应具有监控功能,显示输出电压/电流值,当监控单元有故障或退出工作时,高频开关电源模块应停止输出电压。正常工作时,模块应与直流充电机监控单元通信,接收监控单元的指令。

高频开关电源模块应具有交流输入过电压保护、交流输入欠电压报警、交流输入缺相告警、直流输出过电压保护、直流输出过电流保护、限流及短路保护、模块过热保护及模块故障报警等功能。模块应具有报警和运行指示灯。任何异常信号应传送到监控单元。

充电机不同相位的两路或多路交流输入进线均接入充电机高频开关电源模块上,以实现脉波整流。高频开关电源模块具有带电插拔更换功能,具有软起动功能,软起动时间为3~8s,以防开机电压冲击。充电机具有限压限流特性,限压特性是指充电机在恒流充电状态运行时,当输出直流电压超过限压值时,能自动限制其输出电压增加;限流特性是指充电机在稳压状态下运行时,当对蓄电池的充电电流超过电池的限流值或输出直流电流超过充电机总限流值时,能立即进入限流状态,自动限制其输出电流增加。

全自动充电机采用智能充电技术,充电过程无须人工干预。严格按照蓄电池充电特性曲线进行充电,采用"恒流—恒压限流—涓流浮充"智能三阶段充电模式,使每节电池都能够较快地充分地充满电,避免过充电,且完全做到全自动切换功能。

全自动充电机可适用的电池类型有镍—铬、镍—氢、铅酸、锂离子电池等。

(1) 充电功能。

①智能三阶段充电模式。充电初期采用恒流技术,使充电电流恒定,避免损坏电池,加速电池老化;充电电压达到上限电压时自动转换为恒压限流充电,有效地提高了蓄电池的容量转换效率;涓流浮充使各单体电池均衡受电,保证电池容量以最大限度恢复,有效解决单体电压不均衡现象,避免了市电电压的变化和蓄电池充电末期造成的蓄电池过压充电的危险,大大延长了蓄电池的使用寿命。

充电电流可在10%至额定值内任意设定,且不受输入交流电压变化的影响,在恒流充电期间电流维持不变,无须人为再调整。

②数据转存和处理。充电结束后,采集的数据可经U盘转存或经RS232接口直接上传至计算机,经配套的数据处理软件后台处理后,可自动生成各种图表,为判别整组电池的优劣提供科学的依据。

注意:充电机起动、停电后恢复充电应需人工确认,充电机应具有急停开关。

(2) 监控功能。监控单元应具有完善的监控功能,至少应具有以下监控功能:

①模拟量测量显示功能。测量显示充电机交流输入电压、充电机输出电压/电流、各个高频电源模块输出电流等。监控单元电流测量精度在20%~100%额定电流范围内,其误差应不超过±1%;电压测量精度在90%~120%额定电压范围内,其误差不应超过±0.5%。

②控制功能。监控单元应能适应充电机各种运行方式,能够控制充电机自动进行恒流限压充电→恒压充电→停止充电运行状态;

③告警功能。充电机交流输入异常、电源模块告警/故障、直流输出过/欠压、直流输出过流、充电机直流侧开关跳闸/熔断器熔断、充电机故障、充电机监控单元与充电站监控系统通信中断、监控单元故障时，监控单元应能发出声光报警，并应以硬接点形式由通信口输出到监控系统；

④事件记录功能。监控单元应能储存不少于100条事件。充电机告警、充电开始/结束时间等均应有事件记录，应能保存至少20次充电过程曲线，事件记录和曲线具有掉电保持功能；

⑤参数整定和操作权限管理。监控单元应具有充电机参数整定和操作权限密码管理功能，任何改变运行方式和运行参数的操作均需要权限确认；

⑥对时功能：监控单元至少应满足PPS（秒脉冲）、PPM（分脉冲）对时要求，能接收IRIG-B（DC）码来满足对时要求，且GPS标准时钟的对时误差应不大于1ms。

（3）显示功能。显示输出功能应包含显示下列信息：

①电池类型、充电电压、充电电流、充电功率、充电时间、电能量计量和计费信息；

②在手动设定过程中应显示人工输入信息；

③在出现故障时应有相应的提示信息；

④可根据需要显示电池最高和最低温度。

（4）通信功能。通信内容包括：蓄电池组标识、蓄电池组类型、蓄电池组容量、蓄电池组状态、蓄电池组故障代码、蓄电池组电压、蓄电池组充电电流、蓄电池组充电功率、蓄电池组充电时间、蓄电池组充电电能、单体蓄电池电压、单体蓄电池荷电、蓄电池温度等；充电机的充电状态、充电机故障代码、充电机交流侧开关状态、充电机直流输出电压、充电机直流输出电流、充电机直流侧开关状态、充电机直流侧开关跳闸；监控单元输出监控单元故障、充电机与监控系统通信中断等；后台监控系统输出充电机开/关机、充电机紧急停机、充电机参数设置等。

3）电动汽车智能充电及管理系统功能

电动汽车智能充电及管理系统能够实现对电池的检测、维护，续驶里程估算，内阻检测估算，电能计费，联网监控，人机交互显示等功能。图12-23所示为直流充电桩显示界面。图12-24所示为充电桩的插卡端口和打印端口。

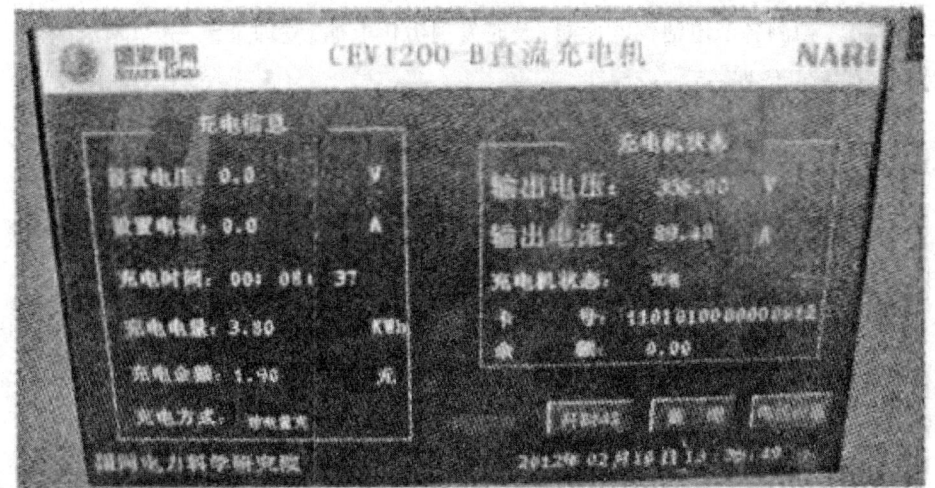

图 12-23 直流充电桩显示界面

图 12-24 充电桩的插卡端口和打印端口

(1) 采用多种充电模式。充电电流大,充电热量少,充电速度快,还原效率高,超时充电无过充危险。针对锂电池、铁锂电池抗过充能力差的缺点,实现动态均衡充电功能,避免不平衡趋势恶化,提高了电池组的充电电压,并对电池进行活化充电,有效延长了电池使用寿命,且具有快速充电功能,充电 10~15min 即可充足额定电量的 80% 以上,续驶里程在 200~300km;

(2)内阻检测功能。智能电池单体检测、内阻检测技术,在线巡回检测每节单体电池状况,预测各节电池供电性能,及时发现劣化电池,立即报警,为电池组"精细"维护提供测量依据;

(3)除硫养护功能。抑制硫化产生,降低硫化速度,可使电池组的容量恢复到标称容量的95%以上,达到长期在线对电池进行防硫养护和修复的作用;

(4)电量计费功能。充电站输入电量、充电主机输入电量、输出电能总体计量;用户充电消费已充电量、计费单价、消费金额等存储、显示和统计;

(5)联网监控。通过GPS定位系统、CAN总线装置、载波通信,监控中心对充电主机、终端、充电桩进行远程控制,实时记录充电、配电、电池维护等监控数据,异常现象声控报警,并通过通信口输出到监控系统;

(6)续驶里程估算。对电动汽车车载电池的电压、内阻检测及电量容量估算,实时评估电量信息,同时估算续驶里程,避免车主半途遭遇电量用完的尴尬,更方便用户出行;

(7)抗磁干扰。双绞屏蔽网络通信线,置于金属管中;超强滤波电路设计,严格执行通信协议,多重正确条件校验设置,全面差错校正;

(8)人机交互。触控数字液晶屏显示,语音提示,友好人机界面,显示RFID卡(选配)、1C卡卡号、计费单价、充电模式、充电电压、充电电流、已充电量、所剩余额、消费金额等,并打印单据。

3. 电动汽车传导式充电接口

电动汽车传导式充电接口适用于交流额定电压最大值为380V和直流额定电压最大值为600V的电动汽车。

国标规定了两种充电接口:一种是将交流供电电网连接到车载充电机上进行充电的"交流充电"接口;另一种是利用非车载充电机(充电桩)对电动汽车进行"直流充电"的接口。

各国家充电机采用的相关参数不同,我国采用标准单相220VAC,单相最大电流32A,三相380VAC,三相最大电流63A,针脚数量为7。

统一的电动汽车国家标准对插头和充电接口的材质、接触电阻、工作时额定电流、额定电压、插拔力、电气性能、防水等级、断开状态、充电状态、防松设置、及时断开等都做了规定。

1)交流充电接口

交流充电接口包含七个端子,交流充电接口插头和插座的各个端子布置方式如图12-25所示。

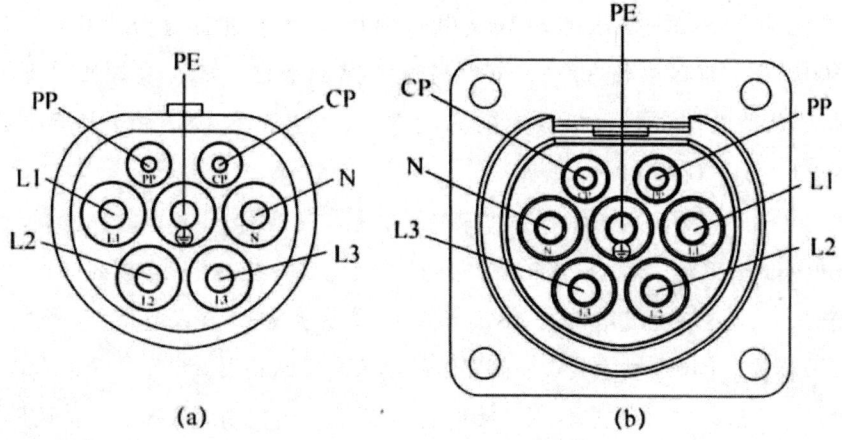

图 12-25 交流充电接口插头和插座的各个端子布置方式

（a）插头；（b）插座

图中：L1、L2、L3 为三相交流电、N 为中线、PE 为保护接地、CP 控制确认 1、PP 控制确认 2。

电动汽车充电模式有以下三种：

（1）充电模式 1。使用车载充电机对电动汽车进行充电时，充电电缆通过符合《GB2099.1—2008 家用和类似用途插头插座第 1 部分：通用要求》（以下简称 GB2099.1），要求的额定电流为 16A 的插头、插座与交流电网进行连接，其额定电压和额定电流应符合要求，单相 220V 交流，电流 16A，作为家用使用 GB2099.1 中额定电流为 16A 的标准插座连接交流电网。交流充电接口端子连接方式为 L1+N+PE+CP+PP。

（2）充电模式 2，包括三种模式，使用特定的供电设备为电动汽车提供交流电源。根据额定电压和额定电流的不同等级将充电模式具体分为以下三种：

①模式 2.1。采用单相 220V 交流，电流 32A，交流充电接口端子连接方式为 L1+N+PE+CP+PP；

②模式 2.2。三相 380V 交流、电流 32A，交流充电接口端子连接方式为 L1+L2+L3+N+PE+CP+PP；

③模式 2.3。三相 380V 交流、电流为 63A，交流充电接口端子连接方式为 L1+L2+L3+N+PE+CP+PP。

充电模式 2 作为商场、停车场等通过特定的供电设备为电动汽车提供交流电的充电方式。

（3）充电模式3。使用非车载充电机对电动汽车进行直流充电，其额定电压600VDC、额定电流300A，作为高速公路服务区、充电站等通过非车载充电机对电动汽车进行直流充电的充电方式，交流充电接口端子连接方式为L1+L2+L3+N+PE+CP+PP。

在充电插头的明显区域（如：锁紧装置的控制按钮表面）应有不同颜色来表示不同的充电模式。蓝色：充电模式1；黄色：充电模式2.1；橙色：充电模式2.2；红色：充电模式2.3；红色（与充电模式2.3有差别）：充电模式3。在供电装置一侧需安装漏电保护装置；建议在供电装置一侧安装手动或自动断路器。出于安全的考虑，在充电接口连接过程中，首先连接保护接地端子，最后连接控制确认端子。在脱开的过程中，首先断开控制确认端子，最后断开保护接地端子。

交流充电接口界面如图12-26所示。

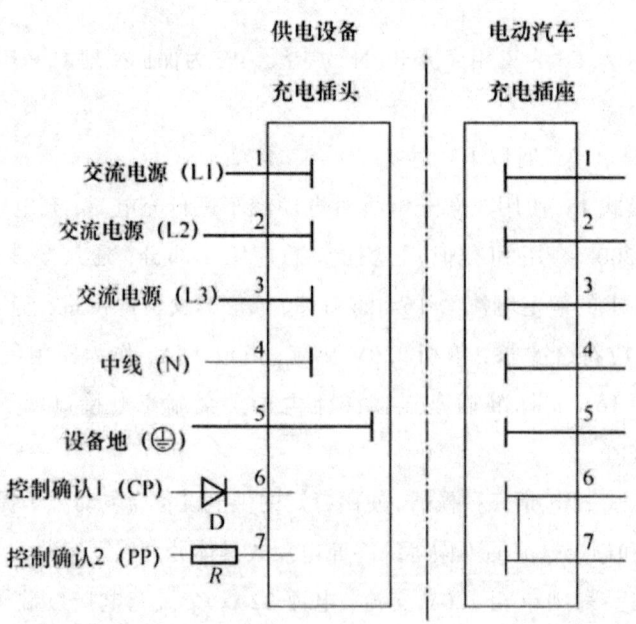

图12-26　交流充电接口界面

2）直流充电接口

直流充电接口包含八个端子，各个端子的布置方式如图12-27所示。各接口端子功能如下：DC+为直流电源正、DC-为直流电源负、PE为保护地端子（在连接时最先连接和最后断开）、S+为充电通信CAN-H、S-为充电通信CAN-L、三角号为充电CAN屏蔽、A+低压辅助电源正和A-低压辅助电源负为非车载充电机向电动汽车提供低压电源。

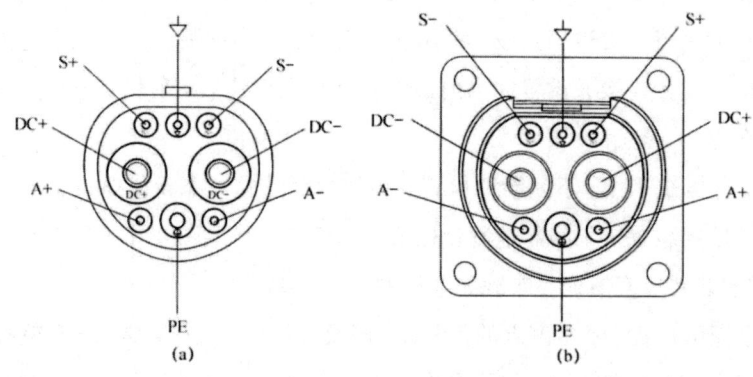

图 12-27　直流接口充电插头和充电插座端子布置方式

(a) 插头；(b) 插座

出于安全的考虑，在充电接口连接过程中，端子连接顺序为：保护接地—直流电源正与直流电源负—低压辅助电源正—低压辅助电源负—充电通信；在脱开的过程中则顺序相反。

电动汽车的车辆控制装置能够通过测量检测点的峰值电压判断充电插头与充电插座是否已充分连接。电流容量的判断是车辆控制装置通过测量检测点的电压值来确认充电电缆的额定电流，并通过判断该点的占空比确认当前供电设备能提供的最大电流值。电动汽车的车辆控制装置对供电设备、充电电缆及车载充电机电流值进行比较后，按照其中的最小电流值对电动汽车进行充电。

车辆控制装置对检测点信号的占空比进行不间断的监测。当接收的振荡信号占空比有变化时，车辆控制装置应实时调整车载充电机的输出功率。

在充电过程中，车辆控制装置不间断测量检测点的峰值电压或占空比，如果信号异常，车辆控制装置应立即关闭车载充电机的输出。供电设备在充电过程中不间断测量检测点（另一个）的峰值电压，如果信号异常则断开交流输出端的接触器或开关。

在供电设备无故障情况下，其内部开关为常闭状态。当使用充电电缆将供电设备与电动汽车连接完毕后，供电设备通过测量检测点（另一个）的峰值电压判断充电电缆是否连接完毕。当供电设备接收到起动信号（如刷卡等）后，闭合其交流输出端的接触器或开关，为电动汽车的车载充电机进行供电。

在电动汽车和供电设备建立电气连接后，车辆控制装置通过测量检测点的峰值电压，确认充电电缆的额定电流。车辆控制装置通过判断该点的占空比确认供电设备当前能够提供的最大充电电流值。车辆控制装置对供电设备、充电电缆及车载充电机的额定电流值三者进行比较，将其最小值设定为当前最大允许供电电流。当判断充电接口已充分连接并设置完当前最大允许充电电流后，车载充电机开始对电动汽车进行充电。

在整个充电过程中，不间断地检查充电接口的连接状态及供电设备的功率变化情况。车辆控制装置应不间断地测量检测点的峰值电压及占空比。当占空比有变化时，车辆控制装置应实时调整车载充电机的输出功率。

在整个充电过程中，检测点的信号（电压及占空比）出现异常时，车辆控制装置应立即关闭车载充电机输出，停止充电。供电设备在充电过程中不间断测量检测点（另一个）的峰值电压，如果信号异常则断开交流输出端的接触器或开关。

在充电模式1中，充电电缆上可配备占空比固定为20%的振荡电路装置来作为控制导引电路如果供电设备没有配备振荡电路装置，电动汽车在判断充电电缆完全连接后，可以按照充电模式1规定的额定电流进行充电，此过程交流供电装置一侧应安装手动或自动断路器。其判断步骤如下：

（1）用充电电缆将车载充电机连接到交流电网。

（2）车辆控制装置在初次上电后的一定时间内（如5s）没有接收到振荡器的振荡信号，闭合特殊模式开关S2后判断充电接口是否已完全连接（检测点电压小于2V/4V为已连接，等于12V/24V为未连接）。

（3）车辆控制装置判断充电接口已完全连接后，可控制车载充电机按照充电模式1规定的额定电流对电动汽车进行充电。

（4）车辆控制装置应在充电过程中不间断监测充电接口连接状态，一旦异常应立即关闭车载充电机。

直流充电接口带载插拔保护功能。在充电过程中，如果没有严格的保护控制措施，直流充电接口的带载插拔会对操作人员造成伤害。因此需要电动汽车的电池管理系统与非车载充电设备相互协调并在充电逻辑上加以控制，从而保证充电接口在插拔过程中不带负载。

保护原理是充电接口的插头分别设有相对应的通信端子、直流输出端子及低压辅助电源端子。拔开充电接口时，端子的断开顺序为：通信端子—低压辅助电源端子—直流输出端子。

电池管理系统（BMS）与非车载充电设备（充电桩）在充电过程中的控制逻辑顺序为：

（1）充电设备通过低压辅助电源端子向电动汽车的电池管理系统供电；

（2）电池管理系统与非车载充电设备进行通信；

（3）在完成通信阶段、配置阶段后，非车载充电设备开始对电动汽车进行充电；

（4）充电过程中，如果100ms内非车载充电设备没有收到电池管理系统周期发送的充电级别需求报文，非车载充电设备立即关闭输出；

（5）充电过程中，如果低压辅助电源端子断开，应有断路接触器切断直流充电回路。

4.充电设备

1）电动车充电机的分类

电动车充电机按安装方式不同可分为车载式和非车载式两种，分别采用相应的充电方式完成对车载蓄电池充电。车载充电机是指安装在电动车内部的充电机；非车载充电机是指安装在电动车外，与交流电网连接，并为电动车动力电池提供直流电能的充电机。充电站安装的非车载充电机还需具备计量计费功能。一般情况下，充电机应至少能为铅酸蓄电池、铁锂离子蓄电池、镍—氢蓄电池三种动力蓄电池中的一种进行充电。

电动车充电桩根据电流种类不同，可分为交流充电桩和直流充电桩两种。交流充电桩是安装在电动车外，与交流电网连接，为电动车车载充电机提供交流电源的供电装置，同时具备计量计费功能。直流充电桩是固定安装在电动车外、与交流电网连接，为电动车动力电池提供小功率直流电源的供电装置。直流充电桩具有充电机功能，可以实时监视并控制被充电蓄电池的状态，同时，直流充电桩可以对充电电量进行计量。

2）我国市场上常见的电动车充电机

（1）变压器降压式硅整流充电机（见图12-28）。电动车所用大容量牵引型铅酸蓄电池，与其配套的充电机大多采用硅整流充电机。硅整流充电机体积大、质量重，变压整流效率低，不易做到精确的电压、电流控制，比较笨重、低效，且保护措施少，致使在使用中，当输入电压偏低时，蓄电池充电不足；当输入电压偏高时，则会造成蓄电池过充电。在电动自行车上已不再使用此种充电机，但是，货运电动三轮车仍使用这种充电机，它的优点是输入电流大，故障率低，蓄电池充满电后自停，不易损坏蓄电池。

（2）开关电源式充电机（见图12-29）。

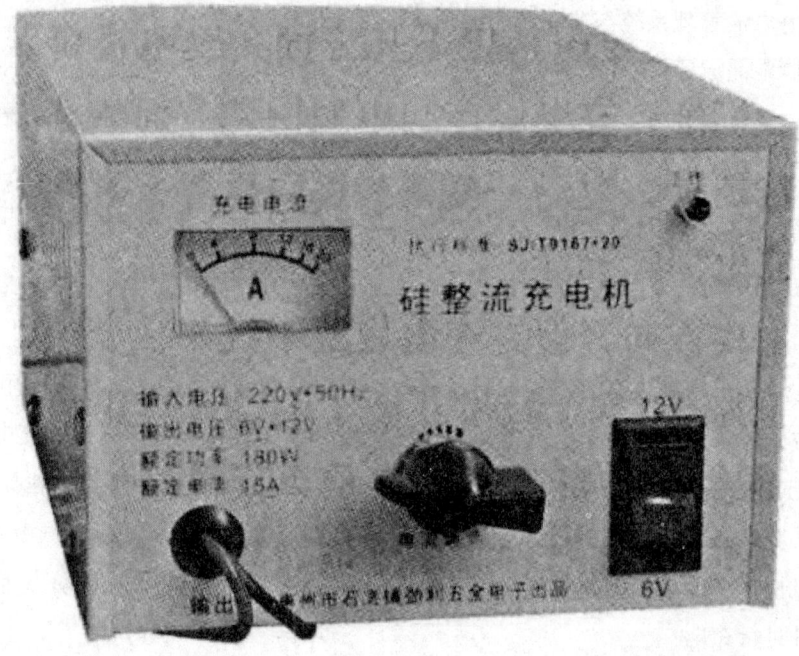

图 12-28 变压器降压式硅整流充电机

图 12-29 开关电源式充电机

开关电源式充电机以现代高频开关电源结构为主体,内置微电脑智能控制,能够实现快速、均衡、涓流浮充充电，充电速度快、精确可靠，该类型充电机内部采用国际先进的智能三段式充电技术，功能齐全，具有电量足、不过充、不欠充、不失水、延长蓄电池寿命的优点。但是，开关电源式充电机成本高，工作电流大，容易出现故障。

（3）脉冲式充电机（见图12-30）。数控脉冲式充电机的独特之处是采用了高频技术，微电脑芯片技术和交替正、负脉冲技术。采用微电脑芯片技术是为了及时采集蓄电池反馈的数据，并对数据进行分析，以进行充电状态的转换，保证了充电状态转换的准确性。采用正负脉冲技术是为了及时消除蓄电池的硫化及充电过程中的极化现象，通过停充和放电过程，让充电过程始终保持在较低极化状态下工作，因此，可以增大充电电流，缩短充电时间，通过及时消除极化，蓄电池在充电过程中的阻抗减小，蓄电池的充电接收能力大大增加，能保证蓄电池在较低的电压下充满电。采用高频技术是为了在充电和放电状态转换的瞬间产生快速的、陡峭的脉冲前后沿，极板上已经产生的硫酸铅结晶在陡峭的脉冲前后沿的冲击下，产生共振，使大的硫酸铅结晶变小，让极板活性物质得到及时恢复，因此，应用该模式进行充电能较好地解决充电过程中极板硫化和高电压电解水现象，同时也解决了蓄电池充电电流不能太大的局限，缩短了充电时间，从而有效延长了蓄电池使用寿命。脉冲式充电机不足之处是目前售价较高，因此，还没有被大多数厂家采用。

3）充电站

（1）标准充电站的组成。一般而言，完整的电动车充电站包括直接充电设备、配电设备、管理辅助设备三个部分。充电机、电能监控系统、有源滤波装置、充电桩是充电站建设过程中用得最多且相对独立的电力设备，其中充电机、充电桩等直接充电设备是充电站的核心，一般占充电站成本的50%左右。电动车充电站如图12-31所示。

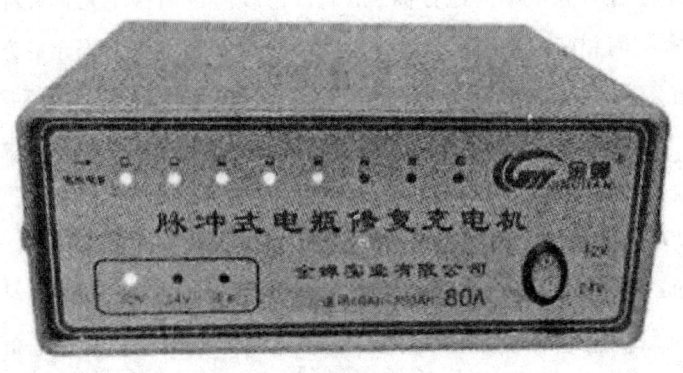

图12-30　脉冲式充电机

图 12-31 电动车充电站

（2）充电站标准。与电动车充电设施相关的标准主要包括以下几方面：充电接口及通信协议标准；充电站建设、运行标准；换电站建设标准；充电设施与电网协调方面的标准。

在国际市场，通用汽车、大众汽车、福特、戴姆勒、宝马、奥迪和保时捷等七家欧美汽车巨头已达成一致，同意在欧美共同建立电动车充电国际标准。

目前，我国新能源汽车已确定了以电动车为主攻方向，但是充电设施不统一，全国很多资源都出现了浪费现象。据悉，我国已在北京、上海等25个城市开展了电动车应用示范工作，出台了支持鼓励政策。2010年1月，国家标准委员会发布了《电动车充电站的通用要求》。地方政府和各能源集团也制定了相关标准，深圳、上海、江苏等地纷纷制定了各自充电站的地方标准，北京市政府也出台了北京首部电动车充电站标准。国家电网和南方电网根据各自的实际情况制定了电动车充电方面的相关标准。目前，国家电网制定的充电站标准有望升级为国家标准。因为电动车起步较晚，充电站建设还处于示范阶段，目前市场上有影响力的厂家还比较少，规模较大的供应商包括比亚迪、许继电气、奥特迅、国电南瑞、动力源、珠海泰坦等。据有关专家预测，我国电动车标准进入实施阶段后，将为我国电动车的推广铺平道路。

（3）电动车快速充电站。电动车快速充电站是一种"加电"设备，是一种高效率的充电机，可以快速地给电动车等充电，国家电网建成的电动车充电桩即为快速充电站的一种，如图12-32所示。电动车快速充电站可以像汽车加油站一样，在沿街商店、超市、停车场、小区门卫、报刊亭旁等处设置。电动车快速充电站是一种类似于手机快速充电的设备,具有较好的去硫化效果,可对蓄电池首先激活,然后进行维护式快速充电,具有定时、充满自停、电脑语音、自动识别电压、自动识别极性、多重保护等功能,配套万能输出接口,可实现对所有电动车的快速充电。电动车快速充电站目前在市场上有投币式和刷卡式两种。

公用超快充电站是纯电动车商业化的基础设施,只有将它完善到位,才能使其实现良好的商业化动作,反之则是它的短板,受其制约和影响,欧洲、美国电动车的商业实践充分说明了这点;另外,充电机与车载蓄电池的电缆插接器必须规范,形成蓄电池品种、电压分挡、功率大小等诸要素的一致,否则纯电动车与公用超快充电站无法对接。

图 12-32　国家电网建成的电动车充电桩

任务三　蓄电池的维修

为了判断蓄电池的技术状况，需进行蓄电池的性能检测。当蓄电池硫化严重时可以进行修复。蓄电池的常见故障很多，主要有热失控、漏液、充不进电、自放电、内部短路、断格、电池组不均衡、电解液缺液、电解液发黑、外形鼓包、极板硫化等，这些故障均有一定的外观表现，通过这些表现来判定故障类型后，即可制订维修方案，并根据具体故障原因，提出防止出现各类故障的措施。

本任务重点学习蓄电池性能检测及故障诊断与排除方法。

▶ 一、蓄电池的种类

1. 碱性电池

1）镍—镉（Ni-Cd）电池

镍—镉电池是混合动力汽车首选电池之一。镍—镉电池的比能量可达到 55W·h/kg，比功率可超过 225W/kg。极板强度高，工作电压平稳，能够带电充电，并可以快速充电。

镍—镉电池过充电和过放电性能好，有高倍率的放电特性，瞬时脉冲放电率很大，深度放电性能也好。循环使用寿命长，可达到 2000 次或 7 年以上，是铅酸电池的 2 倍。采用全封闭外壳，可以在真空环境中正常工作。低温性能较好，能够长时间存放。

（1）镍—镉电池的工作原理。镍—镉电池是以羟基氢氧化镍为正极，金属镉为负极，水溶性氧化钾溶液为电解质，在镍—镉电池充电和放电的化学反应过程中，电解液基本上不会被消耗。为了提高寿命和改善高温性能，通常在电解液中加入氧化锂。

（2）镍—镉电池的构造。镍—镉电池的每个单体电池都是由正极板、负极板和装在正极板和负极板之间的隔板组成，如图 12-33 所示。将单体电池按不同的组合装置在不同塑料外壳中，可得到所需要的不同电压和不同容量的镍—镉电池总成（电池组），市场上有多种不同型号规格的镍—镉电池总成可供选择。在灌装电解液并经过充电后，就可以从电池的接线柱上引出电流。图 12-34 所示为镍-镉电池的外形。

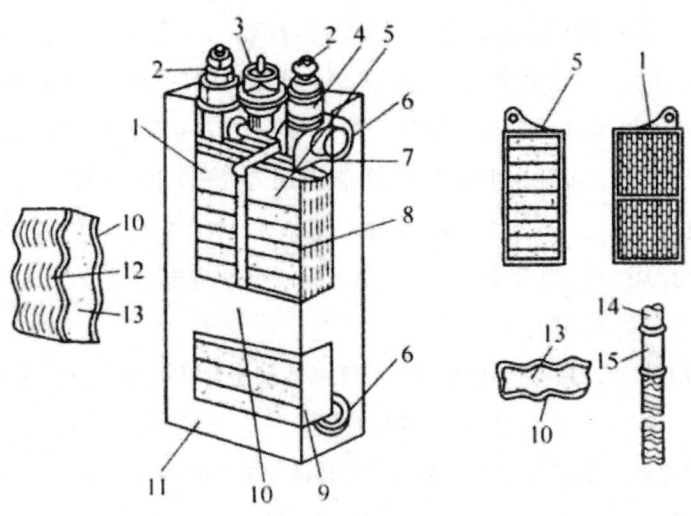

图 12-33　镍－镉电池的基本构造

1—正极板；2—接线柱；3—加液口盖；4—绝缘帽；5—负极板；6—吊架；
7—单体电池连接条；8—极板骨架；9—绝缘层；10—镀镍薄钢板；11—壳体；
12—通孔；13—活性物质；14—正极板导管；15—氢氧化镍

（3）镍—镉电池的特点。镍—镉电池的工作电压较低，单体电池的标称电压为 12V，比能量为 55W•h/kg，比功率可以超过 225W/kg，循环使用寿命 2000 次以上。可以进行快速充电，充电 15min 时恢复 50% 的容量，充电 1h 可恢复 100% 的容量，但一般情况下完全充电需要 6h。深放电达 100%，自放电率低于 0.5%/ 天。可以在 -40℃ ~80℃ 的环境温度条件下正常工作。快速充电能力强，充电 18min 即可从 40% 达到 80% 容量。

图 12-34　镍－镉电池的外形

镍—镉电池有记忆效应,镍—镉电池中采用的镉(Cd)是一种有害的重金属,在电池报废后必须进行有效回收,这在国外已能实现。镍-镉电池的成本约为铅酸电池的4~5倍,初始购置费用较高,但镍—镉电池的比能量和循环使用寿命都大大高于铅酸电池,因此,在电动汽车实际使用时,总的费用不会超过铅酸电池的费用。由于镍—镉电池使用性能比铅酸电池好,在混合动力汽车上得到广泛应用克莱斯勒公司的TE面包车、标致106型混合动力汽车、雪铁龙AX-EV以及日本本田汽车公司、日产汽车公司等生产的混合动力汽车上都采用了镍—镉电池。

2)镍—氢(Ni-MH)电池

镍—氢电池是一种碱性电池,镍—氢电池的标称电压为12V,比能量可达到70~80W·h/kg,有利于延长电动汽车的行驶里程。比功率可达到200W/kg,是铅酸电池的两倍,能够提高车辆的起动性能和加速性能。有高倍率的放电特性,短时间可以以3C放电,瞬时脉冲放电率很大。镍—氢电池的过充电和过放电性能好,能够带电充电,并以快速充电,在15min内可充60%的容量,1h内可以完全充满,应急补充充电的时间短。在80%的放电深度下,循环寿命可达到1000次以上,是铅酸电池的三倍。采用全封闭外壳,可以在真空环境中正常工作。低温性能较好,能够长时间存放。镍-氢电池中没有Ph和Cd等重金属元素,不会对环境造成污染,镍-氢电池可以随充随放,不会出现其他电池在没有放完电后即充电而产生的"记忆效应"。

(1)镍—氢电池的工作原理。如图12-35所示,镍—氢电池的正极,是球状氢氧化镍粉末与添加剂、塑料和黏合剂等制成的涂膏,用自动涂膏机涂在正极板上,然后经过干燥处理成发泡的氢氧化镍正极板。在正极材料$Ni(OH)_2$中添加Ca、Co、Zn或稀土元素,对稳定电极的性能有明显的改进。采用高分子材料作为黏合剂或用挤压和轧制成的泡沫镍电极,并采用镍粉、石墨等作为导电剂时,可以提高大电流时的放电性能。

镍—氢电池负极的关键技术是储氢合金,要求储氢合金能够稳定地经受反复的储气和放气的循环。储氢合金是一种允许氢原子进入或分离的多金属合金的晶格基块,用钛—钒—锆—镍—铬(Ti-V-Zr-Ni-Cr)五种基本元素,并与钴、锰等金属元素烧结的合金,经过加氢、粉碎、成形和烧结成负极板。储氢合金的种类和性能,对镍—氢电池的性能有直接的影响。负极在充电或放电过程中既不溶解,也不结晶,电极不会有结构性的变化,在保持自身化学功能的同时,还保证本身的机械坚固性。储氢合金一般需要进行热处理和表面处理,以增加储氢合金的防腐性能,这有利于提高镍—氢电池的比能量、比功率和使用寿命。

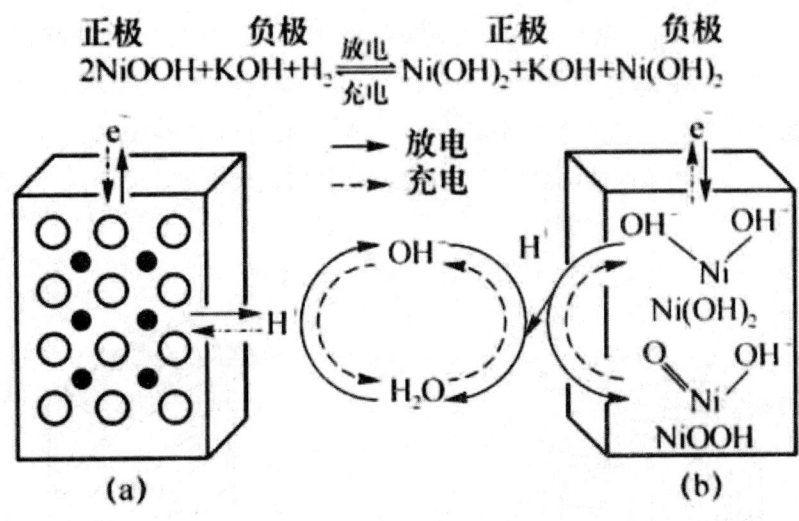

图 12-35 镍－氢电池在碱性电解液中进行反应
（a）储氢合金载体负极；（b）镍正电极
○—储氢合金载体；·—H_2

电解质是水溶性氢氧化钾和氢氧化锂的混合物。当电池充电过程中，水在电解质溶液中分解为氢离子和氢氧离子，氢离子被负极吸收，负极从金属转化为金属氢化物。在放电过程中，氢离子离开了负极，氢氧离子离开了正极，氢离子和氢氧离子在电解质氢氧化钾中结合成水并释放电能。

（2）镍—氢电池的构造。镍—氢电池正极是活性物质氢氧化镍 $Ni(OH)_2$，负极是储氢合金，用氢氧化钾作为电解质，在正负极之间有隔膜，共同组成镍-氢单体电池，在金属铂的催化作用下，完成充电和放电的可逆反应镍—氢电池的特性与镍—镉电池基本相同，但氢气是没有毒性的物质，无污染，安全可靠，使用寿命长，而且不需要补充水分。

镍—氢电池的极板有发泡体和烧结体两种，发泡体极板的镍—氢电池在出厂前必须进行预充电，且放电电压不能低于 0.9V，工作电压也不太稳定，特别是在存放一段时间后，会有近 20% 的电荷流失，老化现象比较严重，为避免发泡镍—氢电池老化所造成的内阻增高，镍—氢电池在出厂前必须进行预充电。经过改进的镍—氢电池的烧结体极板本身就是活性物质，不需要进行活性处理也不需要进行预充电，电压平衡、稳定，具有低温放电性能好、不易老化和寿命长的优点。

镍—氢电池的基本单元是单体电池，每个单体电池都由正极板、负极板和装在正极板和负极板之间的隔板组成,其外形有圆形和方形两种,如图 12-36 所示。每节电池的额定电压为 13.2V(充电时最大电压 16.0V),然后将电池按使用要求组合成不同电压和不同容量的镍-氢电池总成(电池组),如图 12-37 所示,该种镍—氢电池比能量达到 70W·h/kg,能量密度达到 165W·h/L,比功率在 50% 的放电深度下为 220W/kg,在 80% 的放电深度下为 200W/kg。可以大幅提高混合动力汽车的动力性能。

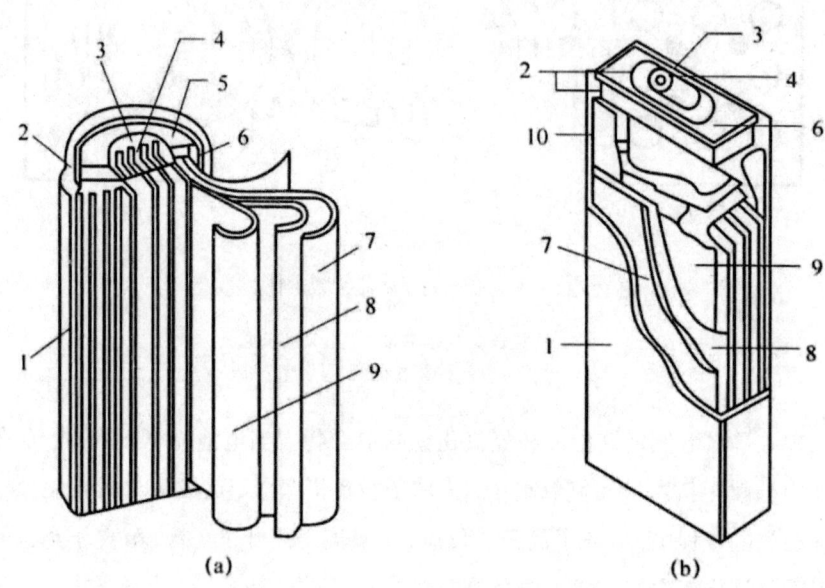

图 12-36 镍-氢单体电池的基本构造

(a)圆形电池; (b)方形电池

1—盒子(一); 2—绝缘衬垫; 3—盖帽(+); 4—安全排气口; 5—封盘;
6—绝缘圈; 7—负极; 8—隔膜; 9—正极; 10—绝缘体

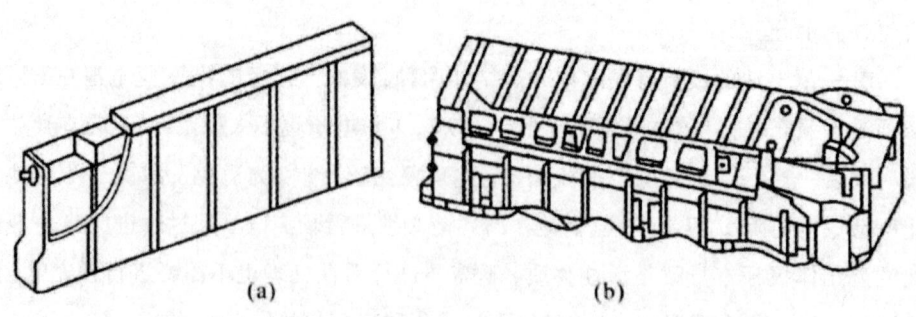

图 12-37 镍-氢电池总成

(a)电池组; (b)电池盒

（3）镍-氢电池的充、放电特性。

①放电特性。D型镍-氢电池（六个单体电池组件）放电时，2C功率输出时的质量比功率可达到600W/kg以上，3C功率输出时的质量比功率可达到500W/kg以上，深度放电范围内质量比功率的变化比较平稳，对混合动力汽车的动力性能控制十分有利，电池的寿命可以达到10万km以上。

②充电特性。D型镍—氢电池的充电接收性很好，充电效率几乎达到100%，能够有效地接收混合动力汽车在制动时反馈的电能；另外，由于能量损耗较小，镍—氢电池的发热量被抑制在最小的极限范围内，可以有效地控制剩余电量，并用电流来显示电池的剩余电量。

③寿命。混合动力汽车动力电池组经常处于充电、放电状态，而且充电、放电是不规则进行的，这对电池的寿命带来严重的影响。松下电池公司用模拟混合动力汽车行驶T.况对镍-氢电池进行仿真试验，证实镍-氢电池的特性几乎不发生变化，镍—氢电池用于混合动力汽车是比较合适的。

镍—氢电池的成本很高，达600~800美元/（kW·h）。不同的储氢合金具有不同的储存氢能力，价格也不相同。我国自行研制了稀土系的储氢合金，已达到世界水平，为我国生产镍—氢电池提供了有利条件。目前高档电动汽车多采用镍-氢电池或锂离子电池。

本田Insight镍—氢电池组如图12-38所示。本田新Insight的电池系统是原电动汽车电池改良而成的，电池组置于行李舱底板，由120颗松下1.2V镍—氢电池组成，串联合计电压为144V，支持电流输入50A，输出100A，系统限制可用4A·h，以延长电池寿命。新Insight搭载1.3L发动机。本田研发的经济油耗驾驶辅助系统能够有效提高燃油经济性，起步和加速时电动系统自动调节功率输出，从而实现混合动力模式百公里理想油耗为4.34L，二氧化碳排放量低于100g/km。纯电动模式下，该车能达到50km/h，适合城市路况。

图12-39所示为普锐斯汽车的镍-氢电池组，重53.3kg，由28组松下棱柱镍—氢电池模块构成，每个模块又分别载有6个1.2V电池，总计168个电池，串联标称电压合计201.6V，比上一代的38组228个电池有所减少。

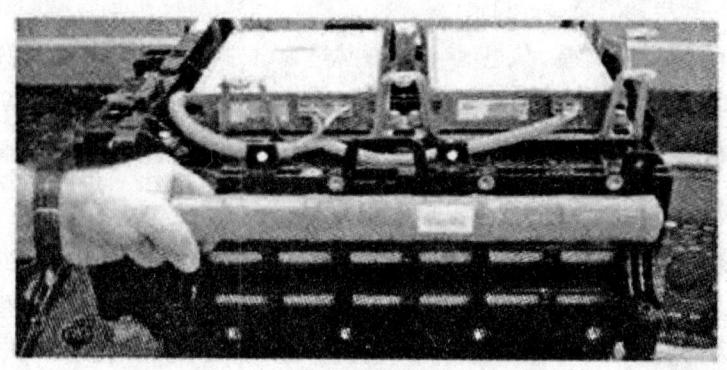

图 12-38　本田 Insight 镍-氢电池组

图 12-39　普锐斯汽车的镍-氢电池组

镍—氢电池用于电动汽车,主要优点是:起动加速性能好,一次充电后的行驶里程较长,不会对周围环境造成污染,易维护,快速补充充电时间短。

镍—氢电池在充电过程中容易发热,发热产生的高温会对镍—氢电池产生负面影响。高温状态下,正极板的充电效率变差,并加速正极板的氧化,使电池的寿命缩短。镍—氢电池在充电后期,会产生大量的氧气,在高温的环境条件下,将加速负极储氢合金氧化,并使储氢合金平衡压力增加,使储氢合金的储氢量减少而降低镍—氢电池的性能。尼龙无纺布隔膜在高温的作用下,会发生降解和氧化。尼龙无纺布隔膜发生降解时,产生氨根离子和硝酸根离子,加速了镍—氢电池的自放电。尼龙无纺布隔膜发生氧化时,氧化成碳酸根,使镍—氢电池的内阻增加。在镍—氢电池充电的过程中,电池温度迅速升高,会使充电效率降低,并产生大量氧气,如果安全阀不能及时开启,会有发生爆炸的危险。

在镍—氢电池的制造技术上进行一些改进,例如:正极板采用多极板技术,负极板采用端面焊接技术,在电解液中适当加入 LiOH 和 NaOH,采用抗氧化能力强的聚丙烯毡作隔膜等,可以有效地提高镍-氢电池耐高温能力。在镍—氢动力电池组的单体镍-氢电池之间,加大散热间隙,采取有效的散热措施和建立自动热管理系统,以保证镍-氢电池正常工作并延长使用寿命。

3)锂离子电池

锂离子电池具有极高性能优势,是未来动力蓄电池发展的必然方向。相对传统的铅酸电池以及镍-氢和镍-镉电池而言,锂离子电池的历史很短。

(1)普通锂离子电池的特点。单体电池工作电压高达 3.7V,是镍—镉电池、镍—氢电池的三倍,铅酸电池的二倍;重量轻,比能量大,高达 150W•h/kg,是镍—氢电池的二倍,铅酸电池的四倍,因此重量是相同能量的铅酸电池的 1/3~1/4;体积小,高达到 400W•h/L,体积是铅酸电池的 1/3~1/2。提供了更合理的结构和更美观的外形设计条件、设计空间和可能性;循环寿命长,循环次数可达 1000 次。以容量保持 60% 计,电池组 100% 充放电循环次数可以达到 600 次以上,使用年限可达 3~5 年,寿命为铅酸电池的 2~3 倍;自放电率低,每月不到 5%;允许工作温度范围宽,低温性能好,锂离子电池可在 -20℃~55℃之间工作;无记忆效应,所以每次充电前不必像镍—镉电池、镍—氢电池一样需要放电,可以随时随地进行充电。电池充放电深度,对电池的寿命影响不大,可以全充全放;无污染,锂电池中不存在有毒物质,因此被称为"绿色电池",而铅酸电池和镍—镉电池由于存在有害物质铅和镉,环境污染问题严重。

(2)锂离子电池的结构原理,磷酸铁锂($LiFePO_4$)动力电池虽在 2002 年出现,但从目前各种锂离子电池的性能对比可以看出,磷酸铁锂电池是目前最适合用于电动汽车产业化运用的锂离子电池,中国汽车技术发展报告(2014—2015)中的数据显示,2013 年磷酸铁锂电池装车总容量为 82.1 万 kWh,占各类型电池装车总量的 95%。磷酸铁锂电池有以下特点:

①高效率输出。标准放电为 2C~5C、连续高电流放电可达 10C,瞬间脉冲放电(10s)可达 20C;

②高温时性能良好。外部温度 65℃时内部温度则高达 95℃,电池放电结束时温度可达 160T;

③电池的安全性好。即使电池内部或外部受到伤害,电池不燃烧、不爆炸,安全性好;

④经 500 次循环,其放电容量仍大于 95%。

$LiFePO_4$ 电池的结构与工作原理如图 12-40 所示。$LiFePO_4$ 作为电池的正极,由铝箔与电池正极接线柱连接,中间是聚合物的隔膜,它把正极与负极隔开,锂离子

（Li⁺）可以通过而电子（e-）不能通过，由碳（石墨）组成的电池负极，由铜箔与电池的负极接线柱连接。电池的上下端之间是电池的电解质，电池由金属外壳密闭封装。

LiFePO₄电池在充电时，正极中的锂离子通过聚合物隔膜向负极迁移；在放电过程中，负极中的锂离子通过隔膜向正极迁移，锂离子电池就是因锂离子在充放电时来回迁移而命名的。

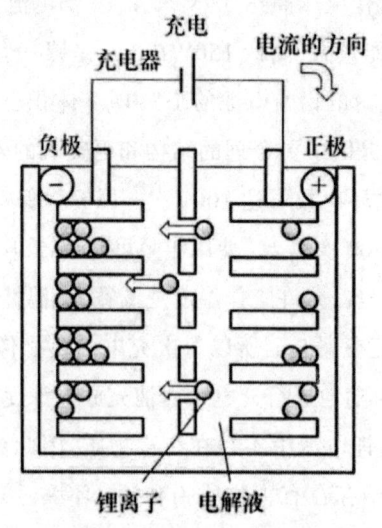

图 12-40　LiFePO4 电池的结构与工作原理

锂离子电池内部主要由正极、负极、电解质及隔离膜组成，正负极及电解质材料上不同工艺上的差异使电池有不同的性能，尤其是正极材料对电池的性能影响最大。

锂离子电池有方形和圆柱形两种，如图 12-41 和图 12-42 所示。

锂离子电池根据所采用的电解质材料可分为液态电池和聚合物电池两种。

液态锂离子电池的负极材料采用碳材料，主要有石墨、微珠碳、石油焦、碳纤维、裂解聚合和裂解碳等；正极材料主要有 $LiCoO_2$、$LiNiO_2$、$LiMn_2O_4$ 等，其中 $LiCoO_2$ 应用较为广泛，其可逆性、放电容量、充放电率、电压稳定性等性能均很好。电解质为液态，其溶剂为无水有机物。隔膜采用聚烯类多孔膜，如 PE、PP 或复合膜。外壳采用钢或铝材料，盖体组件具有防焊断电的功能。

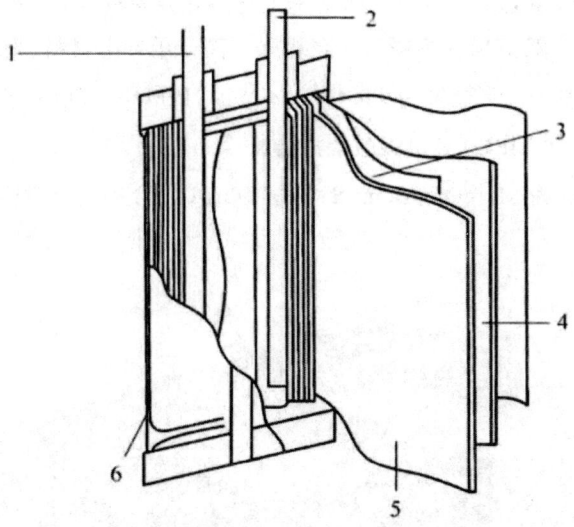

图 12—41　方形锂离子电池

1—负极端子；2—正极端子；3—隔膜；
4—负极板；5—正极板；6—外壳

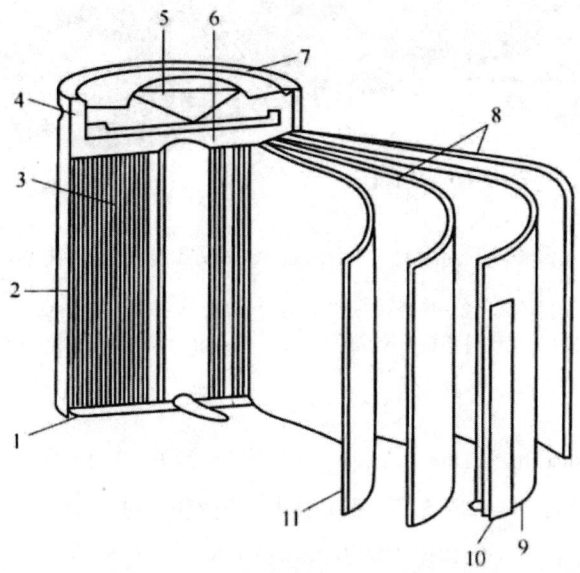

图 12—42　圆柱形锂离子电池

1—绝缘体；2—负极柱；3—绝缘体；4—密封圈；
5—顶盒；6—正极；7—安全排气阀；8—隔膜；
9—负极；10—负极板；11—正极

聚合物锂离子电池又称为高分子锂电池，属第二代锂离子电池。聚合物锂离子电池由多层薄膜组成，第一层为金属箔集电极；第二层为负极；第三层为固体电解质，第四层为正极；第五层为绝缘层。负极采用高分子导电材料、聚乙炔、人造石墨、聚苯胺或聚对苯酚等。正极采用$LiCOO_2$、$LiNiO_2$、$LiMn_2O_4$和$Li(CFSO_2)_2$等，电解质为胶体电解质，如$LiPF_6$、有机碳酸酯混合物等。

图12-43所示为MercedesBenz S 400 Hybrid混合动力车型应用的锂离子蓄电池。

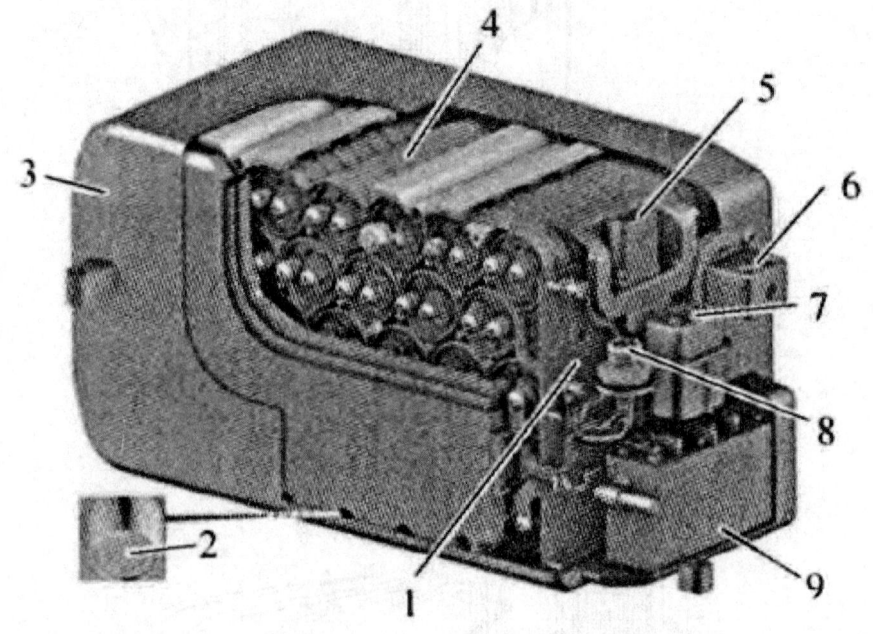

图12-43　MercedesBenz S 400 Hybrid混合动力车型应用的锂离子蓄电池

1—电池管理控制单元；2—保险；3—高压电池模块；4—锂离子电池；5—12V插头；6—制冷剂管路接7—功率控制器和电控压缩机管路；8—DC/DC转换器电源插座；9—防护开关

4）钠硫电池

钠硫电池（Sodium-Sulfur Battery）是美国福特（Ford）公司于1967年首先发明公布的，其比能量高，可大电流、高功率放电 3 钠硫电池是以Na-p-氧化铝为电解质和隔膜，并分别以金属钠和多硫化钠为负极和正极的二次电池。

钠硫电池的工作原理如图12-44所示，以固体电解质Na-p-氧化铝为电解质，熔融硫和钠分别作正负极。正是因为钠硫电池采用的材料特殊，所以能连续充电近两万次，也就是说相当于近60年的使用寿命，且终生不用维修，不排放任何有害物质，也无二次污染公害,这是别的电池无法达到的。钠硫电池是靠电子转移而再生能量,所以它充电时间相当短暂,一次充电可运行10~11h,它经热反应后所产生的理论能量密度为786W·h/kg,实际能量密度为300W·h/kg,这约是铅酸电池的10倍,镍—氢电池的四倍,锂电池的三倍。

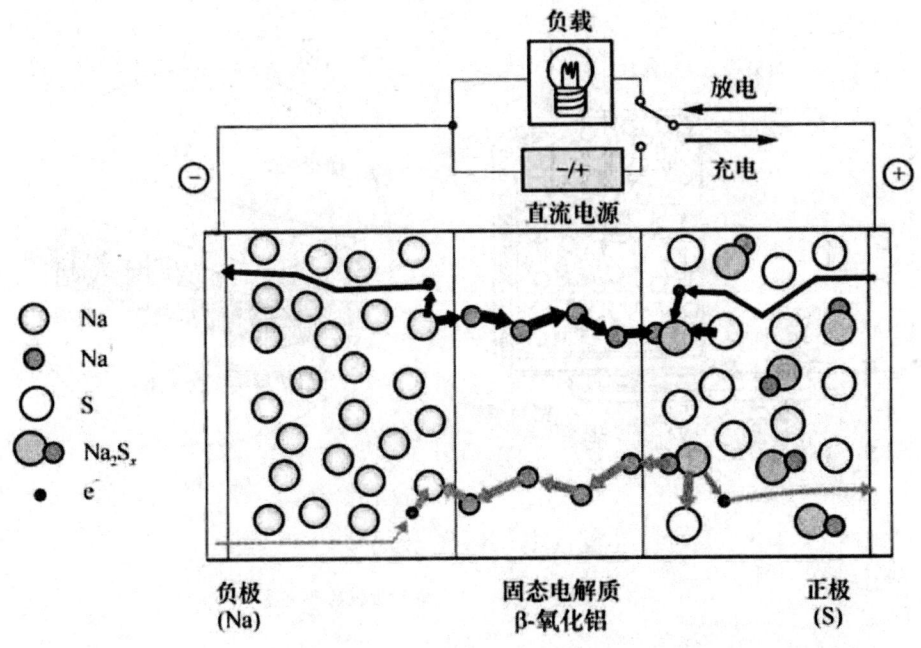

图12-44 钠硫电池的工作原理

该电池最大的特点是:比能量高,是铅酸电池的3~4倍;可大电流、高功率放电;充放电效率几乎高达100%,但钠硫电池的不足之处是其工作温度在300℃~350℃,需要一定的加热保温;另外过充时很危险。

5)空气电池

所谓"空气电池",是指用氧气作正极的活性物质,常用金属作负极的活性物质的一种电池,它的电解质为碱性(KOH)。因为作负极的金属材料可选性很多,所以空气电池的种类也很多,一般以选作负极材料的金属名为电池名的第一个字,后面加空气电池即为电池名,如用锌作负极的空气电池即叫"锌空气电池",用铝作负极材料的称为"铝空气电池"。因为锌材料易得,价格不高,故锌空气电池产品较多。

(1)锌空气电池的结构。锌空气电池的结构如图12-45所示。其中图12-45(b)为空气极板的放大图,由该图可知,空气极板由四层组成:一层为隔离层;表面改性的活性炭或炭黑材料;三层为集电层;用导电没好的金属网和塑料制成;四层为空气扩散层,用纤维素作扩散纸。催化剂层和空气扩散层之间有用聚四氟乙烯树脂做的含水层,成品的锌空气电池由一组单体电池串联而成。车载锌空气动力电池组还包括空气流通保障系统和电池组热管理系统,确保动力电池组能够长期稳定运转。空气流通保障系统调节进入锌空气电池负极的空气量,当不使用电池时可以自动切断空气。热管理系统主要是用来保证锌空气电池组能够可靠工作。

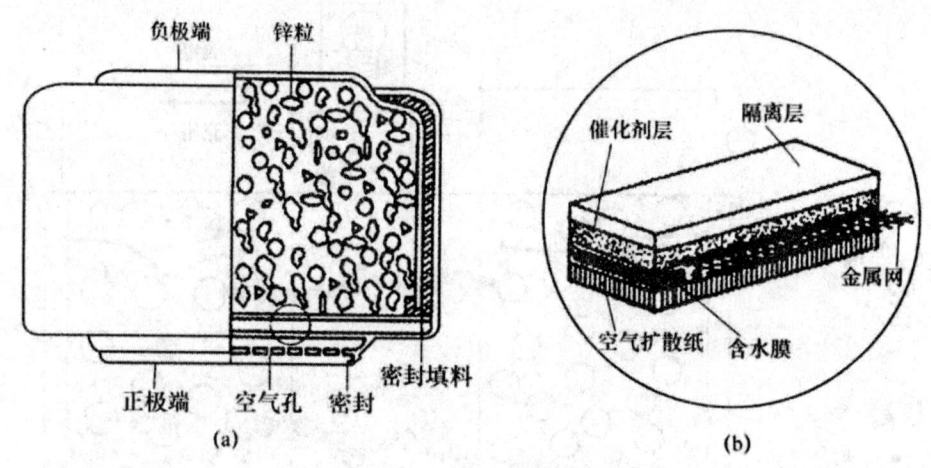

图 12-45 锌空气电池的结构
（a）锌空气电池；（b）空气极板的放大图

锌空气电池的"充电"和其他电池的概念不一样,这里的"充电",就是把已经发生过化学反应生成氧化锌的锌粒清除出来,重新填入锌粒而已,方法简单,时间不长。车载锌空气动力电池组通常采用机械式充电模式,即用变换锌板或锌粒电解质的办法。更换下来的氧化锌在专门的工厂进行回收和处理,实现锌的再循环。这种特殊的"充电"一般换一次仅需数分钟时间,如更换一块 20kg 的电池块仅需 1 分 40 秒,因此,只需在公路沿线设置锌板或锌粒匣以及电解质容器匣的机械式整体更换站,其效果如同现在内燃机汽车的加油站,可为车主提供很大的便利。

（2）锌空气电池的工作原理。锌空气电池以锌（Zn）为负极,以氧气为正极,以氢氧化钾（KOH）溶液为电解质。锌空气电池的化学反应与普通碱性电池类似,在特殊催化剂的作用下,当电池放电时,锌摄取输送炭块内从空气中吸附到的氧气,锌和氧气发生化学反应生成氧化锌（ZnO）,并在负载电路中形成电流。

锌空气电池的特点是:正、负极之间发生的化学反应是不可逆的,不像其他形式的碱性电池,没有充电过程,反应过的物质要清除掉,所以锌金属的消耗量较大。锌空气电池的工作电压为 1.1~1.4V。

（3）锌空气电池的特点：

①比能量大，锌空气电池的理论比能量为 1350W·h/kg，目前常用的锌空气电池的比能量为 180~230W•h/kg；能量密度为 230W•h/L；

②采用机械充电模式，充电时间只需几分钟；

③性能稳定，单电池有良好的一致性，可以深度放电，电池容量不受放电强度和温度的影响，可以在 -201~80T 的环境条件下工作。放电时不产生压力，没有气体生成，可以实现密封，免维护，便于电池组能量管理；

④安全性好，锌可以再生使用，制造成本低。

同时，锌空气电池也存在不足。锌空气电池对水分、二氧化碳非常敏感，如果湿度相对发生变化，电池的特性也会发生相应变化。锌空气电池的临界相对湿度约为60%，如果偏离过高就会严重影响电池的使用效果。经研究，如果湿度小于60%，电池会失去水分，大于60%时水分又会过多，电池可能出现泄漏。随空气进入的二氧化碳将会与电解质 KOH 发生化学反应，使电解液酸化，生成碳酸（或亚碳酸）盐在电极上结晶，负极会受到损坏，并会有堵塞空气通路的危险。

2.物理电池

物理电池和化学电池最大的不同点在于，其储存能量、释放能量时不发生化学变化。目前，电动汽车常用的物理电池主要有超级电容器和飞轮电池两种。

1）超级电容器

（1）超级电容器的结构原理。

电容器是一种电荷的储存装置，当电源的电压作用在电容器的两端时，电源的电荷就储存在电容器中。利用电容器的这一特性在电动汽车上进行储能，可以提供车辆行驶时所需的电能。

超级电容器也称为"电化学电容器""双电层电容器"，是一种新型储能装置，可以在大电流下快速充放电，提供很大的瞬时充放电功率，循环寿命长，工作电压和温度范围宽。

超级电容器的储能方式与传统电容器不同，传统电容器由电极和电介质构成，电极间的电介质在电场作用下产生极化效应而存储能量，而电化学电容器则不存在介质，它依靠电解质与电极接触界面上形成的特有双电层结构储存能量。电化学电容器的电容量远大于传统电容器，达到 10^3~10^4F。

德国物理学家亥姆霍兹（Helmhollz）在进行固体与液体界面现象的研究中发现，

当导体电极插入电解液中时,导体电极即与电解液接触,由于库仑力、分子间作用力(范德华力)或原子间作用力(共价力)的作用,其表面上的净电荷将从溶液中吸引部分不规则分配的带异种电荷的离子,使它们在电极/电解质溶液界面的溶液一侧,距电极一定距离排成一排,形成一个电荷数量与电极表面剩余电荷数量相等而符号相反的界面层,从而形成一层在电极上,另一层在溶液中的两个电荷层,称为"双电层",图12-46所示为双电层电容器的电荷及电位分布。由于界面上存在一个位垒,两层电荷都不能越过边界彼此中和。双电层结构将形成一个平板电容器。

超级电容器的结构如图12-47所示。多孔化电极采用活性炭粉、活性炭或活性炭纤维,电解液采用有机电解质。多孔性的活性炭有极大的表面积,在电解液中吸附着电荷,因而具有极大的电容量,并可以存储很大的静电能量。双电层电容器的充放电过程始终是物理过程,没有化学反应,因此性能是稳定的,与利用化学反应的蓄电池是不同的。

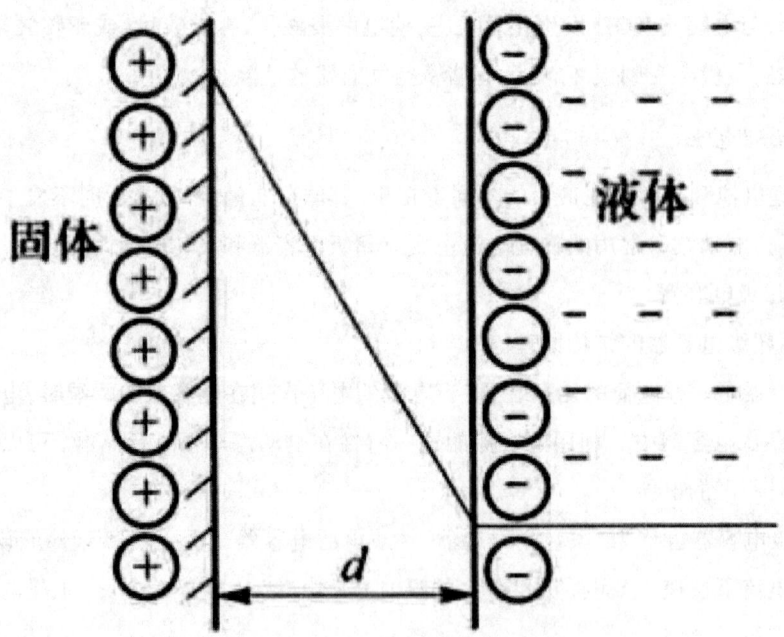

图12-46 双电层电容器的电荷及电位分布

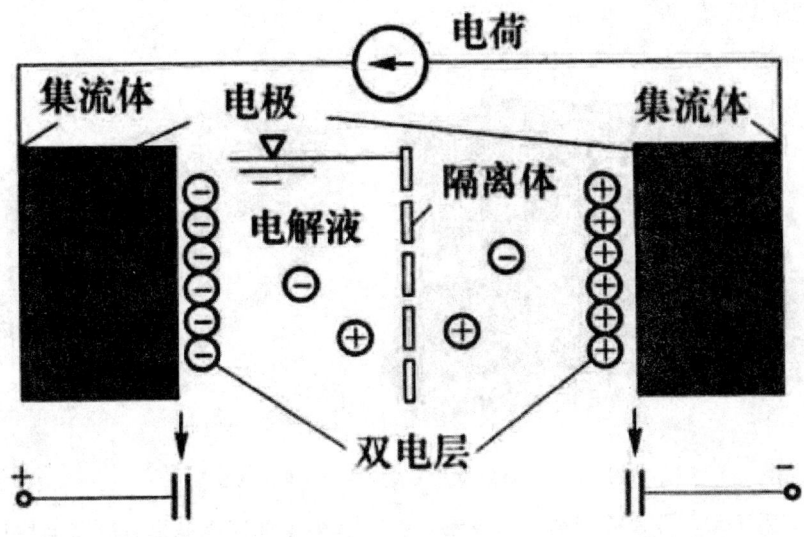

图 12-47 超级电容器的结构

目前主要的双层结构超级电容器主要有碳电极双层电容器、金属氧化物电极双层电容器和有机聚合物电极双层电容器,但是由于金属氧化物(氧化钌)电极电容价格高昂,有二次污染等因素,目前主要用于军事领域;有机聚合物技术尚未成熟,因此在电动汽车上广泛使用的主要是碳电极双层电容器。碳电极双层电容器的表面积基于多孔碳材料,该材料的多孔结构允许其表面积达到 $2000m^2/g$,通过一些措施还可以实现更大的表面积。碳电极双层电容器电荷分离开的距离是由被吸引到带电极的电解质离子尺寸决定的,该距离比传统电容器薄膜材料所能实现的距离更小。这种庞大的表面积再加上非常小的电荷分离距离使得超级电容器较传统电容器而言有巨大的静电容量。超级电容器中,多孔化电极采用的是活性炭粉或活性炭或活性炭纤维,电解液采用有机电解质,如丙烯碳酸酯或高氯酸四乙氨等。工作时,在可极化电极和电解质溶液之间界面上形成双电层中聚集电容量,其多孔化电极在电解液中吸附电荷,因而可以存储很大的静电能量,超级电容器的这一储电特性介于传统的电容器与电池之间。尽管能量密度比电池低,但是这种能量储存方式,有快充快放的特点,可以应用在传统电池难以解决的短时高峰值电流应用之中。图 12-48 所示为 MA×WELL 公司生产的超级电容器。

双电层电容本质上是一种静电型能量储存方式,目前已经研制出活性炭材料表面积达 $2000m^2/g$,单位质量的电容量可达 $100F/g$ 的电容器,并且电容的内阻还能保持在很低的水平,加之碳材料具有成本低、技术成熟等优点,使得该类超级电容器在汽车上应用最为广泛。

图 12-48　MAXWELL 公司生产的超级电容器

除了用于动力驱动系统外，超级电容器在汽车零部件领域也有广泛的应用。例如，未来汽车设计使用的 42V 电系统（转向、制动、空调、高保真音响、电动座椅等），如果使用长寿命的超级电容器，可以使得需求功率经常变化的子系统性能大大提高，另外还可以减少车内用于电制动、电转向等子系统的布线，同时减少汽车子系统对电池的功率消耗，延长电池使用时间。

因为传统蓄电池（如铅酸电池）的功率密度偏低，所以不能满足车辆的频繁起步、加速和制动工况的要求，而且加速时浪费了过多的能量，致使车辆的续驶里程不能满足要求。加装超级电容器的车辆就可以有效地解决这一问题，既可以提供较大的驱动电流，满足车辆行驶工况，又可以节省电池的能量，延长车辆的续驶里程，同时减少了蓄电池频繁充放电的工作状态，提高了蓄电池的使用寿命。

（2）超级电容器的使用方式

超级电容器和 DC/DC 变换器系统是常用的组合方式超级电容器和蓄电池采用并联的连接方式。电容器在正常行驶的时候，不参与工作；但当车辆加速或上坡时，电容器通过 DC/DC 变换器的控制提供短期大电流，不足的部分由电池共给，两者再经过电动机控制器调控，驱动电动机驱动车辆。例如 272 个单元，单体电压为 1.39V，工作电压为 190~380V，总的重量约为 319kg，电容为 18000F。采用双向 DC/DC 变换器，当电容器的电压低于蓄电池的端电压时，DC/DC 变换器通过工作电路降压，使得超级电容器达到能量饱和状态。在蓄电池急需能量时通过控制电路对电容能量进行升压输出到蓄电池两正负端。

超级电容器的快充快放特点使其十分适合为公交车提供主动力。由于超级电容器具有很高功率密度，放电电流可以达到数百安培，在大电流应用场合，特别是高能脉冲环境，可更好地满足功率要求；同时超级电容器充放电时间短、效率高，可在很短的时间内完成一个充放电循环，远远低于可充电电池，特别适合短距离行驶车辆。

2）飞轮电池

在这几种储能装置中，化学蓄电池仍然是最主要的储能设备，燃料电池近几年也发展很快，是电动汽车中新型电池的主要代表，超导储能装置由于其工艺不很成熟，况且价格和使州的费用太高，限制了它的应用。飞轮电池发展已经比较成熟，由于其比功率和比能量远大于化学电池，已成为0前许多科研工作者的研究重点。美国飞轮系统公司（AFS）已经生产出了以克莱斯勒LHS轿车为原形的飞轮电池轿车AFS20，这是一种完全由飞轮电池供电的电动汽车，它由20节飞轮电池驱动，每节电池直径为230mm，质量为13.64kg，电池用市电充电需要6h，而快速充电只需要15min，一次充电行驶路程可达560km（其原形LHS汽油车为520km），其加速性能也很好，0~96km/h加速时间只需要6.5s，其寿命超过3210000km。

（1）飞轮电池的工作原理。飞轮电池的工作原理如图12-49所示，将外界输送过来的电能通过电动机转化为飞轮转动的动能储存起来，当外界需要电能的时候，又通过发电机将飞轮的动能转化为电能，输出到外部负载，而空闲运转的时候要求损耗非常小。事实上，为了减少空闲运转时的损耗，提高飞轮的转速和飞轮储能装置的效率，飞轮储能装置轴承的设计一般都使用非接触式的磁悬浮轴承技术，而且电动机和飞轮都密封在一个真空容器内以减少风阻。

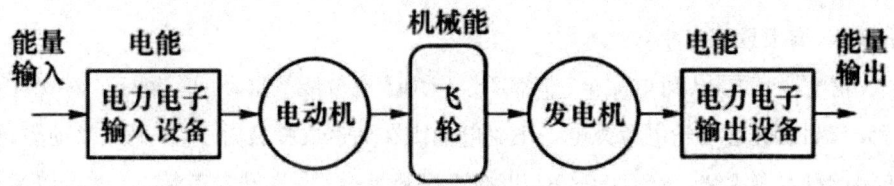

图12-49 飞轮电池的工作原理

发电机和电动机通常使用一台电动/发电机来实现，通过轴承和飞轮连接在一起，这样，在实际常用的飞轮储能装置中，主要包括以下部件：飞轮、轴、轴承、电动/发电机、真空容器和电力电子装置，飞轮储能装置组成如图12-50所示。

当外部设备通过电力电子装置给电动/发电机供电时，电动/发电机就作为电动机使用，它的作用是给飞轮加速，储存能量；当负载需要电能时，飞轮给电动/发电机施加转矩，电动/发电机又作为发电机使用，通过电力电子装置给外设供电。

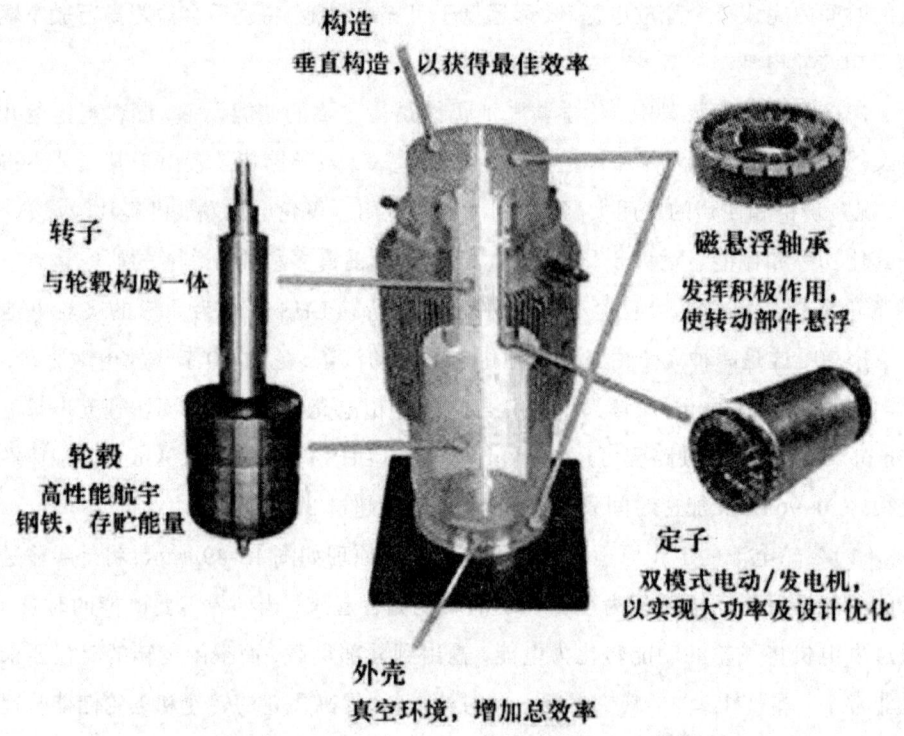

图 12-50 飞轮储能装置组成

飞轮储能装置储存的能量多少由飞轮的形状、重量和它的转速决定,电力电子装置通常是由 FET 或 IGBT 组成的双相逆变器和控制电路,它们决定了飞轮储能装置能量输入、输出量的大小。

飞轮电池充电快,放电完全,非常适合应用于混合能量推动的车辆中。车辆在正常行驶和制动时给飞轮电池充电。飞轮电池则在加速或爬坡时,给车辆提供动力,保证车辆运行在种平稳、最优状态下,可减少燃料消耗、空气和噪声污染,并可以减少发动机的维护,延长发动机的寿命。飞轮电池比能量比镍-氢电池大 2~3 倍;飞轮电池比功率高于一般化学蓄电池和内燃机,其快速充电可在 18min 完成且能量储存时间长;另外飞轮电池能进行超快速充电,且无化学电池的缩短使用寿命问题,整个电池的使用寿命远长于各种化学蓄电池。飞轮为纯机械结构,不会像内燃机那样产生排气污染,同时也没有化学蓄电池的化学反应过程,不会引起腐蚀,也无废料的处理回收问题。

(2)飞轮电池技术的应用。就目前的技术来看,飞轮电池电动汽车还不能广泛应用，由于飞轮储能装置本身的特点，它更加适用于复合动力汽车和混合电动汽车，复合动力汽车是靠内燃机和电动机两种方式共同提供推动力的，在汽车正常行驶和制动的时候给电池充电，汽车爬坡和加速，需要功率大的时候让电池放电。

由于普通汽车在正常行驶的时候，功率仅为最大功率的1/4，复合动力汽车中蓄电池和电动机的加入恰好可以解决这个问题。这样复合动力汽车在设计的时候就可以不用按照发动机的最大功率来进行设计，可以避免在正常行驶过程中出现的大马拉小车的现象，大幅度提高汽车的性能。复合动力汽车技术早就得到了科学家们的重视，美国和许多欧洲国家都已经开始应用，许多大型公共汽车都开始用两种能量源提供动力，而且在许多军用汽车装备中，也大量地使用了混合能量技术，但是在复合动力汽车中，对电池的要求很高，因此限制了复合动力汽车的发展和广泛应用。首先，在汽车的使用过程中，电池的充放电次数很多，而一般的化学电池的充放电次数很难提高；其次，在电池的使用当中，电池的放电深度很不规则，对于化学电池的寿命就会有很大的影响；最后，要求电池的充放电速度快，这样才能满足汽车电池的需要，这些要求对于目前应用最广泛的铅酸电池来讲，都是比较难以实现的技术，但是对于飞轮储能装置来说并不难。随着磁悬浮技术的发展，飞轮的充放电次数远远大于汽车电池使用的需要，而且飞轮的充放电是化学能和机械能的相互转化，它的放电深度可大可小，绝不会影响电池寿命，同时，由多台驱动电动机共同驱动的飞轮系统可以在很短的时间内达到几万转的转速。此外，在飞轮储能装置中，决定输入输出的器件是它外接的电力电子器件，而与外部的负载没有关系，还可以很方便地通过控制飞轮的旋转速度来控制飞轮的充电，这种特点在化学电池中实现起来要困难得多。

混合电动汽车的原理和复合动力汽车差不多，它是将飞轮电池加到化学电池或者其他电池上，做成一块电池，称为飞轮混合电池，如图12-51所示，共同驱动汽车电动机，典型代表为911GT3RHybrid油电混合动力车。采用飞轮电池设计，这套针对赛车开发的油电混合动力系统，采用前轮电力驱动搭配后轮引擎驱动的油电混合四驱模式，左右前轮传动轴的两台电动机，分别拥有60kW的输出功率，搭配输出350kW的后置后驱六缸水平对卧发动机，采用体积小、高效能的电控飞轮电池设计，利用飞轮物理储能取代现行主流的镍—氢与锂电池组设计。飞轮电池组最高转速可达40000r/min，搭配前轮轴两个电动机组成充放电架构。在制动时，前轮电动机将成为发电机，将前轮制动动能转换为电能并回充至飞轮电动机，当要踏踩油门输出动力时，飞轮电池又可供电驱动两个电动机，一次全力放电时，高达120kW的前轮总输出动力可维持6~8s。

图 12-51 飞轮混合电池

1—高速飞轮；2—磁悬浮轴承；3—电子变换装置

3）太阳能电池

太阳发射到地球大气层的阳光，约 30% 被反射回太空，约 24% 被大气所吸收，约 46% 被地面所吸收。经研究计算：每天、每平方米地面约接收到 157W 的太阳辐射。太阳能每天提供给地球的能量是地球上任何能源所不能达到的，太阳能将是取之不尽、用之不竭的能源。从 20 世纪 70 年代开始，太阳能被应用到汽车上，迄今为止，世界上举办了多次太阳能电动汽车竞赛。

图 12-52 所示为太阳能电池的结构和太阳能电池板，在 n 型半导体的表面形成 p 型半导体，构成 P-n 结即形成太阳能电池，形成的 p 型层仅仅有 1~3um，太阳光照射到它的表面，透过 P 型层到达 n 型层 p-n 结处，就能够产生电动势，产生的电压约为 0.5V。太阳能电池的电流大小与太阳光照射强度的大小和太阳能电池面积的大小成正比。

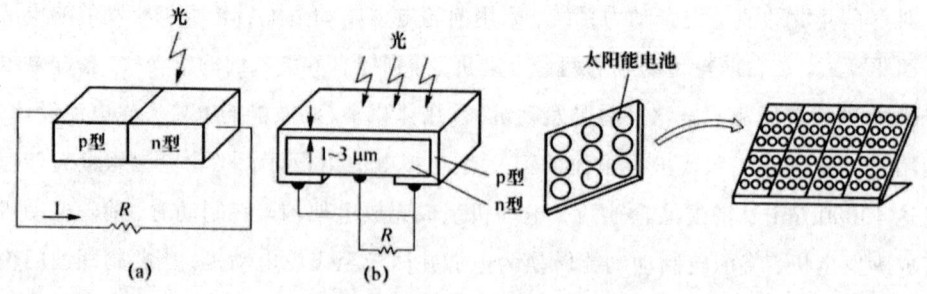

图 12-52 太阳能电池的结构和太阳能电池板

（a）太阳能电池的结构；（b）太阳能电池板

太阳能电池的形状有圆形和方形,将很多个太阳能电池排列组合成太阳能电池板,就能产生所需要的高电压和大电流。太阳能电池的转换效率为10%左右。由于太阳能电池对能量的转换效率较低,需要进一步采用新材料和新技术来提高。在美国加利福尼亚的海滩,阳光充足,设有太阳能充电站,能够同时为七辆EV同时充电,太阳能充电站已经得到广泛的推广。太阳能电动汽车除太阳能电池外,需要配置电池组、电动机、控制器和自动阳光跟踪系统等。

太阳能电池板有非晶硅、单晶硅和多晶硅三种,一般在太阳能电动汽车的顶棚上装置转换能力较强的单晶硅电池板组,电池板组光电转换率可达到14.9%~15.2%,可产生166~175V的电压、2.3~2.5A的电流和360~380W的功率。每天按8h的日照计算,太阳能电动汽车可获得2.5~3kW*h的电能。可供太阳能电动汽车行驶40~60km,最高车速可达到60~80km/h。

瑞士联邦工学院米凯尔—格雷策尔研究的二氧化钛太阳能电池,在二氧化钛薄膜上涂一层感光层,当感光层受到光子撞击时,释放出自由电子并形成电流,用无定型有机材料代替电解液将电流输出。

太阳能电动汽车的关键技术装备是太阳能电池板,目前,由于硅晶体太阳能电池的转换率比较低,所能够提供的电能比较少,因此,太阳能电池板占据了很大面积,并且必须装置在太阳能电动汽车的顶部。而且大多数太阳能电动汽车只能承载一个驾驶员。由于太阳能电池的能量较小,而且受天气的影响,在阴天、下雨时,太阳能电池的转换效率降低或停止,有些太阳能电动汽车要与蓄电池共同组成太阳能混合动力电动汽车。

太阳能混合动力电动汽车由太阳能电池板将太阳能转换为电能后,通过充电器向动力电池组充电,也可以由太阳能电池板直接提供电能,这种方式的效率最高,然后通过电流变换器将电流输送到驱动电动机,带动驱动系统驱动太阳能混合动力电动汽车行驶,其驱动模式相当于串联式混合动力电动汽车(SHEV)。一般采用智能控制系统来控制其运行。

太阳能电动汽车的太阳能电池板,只要能够受到太阳的照射,就能够不断地将太阳能转换为电能,并连续地向蓄电池充电,可以无偿地获得电能,是一种价格低廉、零污染、取之不尽的理想能源,但太阳能电池板造价高、能量转换效率低、太阳能电池板占据面积大、整车布置较困难是目前太阳能电动汽车的缺点。

3.燃料电池

简单地说,燃料电池(Fuel Cell)是一种将存在于燃料与氧化剂中的化学能直接转化为电能的发电装置,它从外表上看有正负极和电解质等,像一个蓄电池,但实质上它不能"储电",而是一个"发电厂'。燃料电池的概念是 1839 年由 G.R.Grove 提出的,至今已有 170 多年的历史。

单元燃料电池由阳极、阴极、电解质、隔膜和附件构成,其发电原理如图 12-53 所示。燃料在阳极氧化,氧化剂在阴极还原。如果在阳极上连续供应气态燃料,而在阴极上连续供给氧气(或空气),就可以在电极上连续发生电化学反应,并产生电动势,如果接入负载,就会有电流产生。燃料电池与其他电池的发电机理不尽相同,它的燃料和氧化剂不是储存在电池内,而是储存在电池外部的储罐内,它工作时需要不间断地向电池内输入燃料和氧化剂,并同时排出反应生成物。

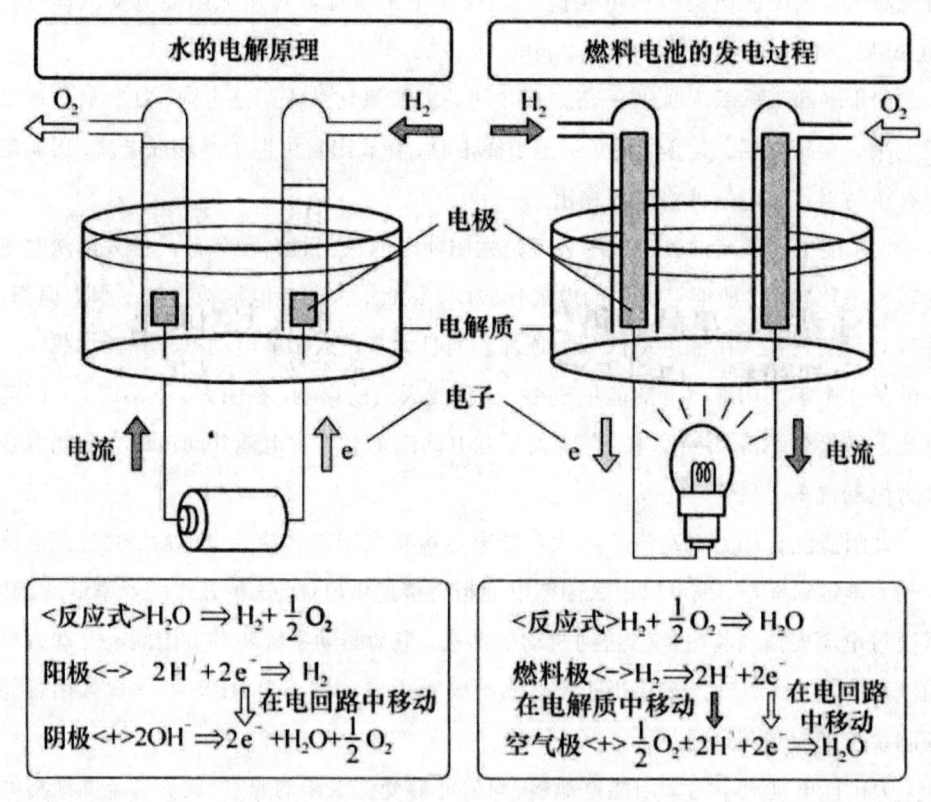

图 12-53 燃料电池的发电原理

燃料电池阳极的作用是为燃料和电解液提供公共界面,并对燃料的氧化反应产生催化作用,把反应中产生的电子传输到外电路或者先传输到集流板后再向外电路传输,与阳极相连的电池接线柱为负极。燃料电池阴极的作用是为氧气和电解液提供公共界面,对氧气的还原反应产生催化作用,从外电路向氧电极的反应部位传输电子，与阴极相连的电池接线柱为正极。由于电极上发生的反应为多相界面反应，电极一般采用多孔材料并涂有贵重金属铂作催化剂。电解质的作用是输送燃料电极和氧电极在电极反应中所产生的离子，并能阻止电极间直接传递电子。隔膜的作用是传导离子，组织电子在电极间直接传递和分隔氧化剂与还原剂。隔膜必须是抗电解质腐蚀和绝缘的物质，并且有良好的湿润性。

燃料电池的输出电压是正负电极的电势差。当外电路I=0时，称为开路电压；当时，称为端电压。端电压低于开路电压的现象称为极化。电池输出电流时阳极电位的损失称为阳极极化，同理，阴极电位的损失称为阴极极化。一个电池的极化包括阴极极化、阳极极化和欧姆极化三部分。

燃料电池十分复杂，涉及化学热力学、电化学、电催化、材料科学、电力系统及自动控制等学科的有关理论，具有发电效率高、环境污染少等优点。总的来说，燃料电池具有以下特点：

（1）能量转化效率高。它直接将燃料的化学能转化为电能，中间不经过燃烧过程。目前燃料电池系统的燃料—电能的转换效率为45%~60%，而火力发电和核电的效率为30%~40%；

（2）对环境污染小。有害气体及噪声排放都很低，CO^2 排放因能量转换效率高而大幅度降低，无机械振动；

（3）燃料适用范围广；

（4）使用方便。规模及安装地点灵活，燃料电池电站占地面积小，建设周期短，电站功率可根据需要由电池堆组装，十分方便；

（5）负荷响应快，运行质量高。燃料电池在数秒钟内就可以从最低功率变换到额定功率，非常适合作汽车动力。

燃料电池种类繁多，常见的分类方法有三种：一是直接式，其燃料（如氢和甲醇）直接与氧化剂作用；二是间接式，其燃料不是直接用氢或甲醇，而是通过某种方法把某种富氢化合物转变成氢后再供给电池；三是再生式，把燃料电池反应生成的水通过某种方法分解为氢和氧，再使其重新进行反应。

直接式燃料电池按工作温度的高低可分为高、中、低三类。工作温度在750℃以上的为高温燃料电池；在200℃~750℃的为中温燃料电池；低于200T为低温燃料电池。也有按温度分为四类的，即25℃~100℃、100℃~300℃、500℃~1000℃、1000℃以上。

按照电解质类型的不同可分为：碱性燃料电池（AFC）、固态聚合物燃料电池

（ESPFC，又称为质子交换膜燃料电池，PEMFC）、磷酸盐燃料电池（PAFC）、熔融碳酸盐燃料电池（MCFC）、固体氧化物燃料电池（SOFC）等。

质子交换膜燃料电池由于具有工作温度低、功率密度大、启动快、使用寿命长、结构简单等特点，因此得到迅速发展。据预测：质子交换膜燃料电池可能是继磷酸盐燃料电池之后最早实现商业化的燃料电池。

1）质子交换膜燃料电池

质子交换膜燃料电池是指以质子交换膜作电解质和隔离材料的燃料电池。质子交换膜燃料电池的工作温度低于100℃，是电动汽车的理想动力电源。

质子交换膜燃料电池是最早被用于空间飞行试验的燃料电池。早期的质子交换膜燃料电池的发展一直受到昂贵、必需的结构材料和含量高的铂催化剂的困扰，研究困难。后来在加拿大巴拉德（Ballard）公司的带动下，克莱斯勒、福特、通用、本田、丰田、尼桑、大众和富豪等汽车公司都投入了巨资进行此类燃料电池的研究。

（1）质子交换膜燃料电池的组成。质子交换膜燃料电池由阳极、阴极、质子交换膜、冷却水板和附件组成，如图12-54所示。燃料是氢，氧化剂为氧。质子交换膜的作用是双重的，作为电解质，为氢离子提供通道；作为隔离膜，隔离两极反应气体。质子膜脱水将会使氢离子形成水合物比较困难，燃料电池的电阻增加；水分过多则会淹没电极，这两种情况都将导致电池性能下降，因此优化膜的质子和传输性能及适当的水管理是保证电池性能的关键。

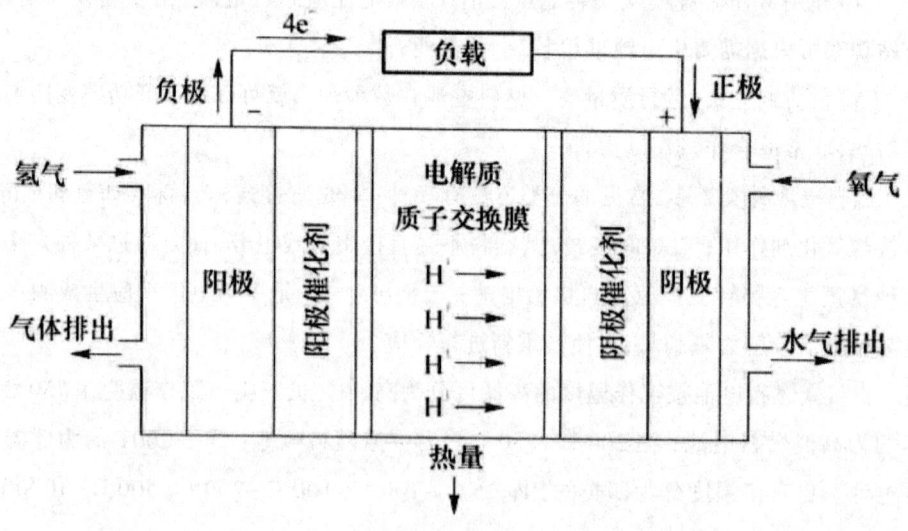

图12-54 质子交换膜燃料电池的结构示意图

（2）质子交换膜燃料电池的工作原理。如图 12-55 所示，氢气通过管道或导气板到达阳极，在阳极催化剂的催化作用下，氢分子解离为带正电的氢离子并释放出带负电的电子。氢离子以水合物 H3O+ 的形式穿过电解质到达阴极，电子则通过外电路到达正极，电子在外电路形成电流。

氧气通过管道或导气板到达阴极，在阴极催化剂的催化作用下，氧与氢离子及电子发生反应生成水。

在质子交换膜燃料电池里，固态酸电解质被水饱和，其中含有游离因此能完成氢离子从阳极转移至阴极的任务，但电子是不能穿越电解质膜的。H+ 也叫质子，因而有聚合物质子交换膜（PEM）这个名称。图 12-56 所示为质子换膜燃料电池的反应示意图。氢燃料流入靠近阳极侧的双极板流道内，氧则流入靠近阴极侧的双极板流道内。

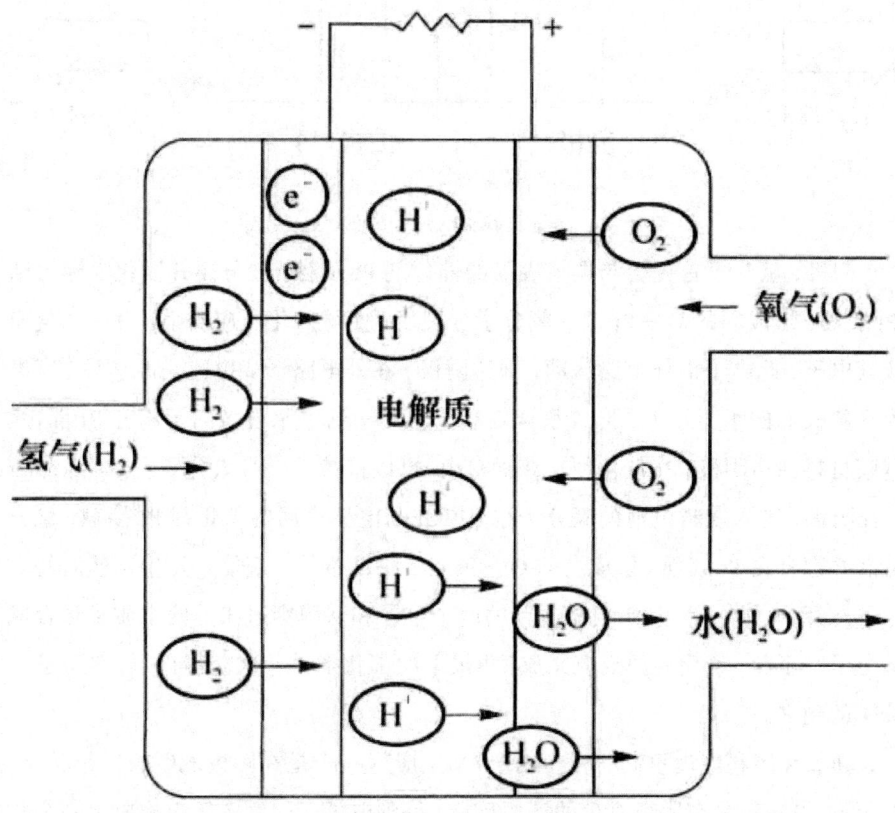

图 12-55　质子交换膜燃料电池的工作原理

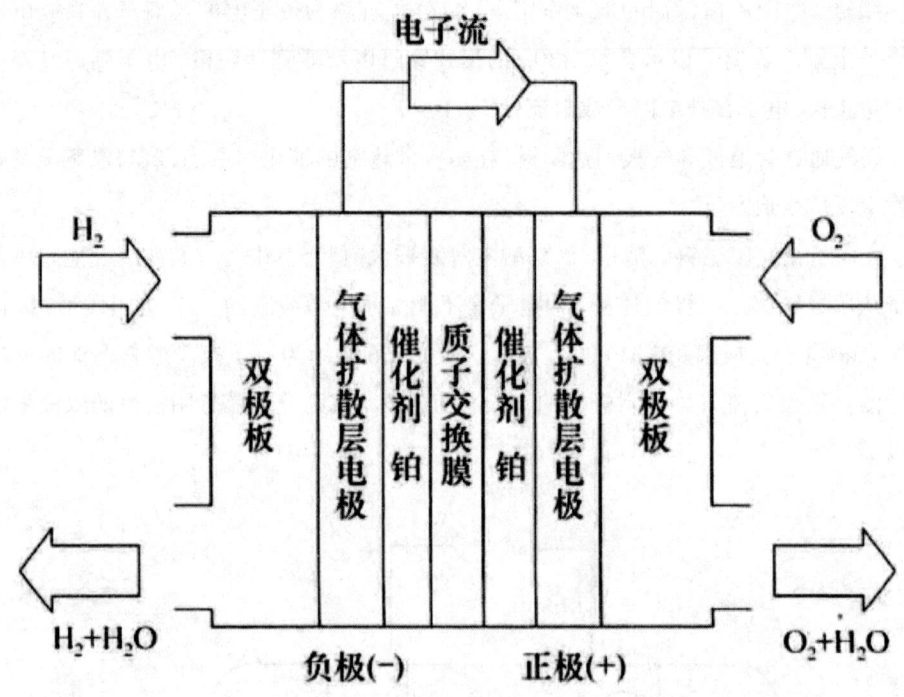

图 12-56 质子交换膜燃料电池的反应示意图

在阳极，氢分子首先会与电极表面的催化剂 Pt 接触，被分裂并以化学键力结合在 Pt 表面，形成弱的 O—Pt 键。氢分子分裂后，使得氧化反应发生，每一个氢原子释放其电子，此电子沿外电路运动，到达阴极，在外电路形成电流，而剩下的氢离子黏附在膜表面的水分子上，形成水合氢离子 H_3O^+，这些水合氢离子离开 Pt 催化剂，穿越膜材料到达阴极，Pt 催化剂又获得自由，可以接待下一批氢分子。

在阴极，进入燃料电池的氧分子也是首先与电极表面的催化剂 Pt 接触，氧分子被分裂并键合在 Pt 表面，形成弱的 O—Pt 键，使得还原反应能够发生。然后每一个氧原子离开 Pt 催化剂，与来自外电路的两个电子和从膜穿过来的两个质子化合成一个水分子。至此，氧化还原反应完成，阴极上的催化剂再一次获得自由，等待下一批氧分子的到来。

氢和氧在燃料电池里同时发生两个"半反应"：一个是在阳极发生的氧化反应（失去电子）；另一个是在阴极发生的还原反应（得到电子），这两个反应构成了一个总的氧化还原反应，反应生成物为水。

阳极发生的反应过程放出电子并产生同时释放出能量；而在阴极反应的过程中，

氧气与来自阳极的电子以及来自电解质的 H^+ 形成水。要使这两个过程连续不断地发生，就必须使阳极产生的电子通过一条外电路到达阴极，同时，H^+ 也必须穿过电解质膜到达阴极才能实现。图 12-57 所示为质子交换膜燃料电池单体的原理示意图。电池单体电压只有 0.7V 左右，为了获得足够高的工作电压，需将多个燃料电池单体串联在一起，形成燃料电池堆。

2）燃料电池组

燃料电池组系统主要由电池堆，氢气、氧气供给装置，增湿器及去离子水供给装置，冷却装置，尾气及生成物排放装置组成。

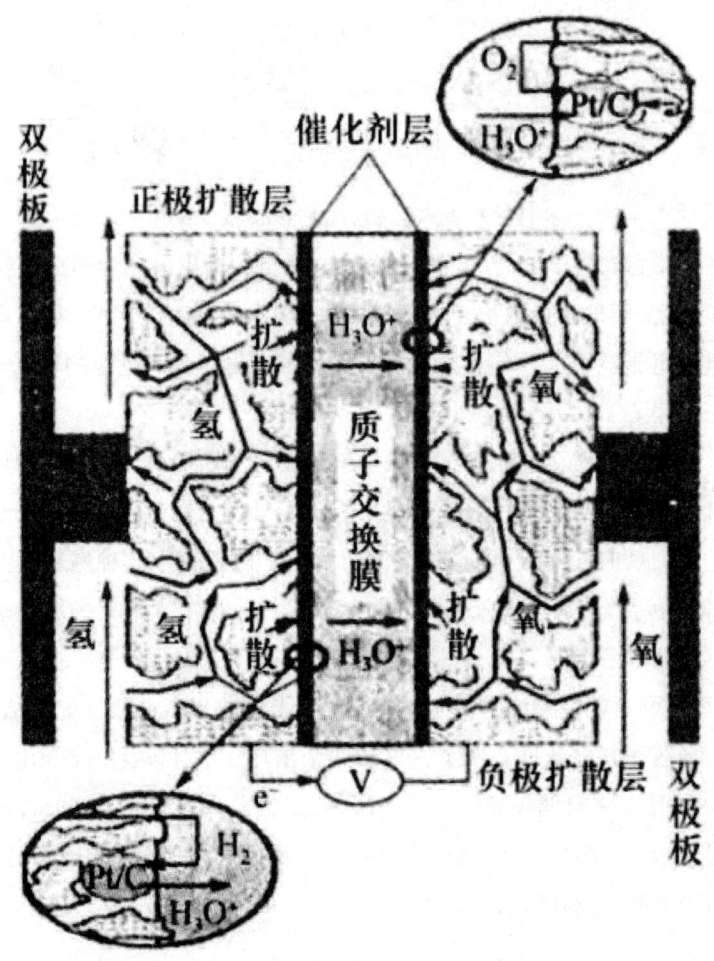

图 12—57　质子交换膜燃料电池单体的原理示意图

图 12-58 所示为燃料电池组试验系统装置示意图，其中，氢气由高压气瓶提供，氧气（空气）由鼓风机提供，氢气和氧气经减压再通过增湿器增湿之后，分别进入电

池组的负极和正极进行反应发电。反应物随着尾气排出,水收集后排放,电池温度通过循环水量来调节。

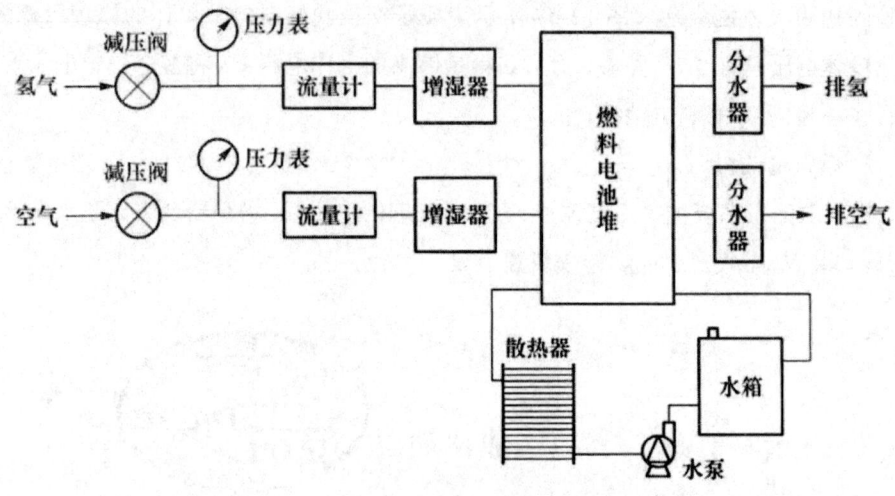

图 12-58　燃料电池组试验系统装置示意图

电池组的性能取决于单个电池的性能,电池组的输出电压为组成电池组的各单体电压之和,电池组的寿命取决于先损坏的单体电池的寿命,因此,单个电池性能的均匀性对电池组影响很大,应设置检测装置在线检测各单体电池的输出电压,保证电池性能完好。

低温质子交换膜燃料电池根据输入空气的压力分为常压型和增压型两种类型。类似内燃机系统通过采用排气涡轮增压来提高发动机的功率密度一样,燃料电池系统也可通过提高反应气体压力的方法来增加它的功率密度,这种燃料电池系统称为增压式燃料电池系统,而反应气体的压力大约为一个标准大气压的燃料电池系统称为常压式燃料电池系统。

(1)增压式燃料电池系统。图 12-59 所示为增压式燃料电池系统的结构示意图。图中质子交换膜燃料电池堆有两个进口和两个出口,分别与氢回路(阳极)、空气回路(阴极)相连接。来自储氢罐的氢经调压阀、射流泵进入阳极入口 Ini,图示系统对氢采取过量供应,从阳极出口 Outl 排出的氢又重回到射流泵,实现氢的循环回收。射流泵的结构如图 12-60 所示。

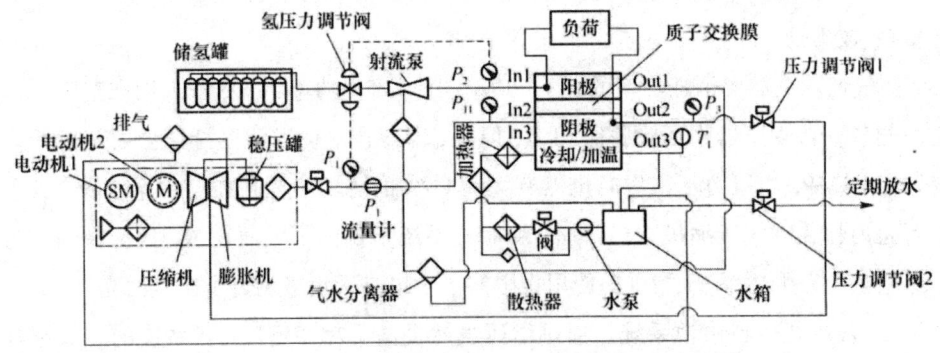

图 12-59　增压式燃料电池系统的结构示意图

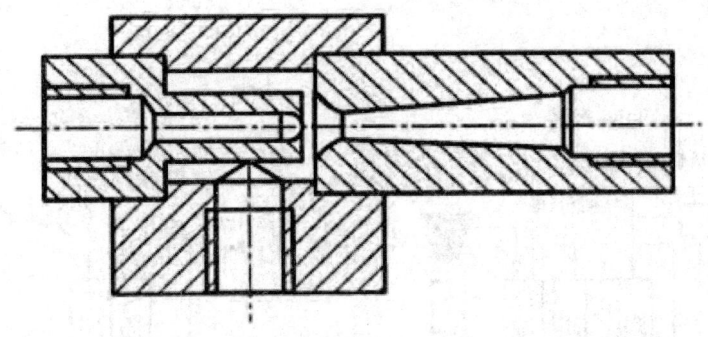

图 12-60　射流泵的结构

图 12-59 中的压缩机与膨胀机安装在同一根传动轴上，燃料电池起动时，压缩机由电动机 1 驱动（由起动电池供电），将空气经稳压罐压入负极入口 In2。燃料电池起动后，压缩机转换为由燃料电池供电的电动机 2 驱动，电动机 2 比电动机 1 功率大、电压高。通过控制电动机 2 的转速调节空气流量，以满足空气过量系数 λ 和功率需求。

空气过量系数 λ 取得越大，压缩机消耗功率越大，燃料电池输出的净功率越小，效率越低。为了提高燃料电池系统的效率，除了根据燃料电池工作条件来合理优选 λ 值外，还使负极出口 Out2 排出的气体进入膨胀机进口，利用排出气体中的剩余能量借膨胀机来驱动压缩机，从而实现能量回收。膨胀机排出的气体经气水分离器排入大气。

在增压式燃料电池系统里，压缩机是十分关键的部件，它可以选用的类型很多，有双螺杆式、罗茨转子式、叶片式等。

为了提高系统效率，将压缩机和膨胀机组合使用，在完成压缩空气的同时实现同收排气中的能量，降低功率消耗。"压缩-膨胀机"系统动态响应时间快、尺寸紧凑、重量轻、成本低。

空气加压是需要消耗功率的（这个功率叫作"寄生功率"），尽管人们在空气出口这一侧装一台膨胀器来回收膨胀功率，但是，即使技术优秀的巴拉德公司开发的系统，在0.3MPa的压力下工作时仍然有大约20%的总功率消耗在辅助系统里，其中主要是消耗在空气压缩机上。压缩-膨胀机系统不仅体积大而复杂，且价格高。为了尽量减少寄生功率，压缩机的使用也限制了可以进入负极的过量空气总量。

（2）常压式燃料电池系统。通过增压虽然提高了功率密度，但系统的总效率降低了。针对此缺点，美国UTC公司开发了常压式燃料电池系统，该系统的寄生功率仅为燃料电池发出功率的5%左右。如图12-61所示为这两种燃料电池的系统结构比较。

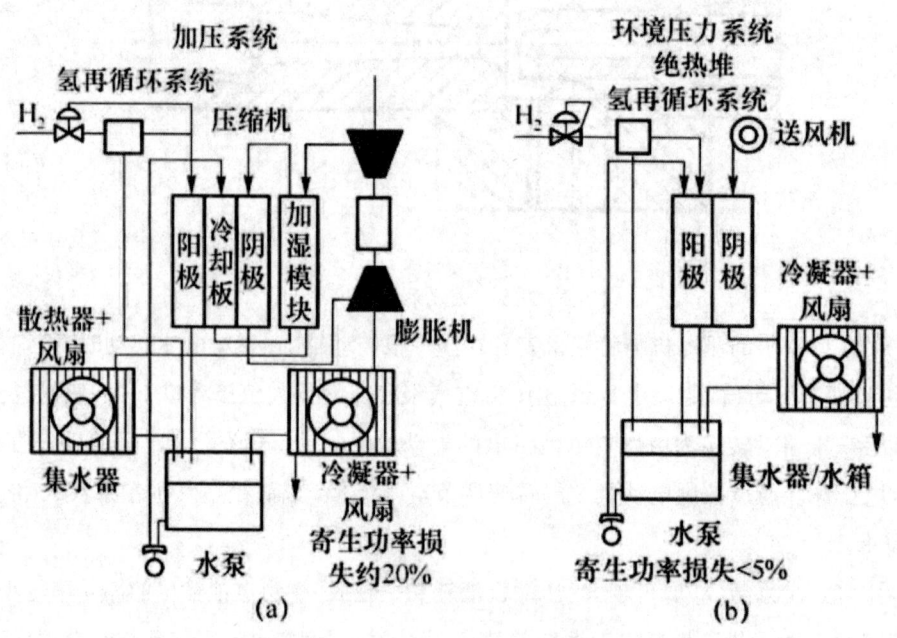

图12-61 常压式和增压式燃料电池的系统结构比较

（a）增压式；（b）常压式

常压式燃料电池系统有以下特点：

①阳极处直接用液态水对膜加湿，保证电解膜充分含水；

②阴极处供应近似常压式的空气，寄生功率损失小、系统效率高；

③对阴极供应的是不加湿的空气流，系统不需要加湿模块，流道中液态水量很

少,所以压力降很低;

④为了去除阴极处生成的水,供应给阴极的空气流量很大,所以不会积累大量的水;

⑤通过反应气体里的水使燃料电池堆冷却,使冷却系统大大简化;

⑥由于是低压系统,对于系统的密封、管接头、管道等容易处理。

常压式燃料电池系统的基本结构如图 12-62 所示。

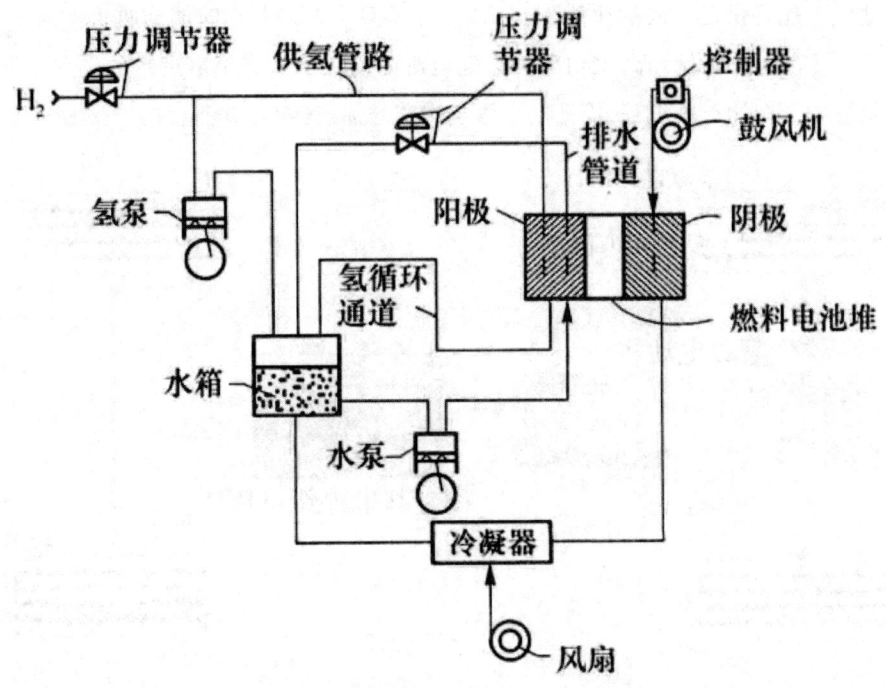

图 12-62 常压式燃料电池系统的基本结构

系统中膜片式水泵将水送到阳极的水道里,以便对电解质膜直接用液态水加湿,从理论上讲,供应水流量只需等于蒸发所需流量,但为了保持连续流动并除去气泡,可使水微微地循环。为了维持阳极处双极板上水通道内的压力略高于氢通道内的压力,防止水被氢替代,在出水管路上设有一只背压阀,使燃料电池堆内水压力大于氢管路中的压力。从图 12-57 中可以看到有一条氢循环通道,氢从燃料电池堆出来后首先要经过水箱,然后经装在通道上的膜片式泵回到阳极进口。膜片式泵用来冲刷氢流道里的水冷凝物,否则燃料电池堆内某些地方可能会缺乏要参与反应的氢。如果系统较大,也可采用巴拉德公司提出的办法,利用喷射泵来使氢循环,这种方法可利用压缩氢本身所含的能量。

二、储能装置复合结构形式

采用不同类型的储能装置,如不同的蓄电池、燃料电池、超级电容器和高速6轮等,构成六种典型的电动汽车能量装置复合结构。

图12-63所示为现在电动汽车所独有的以蓄电池作动力源的一种结构。蓄电池可以布置在车的四周,也可以集中布置在车的尾部或者布置在底盘下面。所选用的蓄电池应该能提供足够高的比能量和比功率,并且在车辆制动时能回收再生制动能量;同时具有高比能量和高比功率的蓄电池对电动汽车而言是最理想的动力能源,比能量影响汽车的行驶里程,而比功率影响汽车的加速性和爬坡能力。

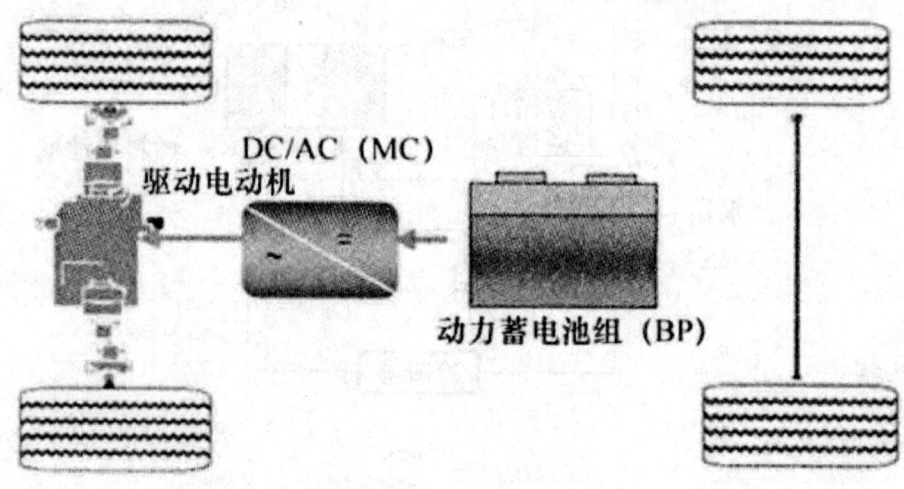

图12-63 以蓄电池作动力源的结构

1. 双电池复合结构

1)高能量蓄电池 + 高功率蓄电池

为了解决一种蓄电池不能同时满足对比能量和比功率的要求这个问题,可以在电动汽车上同时采用两种不同的蓄电池,其中一种能提供高比能量;另外一种提供高比功率。图12-64所示为高能量蓄电池 + 高功率蓄电池作为动力源的基本结构,这种结构不仅分离了对比能量和比功率的要求,而且在汽车下坡或制动时可利用蓄电池回收能量。

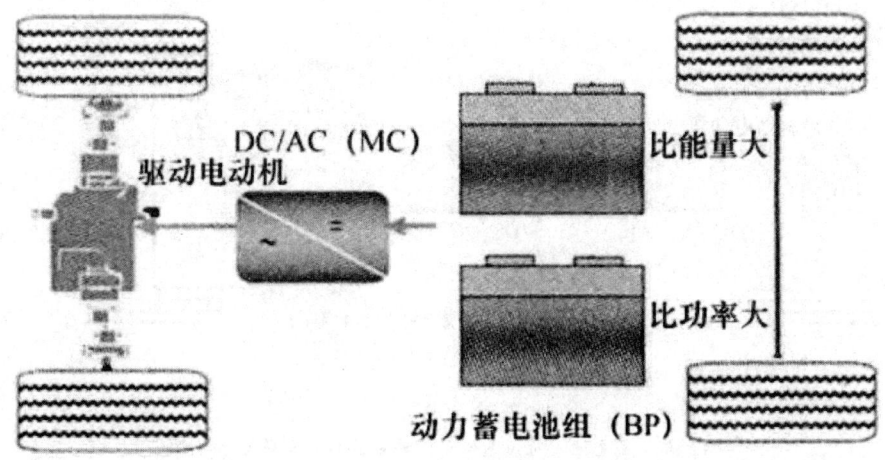

图 12-64　高能量蓄电池＋高功率蓄电池作为动力源的基本结构

2）氢燃料电池＋蓄电池

除了蓄电池以外，还可以用燃料电池做储能装置。燃料电池能提供高的能量但不能回收再生制动能量，因此最好与一种能提供高比功率且能高效回收制动能量的蓄电池结合在一起使用。图 12-65 所示为氢燃料电池＋蓄电池作混合动力源的结构。

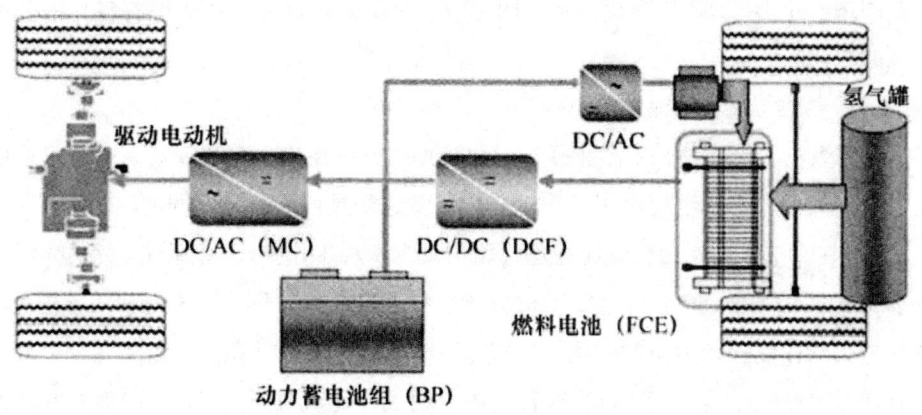

图 12-65　氢燃料电池＋蓄电池作混合动力源的结构

燃料电池所需的氢气不仅可以以压缩氢气、液态氢或金属氢化物的形式储存，还可以由常温的液态燃料如甲醇或汽油随车产生。图 12-66 所示为蓄电池＋带重整器的燃料电池作动力源的结构，燃料电池所需的氢气由重整器随车产生。

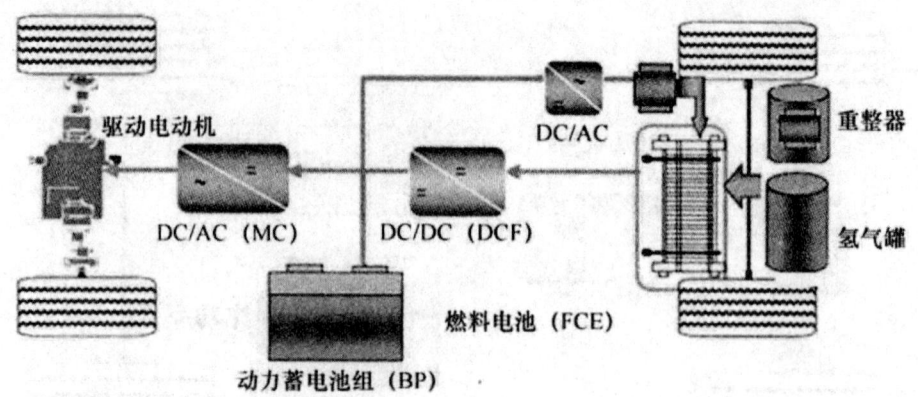

图 12-66　蓄电池 + 带重整器的燃料电池作混合动力源的结构

2.蓄电池与其他能量装置复合结构

1）蓄电池与电容器复合结构

当用蓄电池与电容器进行混合时，所选的蓄电池必须能提供高比能量，因为电容器本身比蓄电池具有更高的比功率和更高效回收制动能量的能力。由于用在电动汽车上的电容器（通常称为超级电容器）相对而言电压较低，因此需要在蓄电池和电容器之间加一个 DC/DC 功率转换器。图 12-67 所示为蓄电池 + 超级电容器作混合动力源的结构。

2）蓄电池与飞轮电池复合结构

与超级电容器类似，飞轮是另外一种新兴的具有高比功率和高效制动能量回收能力的储能器。用于电动汽车的飞轮与传统低速笨重的飞轮是不同的，这种飞轮质量轻，且在真空下高速运转。超高速飞轮与具有两种工作模式（电动机和发电机）的电动机转子相结合，能够将电能和机械能进行双向转换。图 12-68 所示为蓄电池 + 超高速飞轮作混合动力源的结构，所选用的蓄电池应能提供高比能量。飞轮最好与无刷交流电动机结合使用，因为这种电动机的效率比直流电动机高，因而应在蓄电池和飞轮之间加一个 AC/DC 转换器。

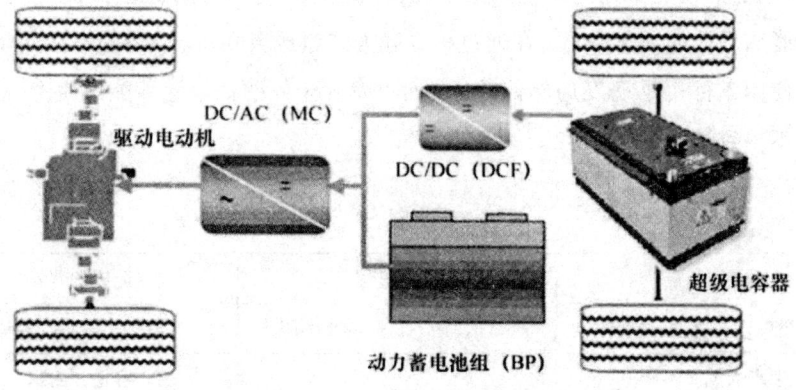

图 12-67　蓄电池＋超级电容器作混合动力源的结构

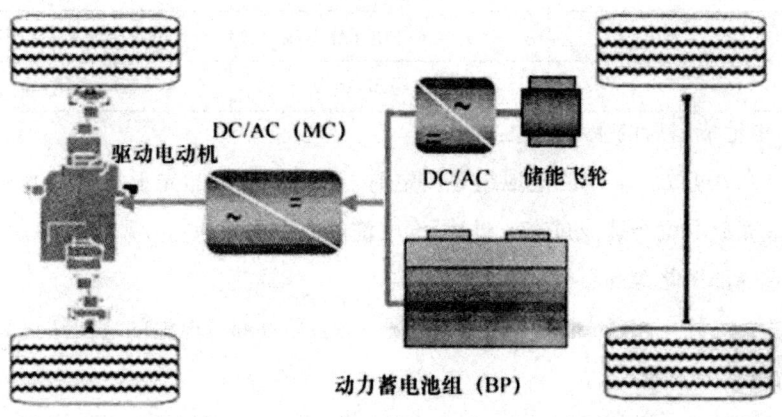

图 12-68　蓄电池＋超高速飞轮作为混合动力源的结构

三、蓄电池管理系统

1.电动汽车使用蓄电池管理系统的必需性

电动汽车的蓄电池具有以下缺点：

（1）大容量单体电池容易产生过热。汽车动力电池采用大容量单体锂电池容易产生过热。单体电池有一定的温度耐受范围，在实际应用中如果体积过大，会产生局部过热，从而影响电池的安全和性能，因此，单体电池的大小受到限制，动力和储能电池不可能采用超大的单体锂电池，在苛刻的使用环境下，110mm×110mm×25mm 的 20A·h 锂电池，局部最高温度为 135℃；而 110mm×220mm×25mm 的 50A·H 锂电池，局部温度高达 188℃，更容易发生安全问题，所以有必要监测和控制温度。

（2）电池的性能不完全一致。基于现有的正极材料和电池制造水平，单体电池之间尚不能达到性能完全一致，在通过串并联方式组成大功率、大容量动力电池组后，苛刻的使用条件也易诱发局部偏差，从而引发安全问题。电池性能在生产和使用过程中的不一致情况见表12-2。

表12-2 电池性能在生产和使用过程中的不一致情况

生产过程	使用过程	造成的差异
生产工艺、材质有差异	长时间使用，材质老化不同步	电压、内阻、容量
生产的批次不同		容量、内阻
个别电池内部短路	电池自放电	电流、内阻
	电池组内不同区域温度不同	电压、内阻、电流承受能力
	串并联充放电工作电流	电压分布不均匀
	系统局部漏电	SOC变化不同

（3）电池成组后的主要问题：

①过充/过放。串联的电池组充放电时，部分电池可能先于其他电池充满或放完。继续充放电就会造成过充或过放，锂电池的内部副反应将导致电池容量下降、热失控或者内部短路等问题；

②过大电流。并联、老化、低温等情况，均会导致部分电池的电流超过其承受能力，降低电池的寿命；

③温度过高。局部温度过高，会使电池的各项性能下降，最终导致内部短路和热失控，产生安全问题；

④短路或者漏电。因为振动、湿热、灰尘等因素造成电池短路或漏电，威胁驾乘人员的人身安全。

电池管理系统（Battey Managemem System，BMS）的功能之一就在于避免电池组出现上述问题，需要动态监测动力电池组的工作状态，实时采集每块电池的端电压和温度、充放电电流及电池组总电压，估算出各电池的荷电状态（Slate of Charge，SOC）、安全状态（State of Health，SOH）和电化学状态（Slate of Electroformalion，SOE）。然后通过控制其他器件，防止电池发生过充电或过放电现象，同时能够及时给出电池状况，找出有故障电池所在箱号和箱内位号，挑选出有问题的电池，保持整组电池运行的可靠性和高效性。

此外，BMS还需要设定面向用户端的显示，将估算的剩余电量换算成可行驶里程,同时,还需要有自动报警和故障诊断功能,方便驾驶员操作和处理,因此,BMS任务可归纳为:数据采集电路首先采集电池状态信息数据,再由电子控制单元(ECU)进行数据处理和分析,然后根据分析结果对系统内的相关功能模块发出控制指令,并向外界传递信息。BMS包含多个处理模块:数据采集模块、SOC估算模块、电气控制模块、安全管控模块、热管理模块、数据通信和显示模块等。BMS的主要任务、输入信号和执行元件见表12-3。

表12-3 BMS的主要任务、输入信号和执行元件

BMS的主要任务	输入信号	执行元件
防止过充	电池电压、电流、温度	充电机
避免过放	电池电压、电流、温度	电动机功率转换器
温度控制	电池温度	冷热空调（风扇等）
电池组件电压和温度的平衡	电池电压和温度	平衡装置
预测电池的SOC和剩余行驶里程	电池电压、电流、温度	显示装置

充电站对储能性能的要求是容量大、寿命长、响应快速、可涓流充电,因此对BMS的要求方面有所不同,但总体功能仍与动力电池BMS类似,具有监控电池SOC和SOH状态、动态充放电、智能管理和输出控制等功能。

2.电池管理系统的结构

电池管理系统最基本的作用是进行电池组管理,还包括电线线路管理、热(温度)管理和电压平衡控制。图12-69所示为BMS系统结构框图。

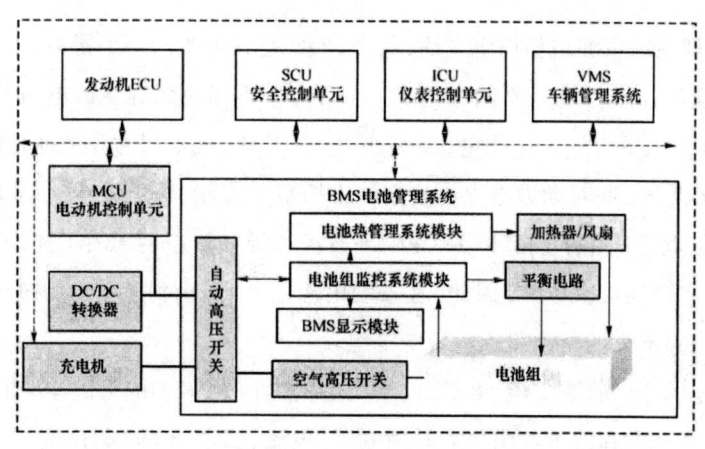

图12-69 BMS系统结构框图

（1）电池组管理系统。管理电池的工作情况，避免出现过放电、过充电、过热，对出现的故障应能及时报警，以便最大限度地利用电池的存储能力和循环寿命。电池组管理系统包括电池组电压测试、电池组电流测试、电池组和单节电池的温度测试、SOC计算及显示技术、电池组剩余电量显示、车辆在线可行驶里程显示、自动诊断系统和报警系统、安全防护系统；

（2）电线线路管理系统，包括动力电池组分组及连接、动力电线束、手动或自动断电器、传感器的类型、传感器电线束的管理等；

（3）热（温度）管理系统，包括电池组组合方式、电池组分组和支架布置、通风管理系统和风扇、温度管理ECU及温度传感器、热能的管理与应用等；

（4）电压平衡控制系统。平衡各电池的充电量，能延长电池寿命，并对更换后的新电池进行容量平衡。

3.电池管理系统的功能

电池管理系统主要执行以下工作：电压、电流与温度测量；计算电池SOC、电池放电深度（DOD）、最大允许放电电流、最大允许充电电流；预测蓄电池寿命指数和SOH；故障诊断。

1）蓄电池测量和监控系统

电池管理系统是电动汽车支持系统电池的管理。系统的作用是对电池的组合、安装、充电、放电，电池组中各个电池的不均衡性，电池的热管理和电池的维护等进行监控和管理，使电池组能够提高工作效率，保证正常运转并达到最佳状态，避免发生电池的过充电和过放电，有效延长电池的寿命，以及动力电池组的安全管理和保洁等。

电池管理系统主要包括以下方面，其中SOC是最重要的一个指标：

（1）电池的技术性能。不同类型和不同型号、不同使用程度的电池都具有不同的性能，包括电池的容量、工作电压、终止电压、质量、外形尺寸和电池特性（包括记忆特性）等（因此，要对动力电池组建立技术档案。实际上即使是同一型号、同一批量的电池，彼此之间由于制造原因、电解质浓度差异和使用情况的不同，也会对整个动力电池组的性能带来影响，因此，在安装电池组之前，应对各个电池进行认真的检测，将性能差异不大的电池组成动力电池组。

（2）电池状态的管理。电动汽车的动力电池组（PACK）由多个单节电池组成，其基本状态包括充电和放电双向作业时的电压、电流、温度、SOC的比例等。在正常情况下，动力电池组的电压、电流、温度、SOC的比例等应能够进行双向计量和显示。

由于多种原因,在动力电池组中个别电池会出现性能改变,使得动力电池组在充电时不能充足,而在放电时很快将电能放尽,这就要求电池管理系统应能够及时自动检测各个单节电池的状态,当检测出某节电池出现损坏状态时,应及时进行报警,以便将"坏"电池剔出、更换。

(3)动力电池组的组合管理。动力电池组需要8~32节12V的单节电池串联起来(指铅酸电池)或更多单节(指其他电池)串联而成,为了能够分别安装在电动汽车的不同位置处,通常动力电池组分为多个小电池组分散地进行布置,这样有利于电池组的机械化安装、拆卸和检修。

如果发现某个电池的温度处于不正常状态,剩余电量(SOC)显示也不正常时,即刻向动力电池组管理系统反馈某个电池在线的响应信息,并由故障诊断系统预报动力电池组的故障。

2)动力电池组的安全管理

动力电池组管理系统要承担动力电池组的全面管理:一方面保证动力电池组的正常运作,显示动力电池组的动态响应并及时报警,使驾驶员随时都能掌握动力电池组的情况;另一方面要对人身和车辆进行安全保护,避免因电池引起各种事故。

电池与电池、电池组与电池组之间需要用高压电缆连接。当动力电池组的总电压较高或采用高压直流输出时,高压电缆的截面积比较小,有利于电线束的连接和固定,但高电压要求有更可靠的防护。

当动力电池组的总电压较低时,则电流比较大,高压电缆的截面积则比较粗,高压电缆很硬,不能随意变形,安装较不方便。各个电池箱之间还需要用高压电缆将各个电池箱串联起来,一般在最后输出的一箱中加装手动或自动断电器,以便在安装、拆卸和检修时切断电流;另外,在电池箱中还有各种传感器线束,因此在汽车上有尺寸很长的各种各样的电线束,要求电线之间有可靠的绝缘,并能快速进行连接。

动力电池组的总电压可以达到90~400V,高电压对人体会造成危害,应采取有效的隔离措施,一般是将动力电池组与车辆的乘坐区分离,将动力电池组布置在地板下面或车架的两侧。在正常的情况下,车辆停止使用时,通常会自动切断电源,只有在汽车起动时才接通电源。当汽车发生碰撞或倾覆时,电池管理系统应能立即切断电源,防止高压电引起人身事故和火灾,并防止电解液造成伤害,以保证人身安全。可以利用安全气囊触发BMS管理系统控制自动开关断开。

锂离子电池在过充电时会着火甚至爆炸,因此电池使用的安全问题是国内外各大汽车公司和科研机构当前所面临和必须解决的难题,它直接影响电动汽车是否能够普及应用。BMS在安全方面主要侧重于对电池的保护，以及防止高电压和高电流的泄漏，其所必备的功能有：过电压和过电流控制、过放电控制、防止温度过高、在发生碰撞的情况下关闭电池。这些功能可以与电气控制、热管理系统相结合来完成。许多系统都专门增加电池保护电路和电池保护芯片，例如BMS智能电池模块的电路设计还具有单体电池接断功能。安全管理系统最重要的是及时准确地掌握电池各项状态信息，在异常状态出现时及时发出报警信号或断开电路，防止意外事故发生。

3）电池箱热管理系统

汽车上使用的动力电池组在工作时都会有发热现象，不同蓄电池的发热程度各不相同，有的蓄电池在夏季采用自然通风即可满足电池组的散热要求，但有的蓄电池则必须采取强制通风来进行冷却，才能保证电池组正常工作并延长蓄电池的寿命。

至于蓄电池工作时，会产生较高的温度，理想上是可以充分利用其产生的热量用于取暖和挡风玻璃除霜等，使热量得到管理与应用，但实际汽车结构设计决定了很难利用这部分热能或生产上不经济。

北方冬季有的蓄电池需要加保温电池箱，并设计恒温控制系统。电池组装在一个系统中，各个蓄电池的温度应保持一致或相近。

动力电池组的温度管理系统中，首先应合理安排动力电池组的支架，要求便于动力电池组或其分组的安装，能够实现机械化装卸，便于各种电线束的连接。在动力电池组的支架位置和形状确定后再设计通风管道、风扇、动力电池组ECU和温度传感器等。

电池在不同温度下会有不同的工作性能，如铅酸电池、锂离子电池和镍-氢电池的最佳工作温度为25℃~40℃。温度的变化会使电池的SOC、开路电压、内阻和可用能量发生变化，甚至会影响到电池的使用寿命。温度差异也是引起电池均衡问题的原因之一。美国可再生能源国家实验室的AhmadA.Pesaran指出热管理系统的主要任务有：使电池工作在适当的温度范围内；降低各个电池模块之间的温度差异。使用车载空调器可以实现对电池温度的控制，这也是电动汽车常用的温度控制方法，例如利用空调制冷剂通入蓄电池的散热器内部。

在电动汽车上，由于动力电池组各个蓄电池或各个分电池组布置在车辆不同的位置上，各处的散热环境都不同，这些差别也会对蓄电池充、放电性能和蓄电池的使用寿命造成影响。为了保证每个蓄电池都能有良好的散热条件和环境，将电动汽车的动力电池组装在个强制冷却系统中，使各个蓄电池的温度保持一致或相接近，并且使各个蓄电池的周边环境条件相似。

电池组有水平布置和垂直布置两种冷却系统,如图 12-70 和图 12-71 所示。

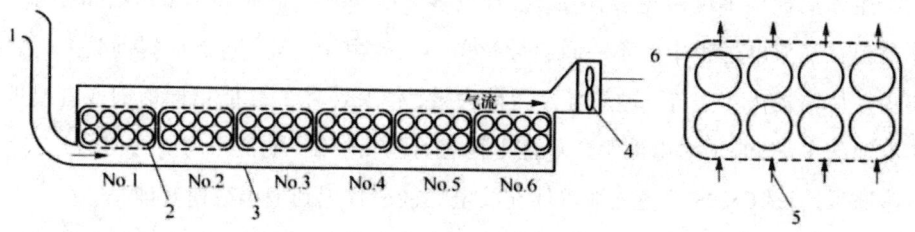

图 12-70　电池组水平布置式冷却系统

1—空气吸入管道；2—电池组；3—支架；4—冷却风扇；5—冷却气流；6—温度传感器

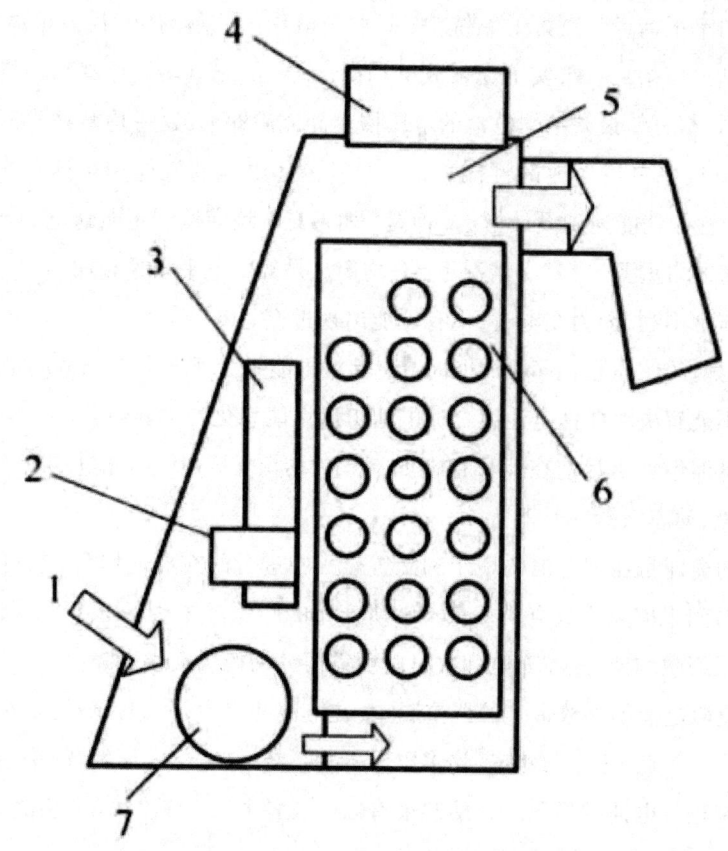

图 12-71　动力电池组垂直布置式冷却系统

1—空气吸入管道；2—温度传感器；3—电池组 ECU4—充电器；5—通风箱；6—电池组；7—风扇

4)动力电池组的均衡管理

电池组有别于单体电池,在目前的锂电池制造水平下,单体之间的性能差异在其整个生命周期里不可避免会存在,组合成多节串联PACK后如不采取技术措施,单体电池在充放电过程中的不一致会导致单体电池由于过充、过放而提前失效。要想避免单体电池由于过充、过放导致提前失效,使PACK的性能指标达到或者接近单体电池的水平,必须对电池组中单体电池进行均衡控制,电池组均衡的使命是:将多节串联后的PACK内部各电池单体充放电性能恶化减到最小或使其消失。

避免PACK内部各电池单体放电时产生性能恶化,采用简单的控制电路就可做到,但充电时避免PACK内部各电池单体产生性能恶化有较大难度,这使充电均衡成为PACK均衡的一个主要问题。

多节动力电池组的均衡控制有两种:单独充电均衡和充放电联合均衡。一个容量及放电功率平衡设计良好的系统中,只要充电均衡控制到位,最差单体电池的性能也能达到出厂指标。事实上无须放电均衡,此时的充电均衡控制到位指:每次充电均衡控制,都可使最差单体电池的电压恢复到充满即可,这一均衡方式下的PACK各项性能由最差单体电池的性能决定,最差单体电池的性能如果达到出厂指标,PACK各项性能就能达到设计指标,但是,如果充电均衡控制不能到位,充放电联合均衡就变得非常重要,在这一情况下,总均衡量是充放电平衡量相加的和,但这种方式对电池非常不利,因为充电时,仍有可能出现过充。

放电均衡的使命是:pack放电时,使其放出能量为所有电池能量的平均和。放电均衡决不能解决单体锂电池组合成电池组后性能恶化的主要问题。

对于电池组均衡目前在业界存在如下三种均衡方式:单体充电均衡、充电均衡加放电均衡、动态均衡。

动态均衡即是在锂电池的使用和闲置全程中进行的充放电均衡,它可以通过延长均衡的时间来掩盖充放电均衡量不够所产生的问题。在动态均衡下,因为电池每时每刻都在细微均衡,故在充电和放电时所需要的均衡量大幅下降。

为了克服电池不一致带来的严重影响,在电池使用中,人们强烈提出对电池进行均衡的要求。为此,近十几年来,许多电池管理系统(BMS)的研发者,采用了各种各样的方法来进行电池的均衡。归纳起来有以下几种方法:分流法(旁路法)、切断法、并联法。

(1)分流法(旁路法)。在充电时,当某一电池的充电电压超过设定值时,通过并联在该电池的电阻分流该电池的一部分电流,从而达到降低该电池充电电压的目的。这种方案,结构复杂,体积大,分流时发热量大,通用性差,此种分流方法,未必非要在电池过压后才开始分流,可以在电压比平均电压高时就开始分流平衡。

（2）切断法。在充电时,当某一电池的充电电压超过设定值时,通过自动控制开关切断该电池的电路,同时闭合旁路开关,电流绕过这块电池,继续向下一块电池充电。切断法开关个数是电池数目的二倍。切断法需要充电器配合,要求充电器能够动态适应1个电芯到全部电芯的充电,且在切换电池后要能够动态地调整充电电压、充电电流,实现恒流、恒压充电以及浮充等,对充电器的要求比较高。

（3）并联法。就是把电池按先并后串的连接方式使用,这也是一些电池生产厂家和电池使用者,企图利用一些小容量电池组成大容量、高电压电池组所采用的方法。电池并联后,无法测量各单体电池的电压,因而就无法实施对电池组中各单体电池的监控。可见,用并联法是无法实现电池组电池均衡效果的。

5）电池状态故障诊断

故障诊断功能是 BMS 的重要组成部分,故障诊断可以在动力电池组工作过程中,实时掌握电池的各种状态,甚至在停机状态下也能将电池故障信息定位到动力电池系统的各个部分(包括电池模块)。故障级别分为：一般故障、警告故障和严重故障。BMS 根据故障的级别将电池状态归纳成尽快维修、立即维修和电池寿命警告等三类信息传递到仪表板以警示驾驶员,从而保护电池不被过分使用。

（1）BMS 的重要诊断内容。

①起动过程的 BMS 硬件故障诊断,包括：传感器信号的合理性诊断、电池组电压信号的合理性诊断、电池模块电压的合理性诊断、起动过程电流信号的合理性诊断、起动过程温度信号的合理性诊断。

②行车过程的 BMS 诊断。包括：电压波动诊断、无模块电压诊断、无电池组电压诊断、无温度信号诊断、电流故障诊断、流量传感器故障诊断、模块电压一致性故障诊断、过流故障诊断、通信系统故障诊断、通风机故障诊断、高压电控制故障诊断、模块电压的过充诊断、电池组电压的过充诊断、模块电压变化率的过充诊断、电池组电压变化率的过充诊断、SOC 的过充诊断、传感器温度的过充诊断、平均温度的过充诊断、传感器温度变化率的过充诊断、平均温度变化率的过充诊断、模块电压的过放诊断、电池组电压的过放诊断、模块电压变化率的过放诊断、电池组电压变化率的过放诊断、SOC 的过放诊断、传感器温度的过放诊断、平均温度的过放诊断、传感器温度变化率的过放诊断、平均温度变化率的过放诊断。

（2）诊断策略与失效处理。BMS 的上述诊断内容分充电过程和放电过程进行,诊断策略与失效处理的基本策略如下：

- 根据各故障原W,对各种故障诊断分别设置了诊断程序的进入与退出条件；
- 采用分时诊断流程,节约 CPU 时间资源；
- 根据电池充电倍率,动态调节充电诊断过程参数；
- 根据电池放电倍率,动态调节放电诊断过程参数；
- 故障诊断分三种不同级别进行（报警、故障与危险）；
- 故障诊断结果通过 CAN 总线送至 VMS（车辆控制系统）；
- 故障诊断结果参与电池实际工作电流的控制；
- 故障诊断结果参与高压电控制。

监视软件实现的功能有：

- 监测动力蓄电池的单体或模块电压；
- 监测动力蓄电池组总电压；
- 监测电流；
- 监测电池组 SOC；
- 监测电池组工作平均温度；
- 监测模块电压极大值；
- 监测模块电压极小值；
- 监测温度传感器极大值；
- 监测温度传感器极小值；
- 监测最大允许充电电流和最大允许放电电流；
- 监测蓄电池组故障代码状态；
- 显示工况运行时间；
- 存储数据,采用 Office 软件进行后处理分析。

4.电池组管理系统的组成

动力电池组管理系统的基本组成如图 12-72 所示。带有温度测量装置的动力电池组管理系统的基本组成如图 12-73 所示,这是利用损坏的电池在充电过程中电池的温度高于正常电池温度的原理,用温度传感器来测定和监控每一个电池在充电过程中的温度是否在正常范围内如果发现某个电池的温度处于不正常状态,剩余电量显示也不正常时,即刻向动力电池组管理系统反馈这个电池的相应信息,并由故障诊断系统预报动力电池组的故障。

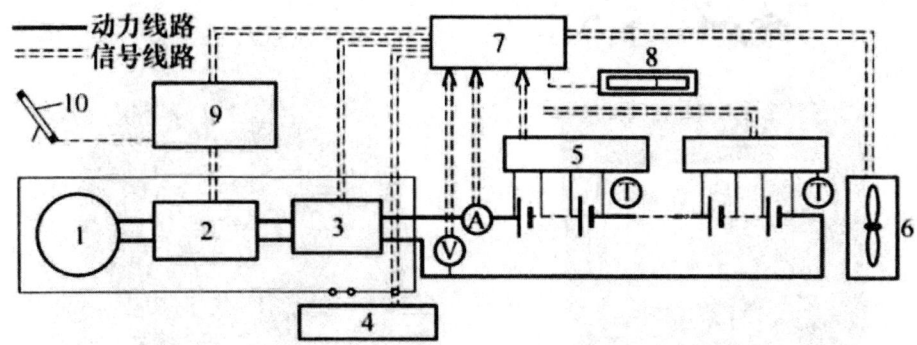

图 12-72 动力电池组管理系统的基本组成

1—电动机；2—逆变器；3—继电器箱；4—充电器；5—动力电池组；
6—冷却风扇；7—动力电池组管理系统；8—剩余电量 SOC（里程）显示器；
9—车辆中央控制器；10—驾驶员控制信号输入端

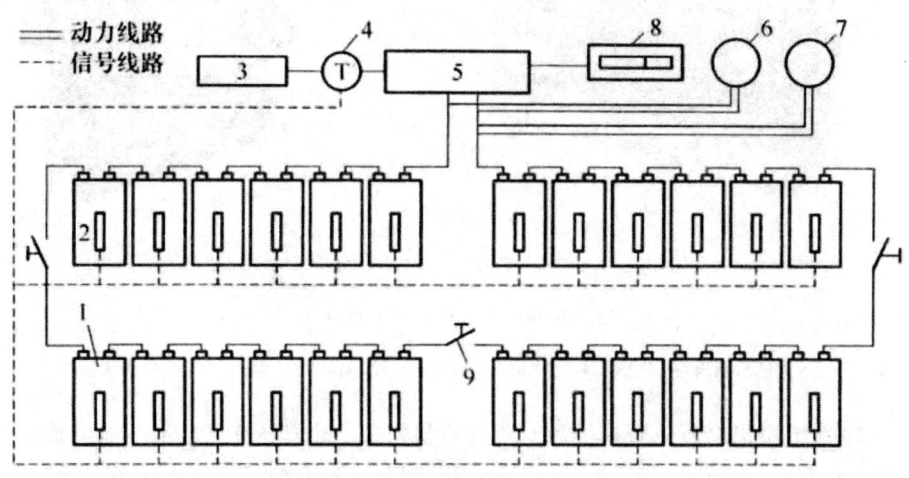

图 12-73 带有温度测量装置的动力电池组管理系统的基本组成

1—分电池 m；2—温度传感器；3—故障诊断器；4—温度表；5—动力电池组管理系统；
6—电压表；7—电流表；8—剩余电量 SOC（里程）M 示器；9—断路线

5. 典型电池管理系统简介

典型的客车 BMS 组成如图 12-74 所示。哈尔滨冠拓电源设备有限公司 GTBMS005A-MC11 电池管理系统由彩色触摸屏，GTBMS005A-MC11 管理主机，GTBMS005A-VT 电压、温度采集模块和 GTBMS005A-CH 电流采集模块组成，检测电池组中所有单体电池电压、电池组总电流、环境温度。具体性能如下：

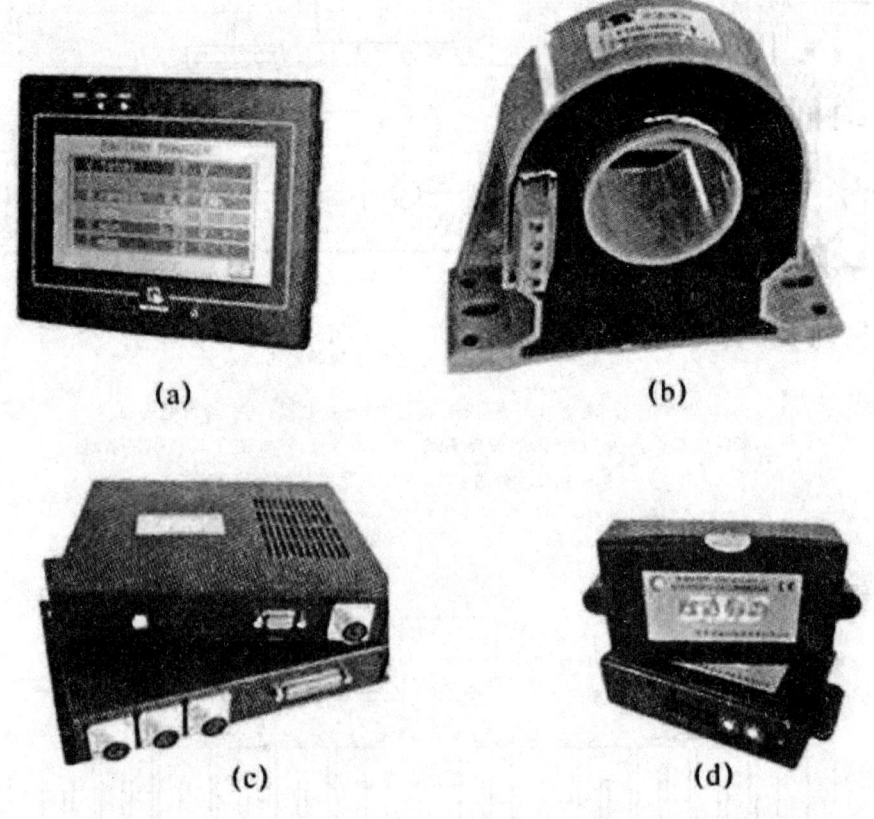

图 12-74 典型的客车 BMS 组成

(a) 彩色触摸屏; (b) 电流传感器; (c) 主控器; (d) 电压、温度采集模块

(1) 系统主机由彩色触摸屏和管理计算机构成,触摸屏首页显示电池组总电压、电池组总电流、储备电量、最高温度,通过触屏可以查看到所有采集数据包括每只单体电池电压,所有温度、容量、能量等;通过触屏可以对系统工作参数进行设置。系统运行参数包括:每块采集模块管理电池数量选择,电池电压上限、下限报警限制设置,温度上限报警设置,最大充电电流,电流上限报警设置,电压互差最大上限报警设置,充电次数,电池健康指数,SOC 初始值设置,额定容量,储备电量校正系数,系统时钟等;

(2) 系统电压和温度采集板采用模块化结构,每个模块管理十只电池和一路温度。采集板可适应电动车电池分布较广的特点,随电池箱分散安装,之间仅需电源线和少量数据通信线连接;

(3) 电压和温度采集板管理电池数量可以从 1~/V (/V<10) 只灵活设置,接线方

式采用 /V+1 根;温度可根据需要设置成有或无;

(4)电流采集模块提供一路电流采集量,电流传感器选用电流霍尔传感器;

(5)主机提供 CAN 总线接口,与 ISO11898—2003 标准完全兼容;

(6)主机提供 USB 接口,主机提供数据存储功能,数据存储的时间间隔为 20s,可保存连续七天的所有数据,通过 USB 接口连接主机与计算机,使用 BMS 应用软件即可收到所有数据;

(7)主机提供报警接口,电压上、下限报警,温度上限报警,过流报警等。

主控制器接口连接如图 12-75 所示。

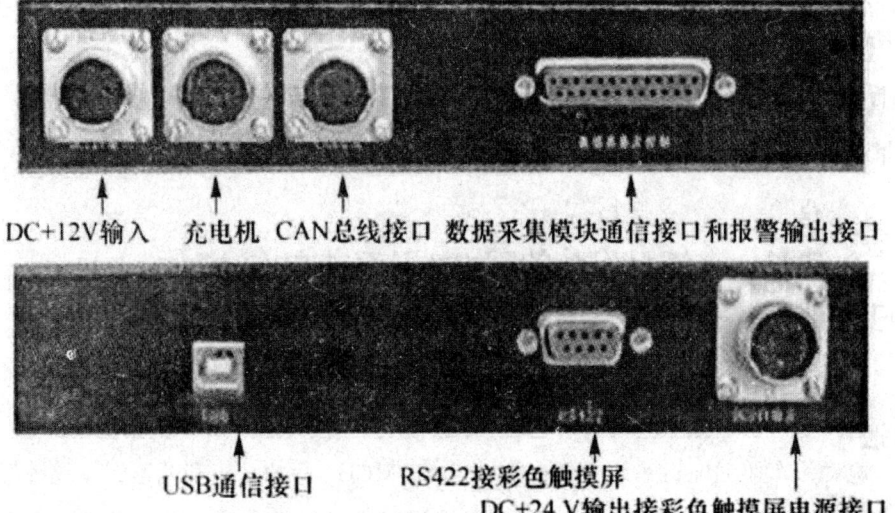

图 12-75　主控制器接口连接

项目十三　检修驱动电机系统

◈ 项目引入

陈先生准备驾驶他的北汽新能源 EV160 电动汽车出门，他点火时发现仪表盘可以显示，但驱动电机没有反应。尝试了几次，都无法启动驱动电机，仪表盘一直显示"驱动电机故障"。

◈ 思考

驱动电机无法启动，车辆就无法行驶，对于此类故障，应如何检修？

任务一　驱动电机系统的结构

▶ 1.0 驱动电机系统的组成

电动汽车驱动电机系统主要由驱动电机、MCU、冷却系统和减速器总成等部件组成，如图 13-1 所示。VCU 根据驾驶员意图发出各种指令，MCU 对相关指令作出响应和反馈，实时调整驱动电机的运行状态，以实现整车的怠速、前行、倒车、停车、能量回收以及驻坡制动等功能。MCU 还实时进行状态和故障检测，保障驱动电机系统安全可靠运行。

图 13-1　驱动电机系统的组成

一、驱动电机

驱动电机将动力电池提供的电能转化为机械能来驱动车辆行驶。此外,驱动电机还具有发电机的功能,即把车辆滑行和制动时的机械能转化为电能,存储于动力电池上。电动汽车常用的驱动电机有无刷直流电机、永磁同步电机、异步电机等类型。如图 13-2 所示为北汽新能源 EV150/EV160 电动汽车采用的永磁同步电机。

图 13-2 永磁同步电机

二、MCU

MCU(见图 13-3)是驱动电机系统的控制中心,主要由控制主板、IGBT 模块、超级电容、放电电阻、电流感应器、接口电路和壳体水道等组成。MCU 主要负责扭矩控制、传感器信号采集处理、辅件驱动和控制等。此外,MCU 内含故障诊断电路,当系统出现故障时,MCU 会上报故障并存储故障码。

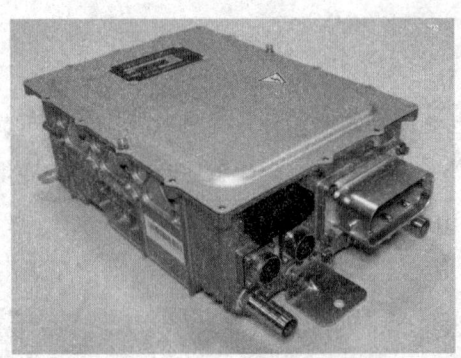

图 13-3 MCU

三、冷却系统

冷却系统主要由散热器、水泵、膨胀水箱及水管等组成，如图 13-4 所示。其中水泵是冷却系统唯一的动力元件，用以保证冷却液在整个系统中循环流动。水泵将低温冷却液泵进发热元件，发热元件通过热传导将热量传递给冷却液，低温冷却液吸热后变成高温冷却液，随后进入散热器，与散热器中的冷空气进行热交换，高温冷却液变冷后再通过水泵继续循环工作。

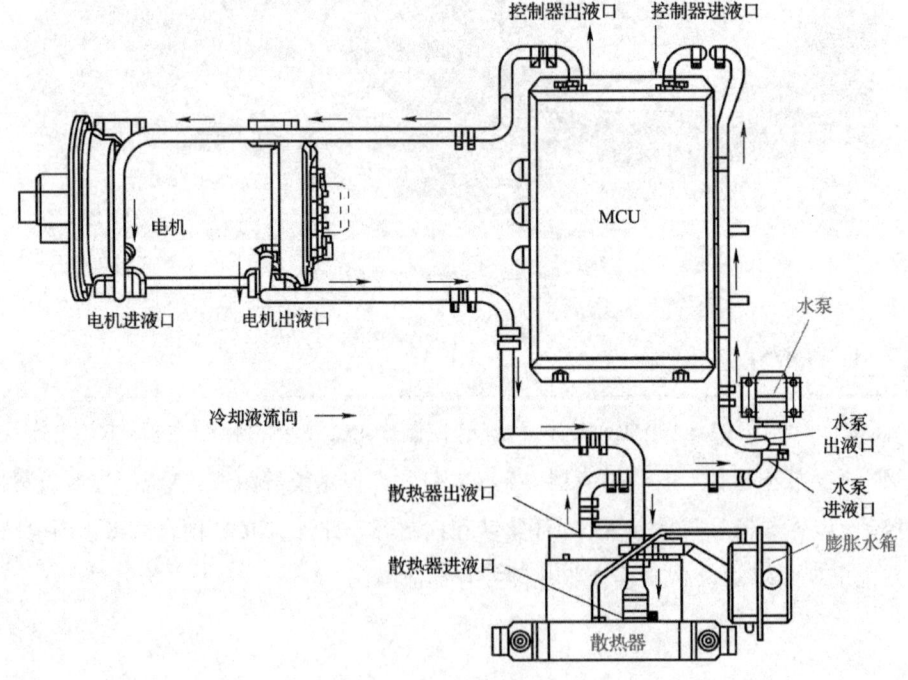

图 13-4 冷却系统

四、减速器总成

减速器主要用于降低转速、增大扭矩,从而有效改变整车的传动比,以适应电动汽车不同工况下的行驶需求。减速器通常安装在机舱动力总成支架下方,与驱动电机连在一起,如图 13-5 所示。

图 13-5 减速器总成

任务二 驱动电机系统的工作模式

一、驱动电机系统的工作模式

驱动电机系统的工作模式主要包括驱动模式和制动能量回收模式两种,如图 13-6 所示。

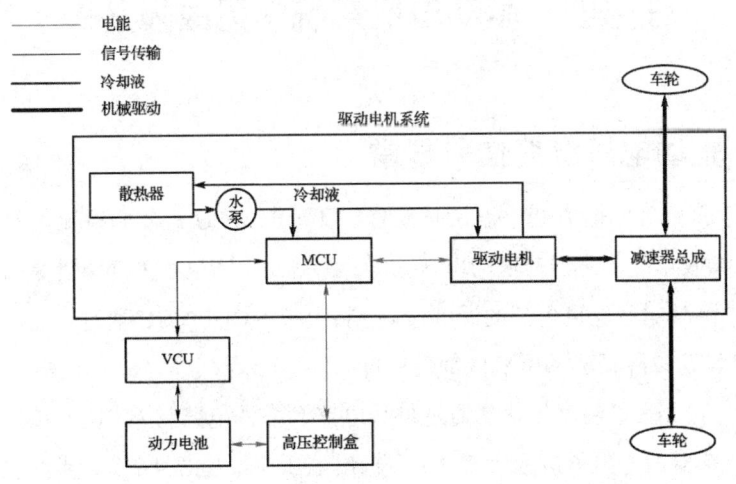

图 13-6 驱动电机系统的工作模式

二、驱动模式

当驱动电机系统处于驱动车辆行驶状态时，MCU 接收 VCU 的控制信号，将输入的高压直流电逆变成电压、频率均可调的三相交流电后输入驱动电机，驱动电机通过减速器总成进行机械传输以驱动车轮，使车辆行驶。

三、制动能量回收模式

当车辆正常行驶时，电动汽车上的驱动电机发挥其电动机功能，将电能转化为机械能；而在松开加速踏板或踩下制动踏板时，驱动电机发挥其发电机功能，将部分机械能转化成电能，产生三相交流电，由 AC/DC 变换器、DC/DC 变换器整流变换为直流电储存到动力电池中。

任务三　驱动电机系统故障分级

当驱动电机系统发生故障时，MCU 将故障信息上报 VCU，VCU 根据自身状态以及驱动电机、动力电池、DC/DC 变换器等部件的状态进行综合分析，判断整车的故障等级，据此采取响应，并通过仪表盘显示故障信息。使用诊断仪读取 MCU 报出的故障信息，即可进行相应的检修。

任务四　驱动电机系统常见故障分析

一、驱动电机温度信号异常

驱动电机内部一般有两个温度传感器，以便于 MCU 检测和对比。打开点火开关，MCU 接收温度传感器传送的电压信号，并据此判断电机内部温度是否正常。如果 MCU 检测到驱动电机内部的温度过高，将上报 VCU，VCU 通过继电器控制散热风扇全速运转，以降低驱动电机内部的温度。

如图 13-7 所示，温度传感器通过信号电路和搭铁电路与 MCU 连接。正常情况下，温度传感器的电阻值应远大于 2 Ω，输出电压应不超过 4.2 V。当温度传感器的信号电路和搭铁电路连接异常或其自身损坏时，MCU 会报出"驱动电机温度信号异常"的故障信息。此时应检查温度传感器及其连接电路,如有异常,则维修或更换故障部件。

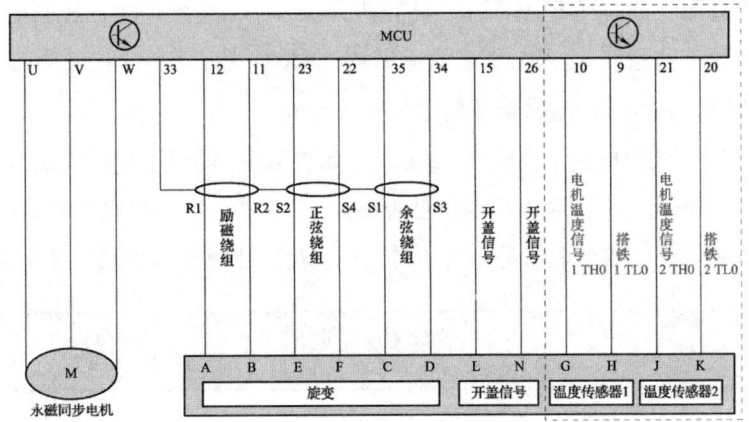

图 13-7 温度传感器的连接电路

二、旋变信号异常

旋变由励磁绕组、正弦绕组、余弦绕组组成,其连接电路如图 13-8 所示。MCU通过励磁绕组输出振幅、频率恒定的正弦波;通过正弦绕组和余弦绕组产生的波形判断驱动电机转子的位置、速度和方向。励磁绕组的电阻值一般为 ,正弦绕组和余弦绕组的电阻值一般为 。

当旋变的绕组及其电路出现断路、虚接,内部绕组电路搭铁或相互短路时,MCU会报出"旋变信号异常"的故障信息。此时应检查旋变内部绕组及其电路,如有异常,则维修或更换故障部件。

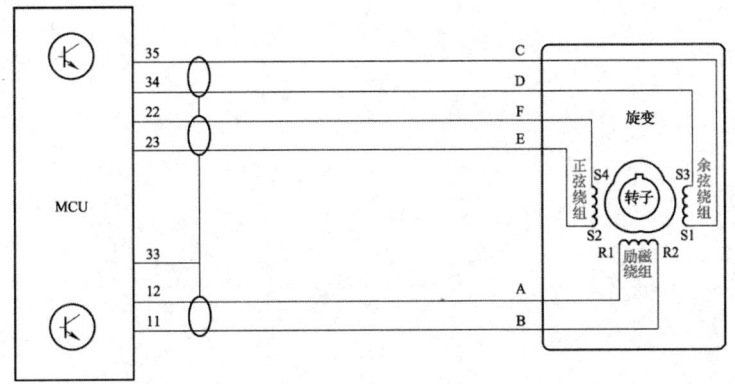

图 13-8 旋变的连接电路

三、MCU 电源电路故障

MCU 电源电路如图 13-9 所示。将点火开关置于 ON 挡，VCU 控制电机继电器动作，闭合继电器触点，接通低压蓄电池正极与 MCU 端子 1 的连接线路，MCU 通过端子 24 搭铁，构成闭合回路，低压蓄电池开始为 MCU 供电。

如果 MCU 电源电路发生故障，MCU 将无法工作，驱动电机也无法启动。对于此类故障，应先确认低压蓄电池电压是否正常，然后检查电机继电器及其电源电路、MCU 的电源电路及搭铁电路等是否正常，如有异常，则维修或更换故障部件。

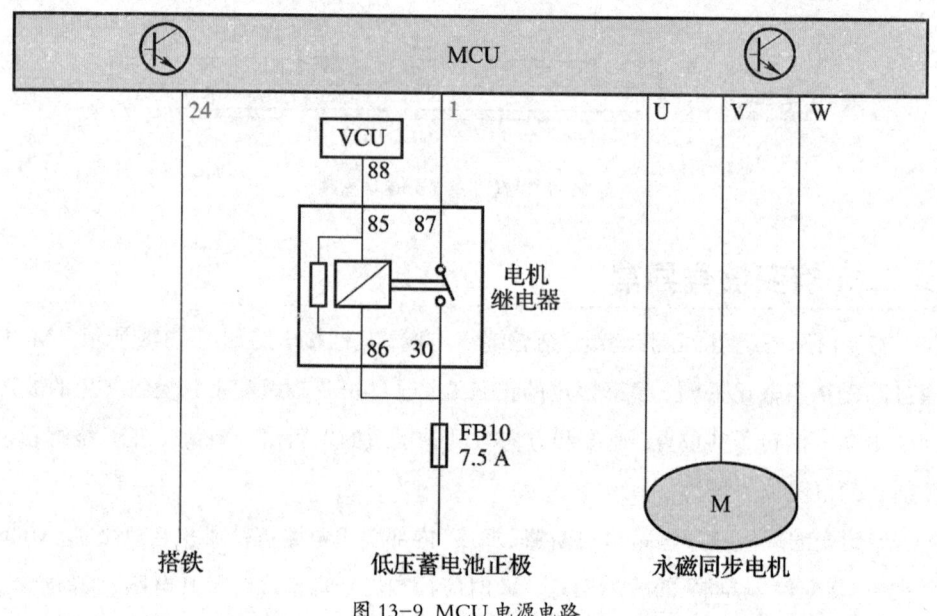

图 13-9 MCU 电源电路

项目十四 检修其他辅助系统

项目引入

夏天临近,天气越来越热,吴先生每天都要驾驶他的北汽新能源EV200电动汽车上下班。为了保证途中能有一个舒适的环境,吴先生准备调试下电动汽车的空调系统。吴先生将点火开关置于ON挡,仪表盘上没有高压绝缘性故障显示;打开空调A/C开关,将风量开至最大,此时鼓风机工作正常,但压缩机不工作,用手查看出风口,一直无冷风吹出。吴先生启动车辆,进行上路行驶测试,发现车辆的制动、行驶、转向等功能都正常,途中打开空调A/C开关,发现仍然无冷风。

思考

压缩机无法启动的原因有哪些?对于此类故障,应如何检修呢?

任务一 制动系统常见故障分析

▶ 1.0 电动汽车制动系统的结构

电动汽车制动系统的结构与传统燃油汽车的制动系统类似,主要由制动器、ABS、电动真空助力装置等组成,如图14-1所示。制动系统是电动汽车最重要的安全部位之一,一旦发生故障,后果将不堪设想。

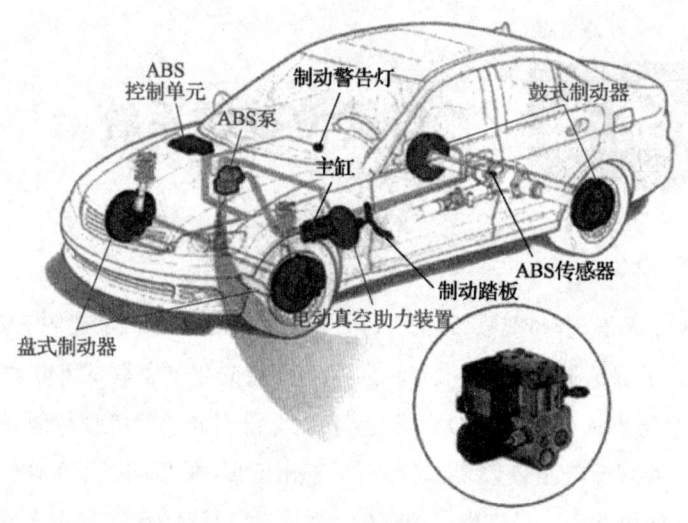

图 14-1 电动汽车制动系统的结构

一、机械故障

1. 制动不良或失灵

（1）制动管路（如接头处）渗漏或阻塞、制动液不足会使制动液压力下降，导致制动不良或失灵。对于此类故障，应检查制动管路，排除渗漏、添加制动液、疏通管路。

（2）制动管路中进入空气导致制动迟缓。对于此类故障，可将制动轮缸及管路中的空气排净后添加适量的制动液。

（3）制动间隙不当。制动摩擦片的工作面和制动鼓内壁工作面的间隙过大，导致制动迟缓、制动力矩不足。对于此类故障，应按照规范全面调校制动间隙。

（4）制动鼓与摩擦片接触不良，导致制动摩擦力矩下降。对于此类故障，应校正修复或更换新件。

（5）制动主缸、轮缸皮碗或其他部件磨蚀、损坏，制动管路无法产生必要的内压，导致制动不良。对于此类故障，应更换磨蚀、损坏部件。

2. 制动单边

（1）同轴两边制动器的制动时间不一致，这通常是由两边制动器制动间隙不均或接触面积差异所致。对于此类故障，可重新调校左右轮制动间隙。

（2）同轴两边制动器的制动力矩不同，使得车轮转速不同，从而造成制动单边。这通常是由某边制动轮缸漏油、制动摩擦片油污严重、摩擦系数出现差异或左右轮胎气压不一致所致。对于此类故障，可用汽油清洗摩擦片、修复渗漏处或调整轮胎气压。

（3）制动时车轮自动向一侧偏转。这主要是由两边制动鼓和摩擦片工作表面的粗糙程度不同或单边制动管路堵塞所致。对于此类故障，应更换摩擦片或疏通制动管路。

3．制动鼓发热

（1）当放松制动踏板时，制动力未完全解除，使摩擦副长时间处于摩擦状态，导致车辆起步困难、行驶无力，用手触摸轮毂表面感到烫手。对于此类故障，应重新调节制动间隙。

（2）驻车制动手柄没完全放开，其原因是操作上的疏忽，导致摩擦副长时间处于摩擦状态而发热，必要时按规范调整手柄。

（3）制动产生的热量使回位弹簧受热变形、弹力下降或消失，不能确保制动摩擦片总成及时回位，便无法及时彻底解除制动而使制动鼓发热。及时检修或更换回位弹簧，即可消除该故障。

（4）常见的驻车制动失灵故障主要是拉索或外套锈蚀、牵引弹簧折断、脱落等，导致驻车制动操纵拉索或制动拉索在其外套内拉动不灵活，由此造成驻车制动松不开而工作失效。对于此类故障，应检查制动操纵拉索和制动系统部件表面有无损伤，手柄操纵动作是否灵活，有无卡滞现象，拉索连接头及固定部位是否松动、损坏。检修时，可对拉索加注润滑脂进行润滑，或更换损坏件，重新调整制动手柄转动量。

二、ABS 故障

在紧急制动时，ABS 可在车辆制动时自动控制制动力的大小，使车轮始终维持在有微弱滑移的滚动状态下进行制动，这样既能拥有最大的制动力矩，又可防止车轮抱死。ABS 的结构如图 14-2 所示。

电动汽车 ABS 常见故障有轮速传感器信号故障、ABS 控制单元故障、电磁阀（输入阀/输出阀）故障等，其检修方法与传统燃油汽车基本相同。当 ABS 发生故障时，可用诊断仪读取 ABS 控制单元中存储的故障码，然后根据故障码信息进行相应的检修；如果诊断仪无法连接 ABS 控制单元，应检查 ABS 控制单元及其电源电路和通信线路是否正常。

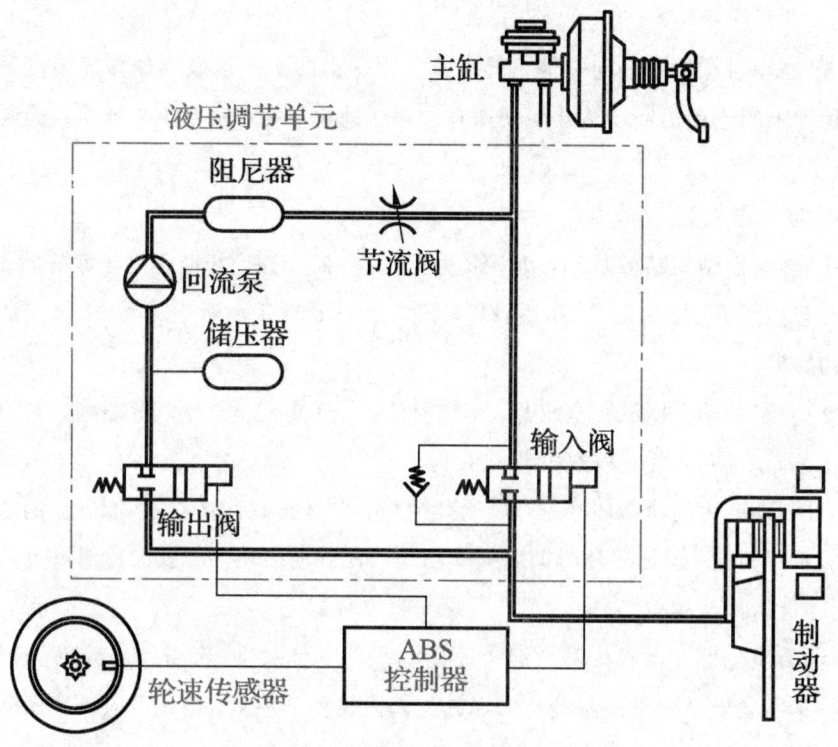

图 14-2 ABS 的结构

三、电动真空助力装置故障

电动真空助力装置用于提供真空度,作为制动助力器。电动真空助力装置电路如图 14-3 所示。VCU 根据真空压力传感器反馈的真空度信号,确定真空泵的启动和停止,使真空罐内的真空度保持在设定值以内,以供制动系统随时使用。

当电动真空助力装置出现故障时,踩踏制动踏板会感觉吃力。其常见故障有真空压力传感器故障、相关熔断器熔断、真空管路泄漏、真空泵自身或其电路故障等。用诊断仪读取制动系统的故障码和对应部件的数据流,可初步判断故障原因,然后对相应部件进行检修。

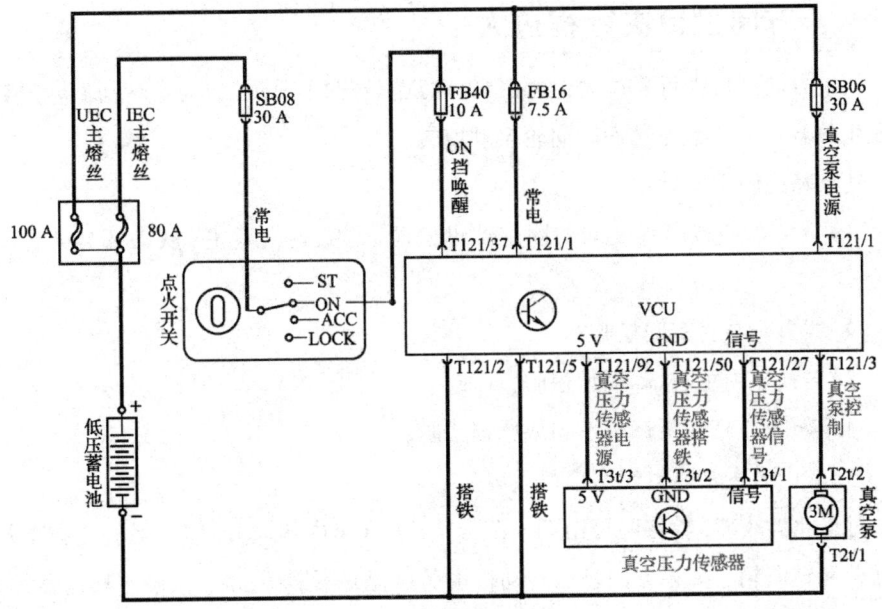

图 14-3 电动真空助力装置电路

任务二　转向系统常见故障分析

▶ 2.0 电动助力转向系统的结构

电动汽车多采用电动助力转向系统，其结构如图 14-4 所示。随着电动汽车行驶里程的增加，转向装置中的某些机件会因磨损而失去正确的几何形状，配合间隙增大，最终产生各种故障。

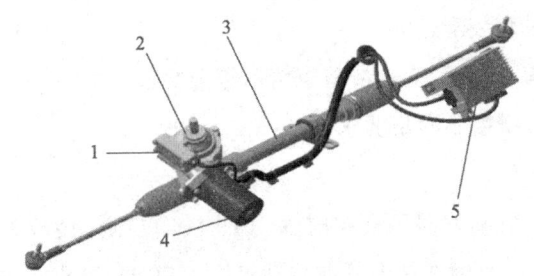

1—转矩传感器；2—蜗轮蜗杆减速机构；3—壳体；4—电动机；5—控制器。

图 14-4 电动助力转向系统的结构

一、方向盘自由行程过大

如果方向盘自由行程过大,会导致电动汽车转向不灵敏、方向盘转动但转向轮没有发生偏转或方向盘不动而转向轮自动偏转。

其故障原因主要有:

(1)方向盘和转向轴之间的固定螺母松动,导致转向器主、从动部分啮合间隙过大;

(2)摇臂轴与衬套间松旷;

(3)转向器内主、从动轴承松旷;

(4)横、直拉杆球头调节不当或磨损松旷;

(5)转向节主销与衬套磨损严重等。

对于此类故障,检修时可由两人配合,一人在车内转动方向盘,另一人在车外观察摇臂和转向轮。如果方向盘已转动很多而摇臂并不摆动,说明故障在转向器部分;如果摇臂已转动很多而前轮不偏转,则故障在传动机构。确定故障点后进一步检修,直至排除故障。

二、转向沉重

转向沉重是指电动汽车在运行中,驾驶员向左或向右转动方向盘时,感觉沉重吃力而且方向盘无法回正或回正缓慢;当车辆低速转弯时,转动方向盘非常吃力。

其故障原因主要有:

(1)转向轴弯曲变形;

(2)转向器内主动部分轴承预紧力过大;

(3)转向器内缺油;

(4)摇臂轴和衬套装配过紧;

(5)主销内倾角、后倾角变大或前束角不符合要求;

(6)前钢板弹簧挠度不满足要求;

(7)轮胎气压不足。

对于此类故障,在检修时可支起前桥,如果转向轻便,则故障在前轴、轮胎等部位;如果转向沉重,则故障在转向器或传动机构。确定故障点后进一步检修,直至排除故障。

三、前轮摆动

电动汽车在行驶时,如果两前轮各自绕主销产生角振动,会使前轮左右摆动。前轮左右摆动严重时,方向盘抖振强烈,会使驾驶员手感发麻。

其故障原因主要有:

(1)前轮定位失常;

(2)转向机构松旷;

(3)前轮质量不平衡;

(4)转向系统刚度低,

(5)U形螺栓或钢板销及衬套松旷;

(6)前悬架运动干涉等。

对于此类故障,应检查并调整前轮定位参数,调节转向机构及前轮的动平衡等。

四、行驶跑偏

行驶跑偏是指电动汽车在平直路面上行驶时,无法保持直线行驶,总是自动偏向道路某一边。

其故障原因主要有:

(1)前桥或车架变形,前轮轮毂轴承与主销松旷;

(2)定位参数不符;

(3)前轮轮胎新旧程度不同或气压不一致;

(4)减振器失效等。

对于此类故障,可在平坦地段检查轮胎磨损与气压;检查前桥、车架有无变形及钢板弹簧的片数是否合理;路试检查制动鼓上轮毂的温度。

任务三　空调系统常见故障分析

3.0 电动汽车空调系统

电动汽车空调系统由空调控制系统、制冷系统、暖风系统和送风系统组成,如图14-5所示。制冷系统采用电动压缩机制冷,由动力电池提供的高压电源驱动,制冷原理与传统燃油汽车基本相同。暖风系统采用 PTC 加热器或热泵作为热源,目前国产电动汽车多采用 PTC 加热器。

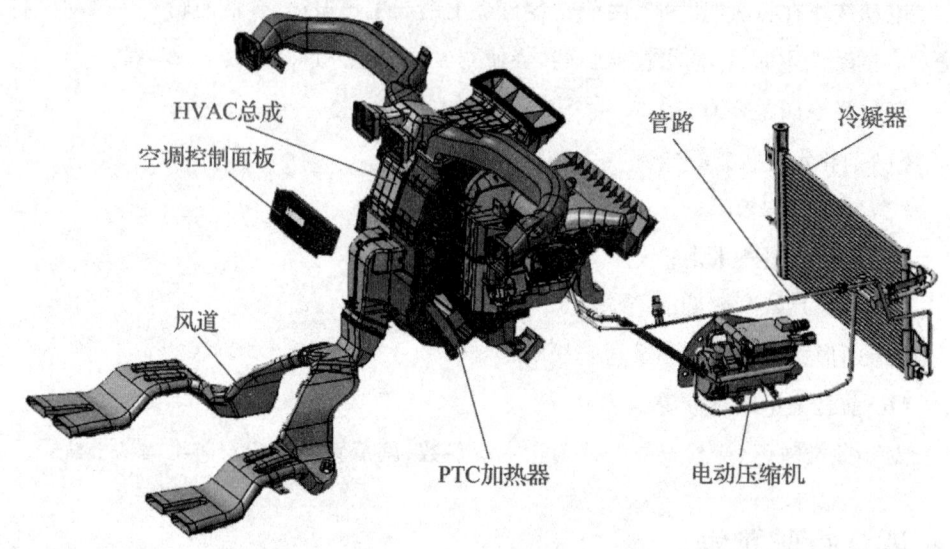

图 14-5 电动汽车空调系统的结构

» 一、空调控制系统常见故障分析

1. CAN 通信故障

空调控制器通过 CAN 总线与压缩机控制器通信,压缩机控制器在压缩机运行时需要不断地接收来自 CAN 总线的指令信息。压缩机控制器若在 5 s 内未收到有效指令,则判定为 CAN 通信故障,将停止压缩机的运行并上报故障。对于此类故障,应检查 CAN 总线及其插接件,如有连接异常,则重新连接或更换;如果 CAN 总线及其插接件正常,则检查空调控制器和压缩机控制器是否正常。

2. 欠/过电压故障

当空调控制器的输入电压低于 DC220 V 时,空调控制器将上报欠电压故障;当空调控制器的输入电压高于 DC420 V 时,空调控制器将上报过电压故障。对于此类故障,应检修空调控制器高压电路。

3. 过热报警

空调控制器实时监测 IGBT 的工作温度,当 IGBT 的工作温度大于 90℃时,空调控制器向压缩机控制器发出停机指令,停止运行压缩机,并上传过热报警信息。

4. 过电流保护

空调控制器在运行过程中,如果载荷超过其最大带载能力或出现较大扰动,会造成系统输出相电流变大,当相电流达到硬件限值时,将触发硬件过电流保护,此时空调控制器停止运行并上报故障信息。

二、空调制冷系统常见故障分析

1. 空调不制冷

空调不制冷主要表现为:车辆可以正常上电,开启鼓风机,按下 A/C 开关,出风口无风或者吹出的风与自然风温度相同。

2. 空调制冷不足

空调制冷不足主要表现为:压缩机可以启动,出风口的温度比自然风低,但高于 9 ℃。这种情况下,电动压缩机将处于高转速运行状态,增加耗电量,降低车辆的续驶里程。使用歧管压力表分别连接制冷系统的高、低压接头,读取压力表数值,低压正常值为 0.15 ~ 0.3 MPa,高压正常值为 0.9 ~ 1.5 MPa。如果检测值与正常值不符,则根据检测结果进行相应的检修。

三、空调暖风系统常见故障分析

空调暖风系统主要由 PTC 控制器、PTC 加热器等组成,其常见故障分析如表 14-1 所示。

表 14-1 空调暖风系统常见故障分析

故障现象	故障原因	处理方法
启动暖风系统后,PTC 加热器不工作,出风口无暖风	冷暖模式设置不正确;PTC 控制器故障;PTC 高压线束或插接件连接异常;高压熔断器熔断	(1)检查冷暖模式设置,冷暖开关应置于暖风方向 (2)断开 PTC 高压线束插接件,检查高压线束是否导通 (3)更换 PTC 控制器或高压熔断器
启动暖风系统后,PTC 加热器温度过高,出风口温度偏高或带有塑料焦糊味	PTC 控制器控制模块发生损坏性粘连,无法正常断开	关闭暖风系统,断电检查 PTC 加热器及其控制器,更换故障部件

四、空调送风系统常见故障分析

空调送风系统主要由鼓风机、空调滤清器、风道、风门等组成,其常见故障分析如表 14-2 所示。

表 14-1 空调暖风系统常见故障分析

故障名称	故障现象分析	维修方法
鼓风机故障	鼓风机不工作，出风口无风送出	检修鼓风机及其电源电路
鼓风机控制电路故障	鼓风机可以工作但无法控制转速，不能调节风速	检修鼓风机控制电路
空调滤清器堵塞	空调滤清器堵塞后会影响风道空气的正常流通，使通风口的出风量变小，汽车空调的制冷量和制热量都会降低	清洁或更换空调滤清器
空调有异味	在下雨时或一段时间未使用汽车空调后，打开空调会有一股异味，这可能是因汽车空调内部滋生的细菌、霉菌所致	使用空调清洗剂对外循环风道进行清洗、杀菌处理；打开空调，将温度调至最高、风速调至最大，并分别在各风口通风 3~5 min，以保持风道的干燥；准备一个备用滤清器，当空调滤清器受潮时将其替换下来，并将受潮的滤清器清理、晾晒干净后备用
蒸发器表面脏堵	空调滤清器维护不及时，导致粉尘进入风道而黏附在蒸发器表面，久而久之形成堵塞，导致空气不能顺利通过蒸发器表面进行热量交换，使空调的通风量和制冷量都减小；甚至引起蒸发器表面结霜，使空调的制冷效果时有时无	清洁或更换空调滤清器，清洗蒸发器表面

参考文献

[1] 吴兴敏,杨军身.纯电动汽车[M].北京:化学工业出版社.2020.

[2] 蔡小辉,莫雪山.纯电动汽车构造与维修[M].成都:西南交通大学出版社.2020.

[3] 蔡月萍,等.纯电动汽车检修[M].长春:吉林大学出版社.2018.

[4] 黄显祥,马涛.纯电动汽车检修[M].上海:华东师范大学出版社.2018.

[5] 王毅.新能源纯电动汽车[M].重庆:重庆大学出版社.2019.

[6] 张立强.纯电动汽车的结构与维修[M].中国原子能出版社.2019.

[7] 祝良荣,葛东东.纯电动汽车构造与检修[M].北京:机械工业出版社.2019.

[8] 李仕生,杨俊伟.纯电动汽车构造与检修[M].大连:大连理工大学出版社.2020.

[9] 谢长君,费亚龙,全书海.新能源纯电动汽车[M].北京:科学出版社.2018.

[10] 李缘忠,李卫.纯电动汽车构造与维修[M].上海:上海科学普及出版社.2018.

[11] 侯涛.纯电动汽车结构与检修[M].人民交通出版社.2018.

[12] 王正旭,陈志明.纯电动汽车检修学习工作页[M].上海:华东师范大学出版社.2019.

[13] 黄仁义,鲁守卿,闰云敬.纯电动汽车维护与保养[M].成都:电子科技大学出版社.2019.

[14] 吕坚.纯电动汽车结构与控制技术[M].华东师范大学出版社.2019.

[15] 吴兴敏,陈贵龙,郭明华.纯电动汽车结构原理与检修[M].北京:人民邮电出版社.2019.

[16] 陈涛.纯电动汽车构造原理与检测[M].上海交通大学出版社.2019.